Schriften zum Bibliotheks- und
Büchereiwesen in Sachsen-Anhalt 88

Herausgegeben von
Heiner Schnelling
Universitäts- und Landesbibliothek
Sachsen-Anhalt

Klaus Haller

Digitalisierung und Erschließung der im deutschen Sprachraum erschienenen Drucke des 18. Jahrhunderts

Halle (Saale) 2007

Haller, Klaus
Digitalisierung und Erschließung der im deutschen Sprachraum
erschienenen Drucke des 18. Jahrhunderts / Klaus Haller. – Halle (Saale) :
Univ.- und Landesbibliothek Sachsen-Anhalt, 2007. – VI, 221 S. –
(Schriften zum Bibliotheks- und Büchereiwesen in Sachsen-Anhalt ; 88)

ISBN 978-3-86010-968-7

© Universitäts- und Landesbibliothek Sachsen-Anhalt,
Halle (Saale), 2007

Die vorliegende Studie wurde im Rahmen eines Werkvertrags mit der Martin-Luther-Universität Halle-Wittenberg („Machbarkeitsstudie zu einem Verzeichnis der im deutschen Sprachraum erschienenen Drucke des 18. Jahrhunderts") als Entscheidungsgrundlage für die Deutsche Forschungsgemeinschaft erarbeitet. Ein Beirat hat die Arbeit an der Studie in vier Sitzungen am 28. April 2006, 15. September 2006, 16. Februar 2007, 22. Mai 2007 begleitet. Die Protokolle der Sitzungen finden sich am Ende dieser Studie. Dem Beirat gehörten an:

Gerd-Josef Bötte	(Staatsbibliothek zu Berlin - Preußischer Kulturbesitz)
Dr. Thomas Burch	(Universität Trier)
Dr. Claudia Fabian	(Bayerische Staatsbibliothek München)
Dr. Bernhard Fischer	(Schiller-Nationalmuseum / Deutsches Literaturarchiv Marbach)
Prof. Dr. Gudrun Gersmann	(Universität Köln)
Dr. Michael Knoche	(Herzogin-Anna-Amalia-Bibliothek Weimar)
Dr. Eberhard Mertens	(Olms-Verlag Hildesheim)
Dr. Joachim Migl	(Niedersächsische Staats- und Landesbibliothek Göttingen)
Dr. Kathrin Paasch	(Universitäts- und Forschungsbibliothek Erfurt-Gotha)
Andrea Richter	(Universitäts- und Landesbibliothek Sachsen-Anhalt Halle/Saale)
Dr. Heiner Schnelling	(Universitäts- und Landesbibliothek Sachsen-Anhalt Halle/Saale)
Prof. Dr. Reinhart Siegert	(Universität Freiburg im Breisgau)
Dr. Dorothea Sommer	(Universitäts- und Landesbibliothek Sachsen-Anhalt Halle/Saale)
Dr. Thomas Stäcker	(Herzog-August-Bibliothek Wolfenbüttel)
Prof. Dr. Manfred Thaller	(Universität Köln)
Dr. Reinhard Worch	(Universitäts- und Landesbibliothek Sachsen-Anhalt Halle/Saale)
Gast: Dr. Ralf Goebel	(Deutsche Forschungsgemeinschaft)

Besonders gedankt sei an dieser Stelle Dr. Heiner Schnelling, dem Vorsitzenden des Beirates und Direktor der Universitäts- und Landesbibliothek Sachsen-Anhalt in Halle (Saale) für die unkomplizierte und angenehme Zusammenarbeit sowie Prof. Dr. Manfred Thaller, der die Mühe auf sich genommen hat, die Daten aus den Katalogverbünden in eine Arbeitsdatenbank zu laden und entsprechend zu präsentieren.

Außerdem gedankt sei Frau Andrea Richter und Frau Dr. Dorothea Sommer, die mit großer Sorgfalt die Protokolle der vier Sitzungen des Beirats angefertigt haben.

Inhalt

Zusammenfassung		1
Summary		7
0	**Einführung**	**13**
0.1	Das 18. Jahrhundert in der Mediengeschichte	13
0.2	DFG-Rundgespräch in Halle im Jahr 2004	14
0.3	Ein VD 18 – Ja oder Nein?	15
1	**Menge der Drucke**	**17**
1.1	Allgemeine Überlegungen	17
1.2	Terminologie der Bestandsangaben	20
1.3	Arbeitsdatenbank	22
	1.3.1 Aufbau der Datenbank	22
	1.3.2 Ergebnisse aus der Datenbank	23
1.4	Bibliotheken mit mehr als 10.000 Nachweisen für Drucke des 18. Jahrhunderts im elektronischen Katalog	25
1.5	Qualität der Aufnahmen in elektronischer Form	26
1.6	Einfach- und Mehrfachbesitz	32
2	**Format (Bibliografische Beschreibung und Erschließung)**	**37**
2.1	Allgemeines zur Erschließung	37
2.2	Nationalbibliografischer Standard für ein VD 18	40
2.3	Bestimmungen für Sonderfälle	55
2.4	Gattungsbegriffe	56
2.5	Weitere Möglichkeiten der Erschließung	56
2.6	Angaben in kodierter Form	57
2.7	Vermerke für Digitalisate	58
2.8	Hilfsmittel für die Katalogisierung	58
2.9	Einstufung der Katalogisierungskräfte	59
3	**Methode**	**61**
3.1	Allgemeine Überlegungen zur Methode	61
3.2	Auswahl der Bibliotheken	61
3.3	Nachweis der Bestände in elektronischen Katalogen	64

3.4	Die einzelnen Methoden für ein VD 18	67
3.4.1	Methode A: Nutzung vorhandener Aufnahmen in einer eigenen Datenbank und Erschließung auf nationalbibliogafischem Niveau	67
3.4.2	Methode B: Katalogisierung in der Verbunddatenbank und Erschließung auf nationalbibliogafischem Niveau	74
3.4.3	Methode C: Nach dem Modell des VD 17	76
3.4.4	Methode D: Erweitern der VD-17-Datenbank um VD-18-Drucke	77
3.4.5	Methode E: Verzicht auf autoptische Redaktion bereits in elektronischer Form vorliegender Aufnahmen	78
4	**Digitalisierung**	**81**
4.1	Volldigitalisat als Mehrwert	81
4.2	Zeitpunkt und Technik der Digitalisierung	82
4.3	Nutzung vorhandener Digitalisate	83
4.4	Digitalisierung deutscher Drucke des 18. Jahrhunderts durch Google™	85
5	**Leistungszahlen, Kosten, Laufzeit**	**87**
5.1	Leistungszahlen	87
5.2	Kosten	88
5.3	Laufzeit	91
6	**Internationale Kooperation**	**93**
6.1	Allgemeines	93
6.2	Frankreich (Elsass)	94
6.3	Schweiz	95
6.4	England	95
6.5	Österreich	99
6.6	Italien (Südtirol)	100
6.7	Polen	100
6.8	Niederlande	101
6.9	Ungarn, Kroatien, Slowenien, Rumänien	102
6.10	Luxemburg	102

7	**Anhänge**	**105**
7.1	Aufnahmen aus den elektronischen Katalogen	105
7.2	Bestandszahlen für Drucke des 18. Jahrhunderts im „Handbuch der historischen Buchbestände" und in den elektronischen Katalogen	153
	7.2.1 Vorbemerkung zu den Zahlen im Handbuch	153
	7.2.2 Vorbemerkung zu den Zahlen in den elektronischen Katalogen	154
	7.2.3 Bestandszahlen aus Deutschland	155
	7.2.4 Bestandszahlen aus Österreich	166
	7.2.5 Bestandszahlen aus Italien (Südtirol)	168
	7.2.6 Bestandszahlen aus Frankreich (Elsass)	169
	7.2.7 Bestandszahlen aus der Schweiz	169
	7.2.8 Bestandszahlen aus England	169
	7.2.9 Bestandszahlen aus Polen	170
	7.2.10 Bestandszahlen aus Ungarn	170
	7.2.11 Bestandszahlen aus Kroatien	171
	7.2.12 Bestandszahlen aus Slowenien	171
	7.2.13 Bestandszahlen aus der Tschechischen Republik	171
7.3	VD-18-relevante Erscheinungsorte	172
	7.3.1 Erscheinungsorte in Deutschland	175
	7.3.2 Erscheinungsorte in nicht deutschen Staaten	186
7.4	Gattungsbegriffe	189
8	**Protokolle der Beiratssitzungen**	**193**

Zusammenfassung

0 Einführung und Allgemeines

Die Studie untersucht die Möglichkeiten, wie die im deutschen Sprachraum erschienenen Drucke des 18. Jahrhunderts elektronisch erschlossen und digitalisiert werden können, um so der Wissenschaft ein geeignetes Nachweis- und Zugriffssystem zur Verfügung zu stellen. Ausgehend von der besonderen Bedeutung des 18. Jahrhunderts als einem Jahrhundert der Buchkultur („Aufklärung", „Weimarer Klassik", „Sturm und Drang", „Frühromantik") und der besonderen Situation in Deutschland gilt es in der Nachfolge vorausgegangener Projekte für das 16. und 17. Jahrhundert neue, zukunftsweisende Verfahren zu nutzen.

In einem DFG-Rundgespräch im Mai 2004 in der Universitäts- und Landesbibliothek Sachsen-Anhalt in Halle haben sich Fachleute aus Wissenschaft, Buchhandel und Bibliotheken über Notwendigkeit, Inhalt und Organisationsmodelle für ein „Verzeichnis der im deutschen Sprachraum erschienen Drucke des 18. Jahrhunderts (VD 18)" grundlegende Gedanken gemacht und sich eindeutig positiv für ein solches „Verzeichnis" ausgesprochen. Die Studie macht es sich zur Aufgabe die Herausforderungen eines VD 18 deutlich aufzuzeigen sowie durchführbare Verfahren und Methoden vorzuschlagen. Das Neue gegenüber den vergleichbaren Verzeichnissen für das 16. und 17. Jahrhundert ist das digitale Abbilden und der Zugang zu den literarischen Quellen auf der Grundlage einer angemessenen Erschließung. Der Weg zu den Digitalisaten führt über qualitätvolle Erschließungsdaten.

1 Menge der Drucke

Um genauere Erkenntnisse über ein Mengengerüst zu erhalten, wurden die deutschen Katalogverbünde um die elektronisch verfügbaren Daten für Drucke des 18. Jahrhunderts gebeten. Mit diesen Daten wurde im Institut für Historisch-Kulturwissenschaftliche Informationsverarbeitung der Universität Köln eine Arbeitsdatenbank erstellt. Es bestand die Absicht, mit verschiedenen Selektionskriterien (wie Sprache und Druckort) sowie über eine vereinfachte Dublettenprüfung eine einigermaßen verlässliche Zahl der zu erschließenden und zu digitalisierenden Drucke sowie des Alleinbesitzes zu erhalten. Es zeigte sich jedoch, dass die Qualität der Daten nicht nur sehr unterschiedlich, sondern überwiegend für eine solche Analyse nicht ausreichend ist. So haben von den 1.512.239 in Frage kommenden Datensätzen beispielsweise 562.342 keinen Sprachencode. Die für die Selektion wichtigen Druckorte sind nicht nur nicht normiert, sondern in großem Umfang verschrieben oder ungewöhnlich abgekürzt. Hinzu kommt, dass Datenfelder nicht richtig belegt, und viele bibliografische Daten unzureichend sind oder fehlen. So fehlten auch in vielen Datensätzen die Normansetzungen der Personennamen und die Hinweise auf bereits vorhandene Digitalisate. In der Arbeitsdatenbank sind nur die Herkunft der Aufnahmen nach Katalogverbünden, nicht jedoch die Bibliotheken bzw. deren Exemplare ersichtlich. Die nicht ausreichende Qualität der Daten erklärt sich vor allem aus der Katalogkonversion, bei der konventionelle, meist aus dem 19. Jahrhundert stammende handschriftliche Kataloge ohne jegliche Überprüfung abgeschrieben wurden.

Ersatzweise wurden Bestandsnachweise aus dem „Handbuch der historischen Buchbestände" und den elektronischen Katalogen ermittelt. Die Schwierigkeiten, die Angaben im Handbuch und die Trefferzahl in den elektronischen Katalogen zu interpretieren, ist ausführlich untersucht und dargestellt. Verschiedene Hochrechnungen und Einschätzungen aufgrund differenziert gewerteter Analysen laufen darauf hinaus, dass es etwa 600.000 VD-18-relevante Drucke gibt. Der Alleinbesitz (also der Nachweis nur eines Exemplars eines Druckes in einer deutschen Bibliothek) ist durchschnittlich mit rund 55 Prozent anzusetzen.

2 Format (Bibliografische Beschreibung und Erschließung)

Sehr ausführlich wurden die aktuellen Katalogisierungsregeln für alte Drucke (insbesondere das nationale Regelwerk RAK-WB, die im VD 17 angewendeten Regeln sowie die Empfehlungen der Arbeitsgemeinschaft Alte Drucke beim GBV) überprüft und gegebenenfalls in dem notwendigen Maß modifiziert bzw. erweitert. Das Ergebnis ist die Festlegung eines nationalbibliografischen Standards für die Erschließung der Drucke. In das VD 18 sollen aufgenommen werden Drucke aus dem Erscheinungszeitraum von 1701 bis 1800, die (1) im Gebiet der Bundesrepublik Deutschland erschienen sind, unabhängig von ihrer Sprache, (2) im zusammenhängenden deutschen Sprachraum erschienen sind, unabhängig von ihrer Sprache, (3) in deutscher Sprache erschienen sind, unabhängig von ihrem Erscheinungsort, (4) durch ein fingiertes Impressum den Anschein erwecken, im deutschen Sprachraum gedruckt worden zu sein, (5) kein oder ein fingiertes Impressum haben, deren Druckort aber innerhalb des deutschen Sprachraumes zu ermitteln ist.

3 Methode

Die möglichen Methoden für ein VD 18 haben organisatorisch-strukturelle, technische und finanzielle Aspekte. Grundsätzlich soll ein VD 18 ein bibliografisches Instrument für den Nachweis aller VD-18-Drucke und ein digitales Zugriffssystem mit dem Zugang zu den Volldigitalisaten dieser Drucke sein.

Bei der Auswahl der Bibliotheken für eine Förderphase sind vor allem zu berücksichtigen die Größe des VD-18-Bestandes, der Alleinbesitz an VD-18-Drucken, die Erfahrung mit der Erschließung und dem Nachweis alter Drucke, die Erfahrung mit der Digitalisierung alter Drucke sowie die langfristigen personellen und finanziellen Möglichkeiten für die Erschließung alter Drucke. Beginnen sollten mindestens drei, besser jedoch bis zu acht Bibliotheken. Um die Argumente für und gegen eine Methode besser abwägen zu können, werden fünf Methoden vorgestellt. Die Themen einer Pilotphase und der Zentralredaktion betreffen alle Methoden. Grundsätzlich ist für jede Methode eine intensive Kommunikation mit den Katalogverbünden erforderlich, da Daten in einem erheblichem Umfang zu selektieren und auszutauschen sind. Empfohlen wird die Methode A. Hier werden in einer Pilotphase alle elektronisch verfügbaren Daten in eine eigene Datenbank geladen und nach bestimmten Kriterien selektiert. Redigiert wird jedoch nur *ein* Exemplar einer Ausgabe, also anders als im VD 17, in dem alle nachgewiesenen Exemplare redigiert wurden. Nach der Statistik des VD 17 wurden bis Ende 2006 567.160 Exemplare für 250.301 Ausgaben bearbeitet. Diese für die Mehrfachexemplare erbrachte Leistung kommt im VD 18 der Erschließung von mehr Ausgaben zugute. Das Ansigeln weiterer Exemplare soll freigestellt sein, jedoch nicht im Rahmen einer Förderung geschehen.

In einer ersten Phase sollen die beteiligten Bibliotheken die Drucke erschließen, die in einem regional nahe gelegenen Ort erschienen sind sowie die als unikal erkannten Drucke. Eine ausführliche Liste der in Frage kommenden Druckorte steht zur Verfügung. Erst in einer späteren Phase sollen die Drucke aus Orten außerhalb der Bundesrepublik einbezogen werden, in denen Drucke in deutscher Sprache erschienen sind (z. B. Österreich, Elsass, Südtirol, Polen, Ungarn).

4 Digitalisierung

Ein VD 18 soll eine digitale Bibliothek deutscher Drucke des 18. Jahrhunderts sein. Die Digitalisierung von Volltexten ist ein Mehrwert für die Wissenschaft. Für die Digitalisierung sind zunehmend Scan-Roboter (Umblättermaschinen) einzusetzen. Diese Maschinen können täglich etwa 6000 bis 7000 Seiten digitalisieren; manuell werden nur 400 bis 600 Seiten erreicht. Für die Nutzung bereits vorhandener Digitalisate gibt es unterschiedlich ergiebige Quellen. Die Bayerische Staatsbibliothek wird im Rahmen einer Kooperationsvereinbarung den gesamten urheberrechtsfreien Bestand mit Google^{TM} digitalisieren, ausgenommen Rara und konservatorisch gefährdete Drucke. In Bezug auf das VD 18 werden es etwa 100.000 Drucke sein, für die keine Digitalisierungskosten für das VD-18-Projekt anfallen.

5 Leistungszahlen, Kosten, Laufzeit

In der Erschließung soll eine Tagesleistung von 12 Aufnahmen verlangt werden (Jahresleistung 12 x 200 = 2400 Aufnahmen).

Zusammenfassung

Für die Suche nach Digitalisaten und das Verknüpfen mit der redigierten VD-18-Aufnahme soll eine Tagesleistung von 56 Verknüpfungen verlangt werden (Jahresleistung 56 x 200 = 11.200 Verknüpfungen).
Die Kosten verteilen sich auf das Erschließen, das Digitalisieren, das Verknüpfen der Aufnahmen mit Digitalisaten, den Erstaufbau einer VD-18-Datenbank sowie Gerätekosten. Die Kosten für das Digitalisieren sind mengenmäßig nur grob angenähert abzuschätzen, denn es war weder aus den Katalogverbünden noch aus der Arbeitsdatenbank zu ermitteln

- die Anzahl der *bereits vorhandenen* und für ein VD 18 übernehmbaren Digitalisate bzw. die Anzahl der *bereits mit einem Digitalisat verknüpften Aufnahmen*;
- die Anzahl der *nicht zu digitalisierenden* VD-18-Drucke; gemeint sind hier Werke, die in mehreren Auflagen erschienen sind, aber nicht jede Auflage zu digitalisieren ist;
- die Anzahl der *Seiten je VD-18-Druck*; bei Gelegenheitsschriften, deren Anteil etwa 20 Prozent beträgt, dürfte der durchschnittliche Umfang vier Seiten betragen; bei sonstigen Drucken liegen die Umfangszahlen durchschnittlich zwischen 150 und 300 Seiten;

Da über die Arbeitsdatenbank keine verlässliche Zahlen zu ermitteln waren, wird von den Maximalzahlen ausgegangen. Die maximalen Kosten betragen demnach

- für die *Erschließung*: 250 Personaljahre Entgeltgruppe E9
 (40.691 x 250 =)   10.172.750 €   (DFG-Anteil 2/3:   6.781.832 €)
- für die *Digitalisierung*: 64.943.000 Seiten
 (64.943.000 x 0,2 =)   12.988.600 €   (DFG-Anteil 2/3:   8.659.066 €)
 Den Durchschnittskosten von 0,2 € je Seite liegt die Entgeltgruppe E7 zugrunde.
- für das *Verknüpfen mit Digitalisaten*: 45 Personaljahre Entgeltgruppe E5
 (36.749 x 45 =)   1.653.705 €   (DFG-Anteil 2/3:   1.102.470 €)
- für den *Erstaufbau der Datenbank*: 1 Personaljahr Entgeltgruppe E13
 (63.518 x 1 =)   63.518 €   (DFG-Anteil 2/3:   42.344 €)

Die Laufzeit hängt davon ab, mit wie vielen Bibliotheken die Pilotphase beginnt. Legt man die 250 Personaljahre für die Erschließung von maximal 600.000 Drucken zugrunde, so ergibt sich eine Laufzeit von mindestens zehn Jahren, wenn im Durchschnitt jährlich 25 Personen in acht Bibliotheken eingesetzt werden. Bei Verwendung von Scan-Robotern wird die Digitalisierung und das Verknüpfen mit einer Aufnahme im zeitlichen Nachgang zur Katalogisierung mit einer bestimmten Verzögerung einsetzen. Das wird die Laufzeit entsprechend ausweiten.

6 Internationale Kooperation

Bei der internationalen Kooperation geht es darum, VD-18-relevante Daten aus nicht deutschen Ländern zu nutzen oder zu erhalten. Technische Probleme liegen vor allem in unterschiedlichen Datenformaten. Nach dem geplanten Umstieg auf das Format MARC21 werden Daten aus dem englischsprachigen Bereich leichter zu übernehmen sein. Die gegenwärtige Fremddatenübernahme von Daten für moderne Ausgaben aus anderen Ländern zeigt auch deutlich die Unterschiede vor allem bei der Ansetzung der Personennamen und der Strukturierung der mehrbändigen Werke. In der Regel fehlen Fingerprint, genormte Ansetzung für Erscheinungsorte und Verleger, Ansetzungssachtitel sowie orthographische Normierungen. Hinzu kommt die unterschiedliche Kodierung der deutschen Umlaute, soweit sie in der Vorlage nicht als ae, oe bzw. ue geschrieben sind. Das alles bedeutet einen nicht zu unterschätzenden Aufwand bei einer möglichen Datenübernahme.

Für ein VD 18 sind solche Ausgaben interessant, die in keiner deutschen Bibliothek nachweisbar sind, jedoch in das VD 18 gehören. Diese Ausgaben zu ermitteln ist einerseits sehr aufwändig und andererseits erst in einer zweiten Phase sinnvoll, wenn die Bestände aus deutschen Bibliotheken bekannt und erfasst sind.

Umfangreiche Recherchen in entsprechenden ausländischen Datenbanken haben ergeben, dass einerseits sehr viele VD-18-relevante Drucke auch aus nicht deutschen Druckorten in deutschen Bibliotheken vorhanden sind, andererseits nationalbibliografische Unternehmen in anderen Ländern VD-18-Drucke nur ausnahmsweise nachweisen. Wenn es in einer späteren Phase um in deutschen Bibliotheken nicht nachweisbare VD-18-Drucke geht, wird die Hand Press Book Database des Consortium of European Research Libraries eine gute Fremddatenquelle sein.

7 Anhänge

7.1 Aufnahmen aus den elektronischen Katalogen

In den ausgewählten Aufnahmen werden vor allem Beispiele für die Erschließungsqualität, für unikale Bestände und für nicht in regionaler Nähe nachgewiesene Drucke gezeigt, auf die auch in anderen Teilen der Studie hingewiesen wird. Die Beispiele demonstrieren auch die Unterschiede der Aufnahmen in den Katalogverbünden und die nicht ausreichende Erschließungsqualität.

7.2 Bestandszahlen für Drucke des 18. Jahrhunderts im „Handbuch der historischen Buchbestände" und in den elektronischen Katalogen

Hier sind alle Bibliotheken aus Deutschland und Österreich zusammengestellt, für die im „Handbuch der historischen Buchbestände" mindestens 5.000 Titel (Bände, Werke) für das 18. Jahrhundert angegeben sind. Der Information wegen sind auch einige ausgewählte Bibliotheken aufgenommen, deren Bestand unter 5.000 Titeln bzw. Bänden liegt, darunter die Fürstliche Bibliothek Corvey, das Kunstmuseum Magdeburg, das Deutsche Museum München, die Historische Bibliothek Quedlinburg, die Pfälzische Landesbibliothek Speyer, die Ratsschulbibliothek Zwickau. Aus der Schweiz sind Basel, Bern, Fribourg, Luzern und Zürich, aus dem Elsass Straßburg, aus England London, aus Italien Bozen, aus Ungarn Budapest, aus Kroatien Zagreb, aus Slowenien Lubljana und aus der Tschechischen Republik Prag einbezogen.

7.3 VD-18-relevante Erscheinungsorte

Hier werden alle VD-18-relevanten Erscheinungsorte aufgelistet, soweit sie in der Arbeitsdatenbank ermittelt werden konnten, darunter auch Orte aus 17 nicht deutschen Ländern. Die Liste ist auch als Hilfe für die Zuteilung von bestimmten Druckorten vor allem in einer Pilotphase gedacht.

Zahl der in der Bundesrepublik liegenden Druckorte: Brandenburg einschließlich Berlin (23), Baden-Württemberg (127), Bayern (144), Hansestadt Bremen (2), Hansestadt Hamburg (8), Hessen (48), Mecklenburg-Vorpommern (27), Niedersachsen (68), Nordrhein-Westfalen (70), Rheinland-Pfalz (50), Sachsen-Anhalt (55), Schleswig-Holstein (27), Saarland (7), Sachsen (83), Thüringen (74). Die meisten VD-18-relevanten Druckorte in nicht deutschen Ländern liegen in Polen (61), der Schweiz (36) und in Österreich (30).

7.4 Liste der Gattungsbegriffe

Hier werden alle im VD 17 verwendeten Gattungsbegriffe wiedergegeben, ergänzt um einige wenige, die zusätzlich für ein VD 18 zusätzlich notwendig sind.

Summary

0 Introduction and General Remarks

The study tries to investigate how books printed in German-speaking countries in the 18th century could be catalogued and digitised in order to provide scholars with an adequate retrieval and access system. Against the background of the special significance of the 18th century as the century of book culture ("Enlightenment", "Weimar Classicism", "Storm and Stress", "Early German Romanticism") and the specific situation in Germany, it will be important to make use of new and innovative methods and procedures, based on the experience of previous projects for the 16th and 17th centuries respectively.

In a DFG-initiated round table discussion in May 2004 at the University and State Library Saxony-Anhalt at Halle, experts from the academic, booktrade and library sectors thoroughly debated the need for, the contents of and possible organisational models of a "Bibliography of Books Printed in German-speaking Countries in the 18th century (VD 18)". The idea of compiling such a bibliography received unanimous support.

The main purpose of the study is to draw a clear picture of the challenges such a VD 18 project poses as well as to suggest realistic procedures and methods. New in comparison with similar bibliographies for the 16th and 17th centuries is the digitisation and access to literary sources on the basis of adequate cataloguing. Quality-controlled cataloguing data will lead the user to the digitised version.

1 Number of Printed Works

In order to get a clear idea of the numbers in question, the German Cataloguing Networks were asked to provide electronically available metadata for 18th century printed books. On the basis of these data, a working database was set up at the Institute for Computer Science for the Humanities at the University of Cologne. The aim was – with the help of various selection criteria (like language and place of printing) as well as a simplified double-entry check – to arrive at a relatively reliable number of printed books to be catalogued and digitised as well as the number of unique holdings. It became clear, though, that the quality of the data was not only very diverse, but also to a large extent insufficient for this kind of analysis. 562.342 of the 1.512.239 datasets in question would for instance not have a language code. The places of printing as an important selection criterion were not standardised and to a large extent misspelled or unconventionally abbreviated. What is more, certain fields were incorrectly filled in, and many bibliographic details were insufficient or missing. In many datasets there were no standardised personal names, and information on already existing digitised versions was missing. In the working database only the origin of the records according to the respective Cataloguing Network is visible, but not the individual libraries or their holdings. The main reason for the insufficient quality of the data is catalogue conversion, i.e. projects in which conventional, mostly hand-written 19th century catalogues were in most cases mechanically copied without further quality control.

Alternatively, holdings information from the „Handbuch der historischen Buchbestände" (Handbook of Historical Book Collections) and electronic catalogues was collected. The question of how to interpret the information in the Handbook and the number of hits in the electronic catalogues was studied and described in some detail. Various projections and computations on the basis of complex analyses resulted in the figure of about 600.000 printed books which are relevant for the VD 18. The unique ownership rate (i.e. the record of only one copy of a particular printed book in a German library) would be at approximately 55% of all copies.

2 Format (Bibliographic Description and Cataloguing)

The current cataloguing rules for old printed books (especially the national cataloguing rules RAK-WB, the rules applied to VD 17 and the recommendations of the Working Group for Old Printed Books at the Common Library Network GBV) were checked and to the extent necessary modified and extended. The result is the codification of a national bibliographic standard for the cataloguing of printed books. The VD 18 is to include printed books published between 1701 and 1800, which (1) were published on the territory of the Federal Republic of Germany, irrespective of their language, (2) were published in the continuous German-speaking territory, irrespective of their language, (3) were published in the German language, irrespective of their place of publication, (4) through a fictitious imprint imply a place of printing in a German-speaking country, (5) have no or no fictitious imprint, but whose place of printing is in the German-speaking territory.

3 Method

The possible methods for a VD 18 have organisational-structural, technical and financial implications. In principle, VD 18 is meant to be a bibliographic instrument for cataloguing all VD 18 printed books, and a digital retrieval system with access to all full-text digitisations of these printed works.

Selection criteria for the participation of libaries in the funded project phase are in particular the size of their VD 18 collections, unique ownership of VD 18 books, cataloguing experience with old printed books, digitisation experience with old printed books as well as long-term staff and funding perspectives for the cataloguing of old printed works. At least three libraries, but ideally eight institutions should start in the initial project period.

In order to be able to objectively evaluate the pros and cons of a particular method, five methods are being discussed. The topics of a pilot phase and of a central editing office relate to all methods. As a matter of principle, intensive communication with the Cataloguing Networks is necessary with each of the methods as a considerable amount of data is to be selected and exchanged.

We recommend method A. In a pilot period all electronically available data are being loaded into a separate database and selected according to particular criteria. Editing would apply to only *one* copy of an edition, though, unlike the VD 17 project where all known copies were edited. According to the statistics of VD 17 until the end of 2006 567.160 copies of 250.301 editions were being handled. The work invested in revising the records of duplicate copies will be redirected to the cataloguing of more editions in the VD 18. The copy-cataloguing of additional copies will be up to the individual libary, but shall not be part of the project funding.

In a first phase the libraries involved shall catalogue the books which were printed within their region as well as books regarded as unique. A detailed list of the places of printing in question is available. Printed books from places outside Germany where such works were published in the German language (e.g. Austria, Alsace, South Tyrol, Poland, Hungary) shall be included at a later stage.

4 Digitisation

A VD 18 is meant to be a library of German printed books of the 18th century. The digitisation of the fulltext constitutes added value for scholarly work. For the digitisation process scan robots (machines for turning the pages) are increasingly to be used. These machines are able to digitise about 6.000 to 7.000 pages per day; manually only 400 to 500 pages can be processed. For the use of already existing digitisations the sources available are of differing value. The Bavarian State Library (Bayerische Staatsbibliothek) will digitise its complete copyright-free collection through a cooperation agreement with Google^{TM} with the exception of rare books and printed works in danger of being damaged. About 100.000 relevant items will be digitised outside the VD 18 project funds.

5 Output Figures, Costs, Project Term

12 catalogue records per day are to be produced (12 x 200 = 2.400 records per annum).
Searching for digitisations and connecting them with the revised VD 18 record shall result in 56 such connections per day (56 x 200 = 11.200 connections per annum).
The cost is distributed amongst cataloguing, digitisation, the linking of the records with the digitisations, the initial set-up of the VD 18 database as well as the hardware. The cost for digitisation can only be roughly quantified, because neither from the Cataloguing Networks nor from the working database could clearly be deducted

- the number of *already existing* digitisations which could be included in VD 18 as well as the number of *digitisations already connected with catalogue records*;
- the number of *VD 18 printed works not to be digitised*; i.e. works which were published in several editions, but not each edition is to be digitised;
- the number of *pages per VD 18 book*; with occasional works, which would amount to about 20% of the books included, the average number of pages is around four; with other books the size would be between approx. 150 and 300 pages;

As the working database could not produce reliable figures, the calculation was based on the maximum figures. The maximum costs would therefore amount to the following:

- for *cataloguing*: 250 staff years (salary group E9)
  (40.691 x 250 =)   10.172.750 €   (DFG share 2/3:   6.781.832 €)
- for *digitisation*: 64.943.000 pages
  (64.943.000 x 0,2 =)   12.988.600 €   (DFG share 2/3:   8.659.066 €)
  The average cost of 0,2 € per page is based on the salary group E7.
- for *connecting with digitisations*: 45 staff years (salary group E5)
  (36.749 x 45 =)   1.653.705 €   (DFG share 2/3:   1.102.470 €)
- for the *initial set-up of the database*: 1 staff year (salary group E13)
  (63.518 x 1 =)   63.518 €   (DFG share 2/3:   42.344 €)

The term of the project will depend on how many libraries will actually take part in the pilot period. Based on 250 staff years for the cataloguing of a maximum of 600.000 printed books, the project term would at least be ten years, if on average 25 persons are employed in eight libraries per year. If scan robots are used, the digitisation and the linking with the catalogue record will be done some time after the cataloguing. This will prolong the overall term of the project accordingly.

6 International Cooperation

The idea behind international cooperation is to use or receive data relevant for VD 18 from non-German-speaking countries. Technical problems mainly result from different data formats. After the planned change to the MARC21 format, data from the English-speaking world can more easily be integrated. The current practice of copy-cataloguing on the basis of data for modern printed books from abroad shows quite clearly the difference between the formats, especially as related to personal names and the structure of multi-part works. Usually the fingerprint, standardised places of publication and publishers, variant titles as well as orthographic control are missing. In addition to this, the German umlauts are encoded differently, if the original work does not spell them as ae, oe or ue. All of this will lead to a considerable effort in case of a possible data exchange.

For a VD 18 such editions are interesting which do not have holdings in any German library, but which should be part of the VD 18. To identify these editions will not only be quite time-consuming, but should also be postponed to a second phase once the holdings from German libraries are known and have been catalogued.

Extensive searches in foreign databases have not only shown that many relevant printed books from non-German places of printing are available in German libraries, but also that national bibliographies in other countries hardly ever record VD 18 books. For a later stage with the focus on VD 18 works not available in German libraries, the Hand Press Book Database of the Consortium of European Research Libraries will be a very valuable source.

7 Appendices

7.1 Records from the electronic catalogues

In the selected records examples were chosen which in particular illustrate the cataloguing quality, unique holdings and printed books which could not be discovered within the region of origin, also referred to in other parts of the study. The examples also demonstrate differences between records of the various Cataloguing Networks and the insufficient quality of bibliographic records.

7.2 Holdings figures for 18th century printed books from the „Handbuch der historischen Buchbestände" and from the electronic catalogues

This appendix is a registry of all libraries in Germany and Austria for which the "Handbuch der historischen Buchbestände" records at least 5.000 titles (volumes, works) for the 18th century. For informational reasons, a few select libraries would also have been included whose holdings are below 5.000 titles or volumes respectively, including the Fürstliche Bibliothek Corvey, the Kunstmuseum Magdeburg, the Deutsche Museum in Munich, the Historische Bibliothek Quedlinburg, the Pfälzische Landesbibliothek Speyer, the Ratsschulbibliothek Zwickau. Basle, Berne, Fribourg, Lucerne and Zurich are included from Switzerland; Strasbourg from Alsace, London from England, Bolzano from Italy, Budapest from Hungary, Zagreb from Croatia, Lubljana from Slovenia and Prague from the Czech Republic would also be listed.

7.3 Places of publication relevant for VD 18

This is a list of all places of publication which are relevant for VD 18 as far as they could be traced in the working database, including places from 17 non-German countries.This list should also help with the allocation of particular places of printing esp. in a pilot period.

Number of printing places in Germany: Brandenburg including Berlin (23), Baden-Wuerttemberg (127), Bavaria (144), the Free Hanseatic City of Bremen (2), the Free and Hanseatic City of Hamburg (8), Hesse (48), Mecklenburg-Western Pomerania (27), Lower Saxony (68), North Rhine-Westfalia (70), Rhineland-Palatinate (50), Saxony-Anhalt (55), Schleswig-Holstein (27), Saarland (7), Saxony (83), Thuringia (74). Most places of printing relevant to VD 18 and situated in non-German countries would be found in Poland (61), Switzerland (36) and Austria (30).

List of generic terms

This appendix is a list of all generic terms used in VD 17, supplemented by a few additional terms necessary for a VD 18.

[Translated by Hildegard Schäffler]

0 Einführung

0.1 Das 18. Jahrhundert in der Mediengeschichte

Die Zeit von 1700 bis 1830 wird in der Mediengeschichte als eine eigene Periode begriffen. Die Literatur- und Buchwissenschaft versteht diese Periode als eine Blüte der Druckmedien, in der sich das Bürgertum herausbildet und seine Herrschaft antritt. Hinzu kommt die überproportionale Zunahme der Bevölkerung in Europa. Der Brief erhält seine Bedeutung als private Kommunikationsform, der Buch- und Literaturmarkt wird deutlich ausdifferenziert, die Zeitschrift entwickelt sich zu einem wichtigen Medium.

Die Öffentlichkeit erfährt einen Strukturwandel, in dem Kommunikation und Medien eine besondere Bedeutung gewinnen. Ein wichtiges Medium für den Aufstieg des städtischen Bürgertums war die *Zeitung*, deren Verbreitung deutlich zunahm. Typologisch können politische Zeitungen, Anzeigenblätter oder Intelligenzblätter und Wochenzeitungen unterschieden werden.

Der *Kalender* erlebte bis weit in die zweite Jahrhunderthälfte einen Aufschwung. Inhaltlich verändert sich der Kalender zwar von Astrologie, Kosmologie und Aberglauben zu Aufklärung, Literatur und Volksbelehrung, verfiel aber immer mehr. Dafür stieg der *Almanach* auf: Von etwa 1770 bis 1830 wurde er zu einem wichtigen Medium für das Bürgertum. Es wurden Lieder, Oden, Hymnen, Elegien, Balladen, Romanzen, Gelegenheitsgedichte, Epigramme, Verserzählungen, Kurzprosa und gelegentlich auch eine dramatische Szene veröffentlicht. Ergänzend entstand ab 1780 das *Taschenbuch*, das auch Nichtliterarisches aufnahm. So gab es beispielsweise Almanache für Ärzte, Jäger, Billardspieler, Dienstboten, Lottospieler, Pferdeliebhaber, Soldaten und Weintrinker, ja sogar Theateralmanache, sowie vor allem von Frauen gelesene Musenalmanache. Die Bedeutung der Almanache gegenüber den Kalendern zeigt sich auch darin, dass das Erfolgsprodukt Almanach vom Buchhandel vertrieben wurde.

Flugblätter und Flugschriften waren im 18. Jahrhundert weit verbreitete Medien. Sie dienten vor allem auch der Emotionalisierung und Mobilisierung besonders der Unterschichten und wurden eifrig gelesen.

Eine besonders große Bedeutung erhielt die *Zeitschrift*. Sie wurde als „Medium der Aufklärung" (Paul Raabe) und die Periode gar als „Jahrhundert der Zeitschrift" (Siegfried Seifert) bezeichnet. Zeitschrift, Brief und Buch waren auf dem sich ausbreitenden Literaturmarkt wichtig für den Strukturwandel der

Öffentlichkeit und die Identitätsstiftung des Bürgertums. Die Zahl der Zeitschriften stieg von etwa 70 Titeln vor dem Jahr 1700 auf rund 300 bis 400 Titel um 1750 und dann bis 1830 auf rund 7.000 Titel (Jürgen Wilke).

Das 18. Jahrhundert gilt auch als *Jahrhundert der Buchkultur*, geradezu als „Buchzeitalter". Das zeigt auch die Ausweitung des Buchhandels und damit zusammenhängend der strukturelle Wandel bei den Instanzen Autor, Verleger, Buchhändler, Zensor, Kritiker, Bibliothekar und Leser. In England trat bereits 1710 das Urheberrecht in Kraft, in Preußen erst 1837. Ende des Jahrhunderts soll es 2.000 bis 3.000 Schriftsteller in Deutschland gegeben haben. Bis zur Jahrhundertwende bildete sich der Beruf des „freien Schriftstellers" heraus. Der berühmteste deutsche Verleger war unter insgesamt rund 500 Verlegern Johann Friedrich Cotta. Der Berufsstand des Bibliothekars wurde professionalisiert; es entstand auch eine Bibliothekswissenschaft, wenngleich das Wort „Bibliothek-Wissenschaft" zum ersten Mal erst im Jahr 1808 verwendet wird[1]. Die Zahl der Leser stieg stark an. In Deutschland konnten etwa 430 Lesegesellschaften nachgewiesen werden, die zwischen 1760 und 1800 gegründet wurden.

0.2 DFG-Rundgespräch in Halle im Jahr 2004

In dem DFG-Rundgespräch und der Abschlussdiskussion haben sich Fachleute aus Wissenschaft, Buchhandel und Bibliotheken über Notwendigkeit, Inhalt, Umfang, Mengengerüst und Organisationsmodelle für ein „Verzeichnis der im deutschen Sprachraum erschienenen Drucke des 18. Jahrhunderts" grundlegende Gedanken gemacht[2]. Aus der Sicht der Forschung weisen die Bibliothekskataloge erhebliche Defizite auf, die auch von den Bibliografien nicht ausgeglichen werden können. Sie spiegeln das Fehlen einer Nationalbibliothek für die Aufbewahrung und Erschließung der im deutschen Sprachraum erschienenen Drucke wider. So ist das verdienstvolle Unternehmen der *Sammlung Deutscher Drucke (SDD)* als Reparatur einer fehlenden Nationalbibliothek zu verstehen.

---

[1] Versuch eines vollständigen Lehrbuches der Bibliothek-Wissenschaft oder Ableitung zur vollkommenen Geschäftsführung eines Bibliothekärs / in wissenschaftlicher Form abgefaßt von Martin Schrettinger. - München. - Heft 1 (1808) - 4 (1829)

[2] VD 18 - Verzeichnis der im deutschen Sprachraum erschienenen Drucke des 18. Jahrhunderts : Beiträge eines DFG-Rundgesprächs in der Universitäts- und Landesbibliothek Sachsen-Anhalt in Halle (Saale), veranstaltet am 05.05.2004 / Herausgegeben von Heiner Schnelling. - Halle (Saale), 2004. - (Schriften zum Bibliotheks- und Büchereiwesen in Sachsen-Anhalt ; 86)

Das 18. Jahrhundert ist „die Epoche, in der Deutschland innerhalb weniger Jahrzehnte eine Nationalkultur ausbildet, die ebenbürtig ihren Platz unter den Nationalkulturen des Kontinents einnehmen konnte"; die Erschließung der Literatur dieses Jahrhunderts wird „im Medium der Bibliographie das Porträt einer Epoche darbieten, der wir einen fundamentalen Bestand unseres geistigen Besitzes verdanken" (Bernhard Fabian).

Mit dem Blick auf das „Verzeichnis der im deutschen Sprachraum erschienenen Drucke des 17. Jahrhunderts (VD 17)" wird versucht, über eine Weiterentwicklung bibliothekarisch-bibliografischer Verzeichnisse nachzudenken und dabei positive und negative Erfahrungen zu berücksichtigen. Im VD 17 wird die bibliografische Erschließung durch digitale Schlüsselseiten ergänzt; ein „Verzeichnis der im deutschen Sprachraum erschienenen Drucke des 18. Jahrhunderts (VD 18)" soll jedoch über den bibliografischen Nachweis hinaus zum vollständigen digitalen Dokument führen. – Bestechend ist die Vorstellung, über die starren Jahrhundertgrenzen hinweg ein umfassendes Instrument zu schaffen, das auf VD 16 und VD 17 aufbauend nicht nur das 18. Jahrhundert, sondern auch die Handpressenzeit bis 1830 umfasst.

0.3 Ein VD 18 – Ja oder Nein?

Die Anfang der 1960er Jahre geprägte und inzwischen eingeführte Bezeichnung „Verzeichnis der im deutschen Sprachraum erschienenen Drucke des ... Jahrhunderts" soll aus Gründen der Kontinuität beibehalten werden, auch wenn „Verzeichnis" eher an ein konventionelles Instrument als an elektronische Erschließung und Digitalisierung denken lässt. Allerdings stellt ein VD 18 organisatorisch, technisch und finanziell eine große Herausforderung dar. Die anerkannten Vorbilder für ein elektronisches, nationalbibliografisches Verzeichnis stellen in England der *English Short Title Catalogue* (ESTC, 1473 - 1800) und in den Niederlanden der *Short Title Catalogue Netherland* (STCN, 1540 - 1800) dar. Dabei darf der Begriff „Short Title Catalogue" nicht als „Kurztitelkatalog" oder gar als „Kurztitelaufnahme" missverstanden werden. Denn der „Short Title Catalogue" will sich von den sehr aufwändigen und umfangreichen Inkunabelkatalogen und -bibliografien für Drucke vor allem des 15. Jahrhunderts abheben. Die beiden nationalbibliografischen Unternehmen ESTC und STCN zeigen deutlich, wie schwierig es ist, zu Beginn solcher Projekte ein exaktes Mengengerüst zu ermitteln und die Bearbeitungszeit festzulegen. Die Situation ist mit Deutschland vergleichbar, weil es keine Nationalbibliothek mit einem umfassenden historischen Bestand gibt, sondern die Bestände auf viele verschiedenartige Bibliotheken verteilt sind. Der Erschließungszeitraum von 1701 bis 1800 stellt zusätzlich eine besondere

Herausforderung in Deutschland dar. Denn die das 18. Jahrhundert charakterisierenden Epochenbegriffe sind Aufklärung, Weimarer Klassik, Sturm und Drang sowie Frühromantik. Die deutsche Sprache setzt sich als Kultursprache durch. Das Theater gewinnt eine moderne bürgerliche Auffassung; die Neugründungen erheben den Anspruch Nationaltheater zu sein.

Angesichts der auf viele Bibliotheken verteilten Bestände und der in den Katalogverbünden auf sehr unterschiedlichem Niveau erschlossenen alten Drucke stellt die einheitliche Erschließung auf nationalbibliografischem Niveau und die Volldigitalisierung einen enormen Mehrwert für die Wissenschaft dar, weil dadurch ein umfassender und schneller Zugang zu den Dokumenten zur Verfügung steht.

Es ist nicht Aufgabe dieser Studie, Argumente für oder gegen ein VD 18 aufzulisten. Das Plädoyer für ein VD 18 ist in dem DFG-Rundgespräche im Jahr 2004 eindeutig positiv ausgefallen. Ein VD 18 hat aber einerseits aus den Fehlern und Schwächen des VD 17 zu lernen, andererseits in technisch-organisatorischer Hinsicht eine zukunftsweisende Form zu finden. Die Studie macht es sich zur Aufgabe, die Schwierigkeiten eines VD 18 deutlich aufzuzeigen sowie durchführbare Verfahren und Methoden vorzuschlagen. Das Neue des VD 18 ist (im Gegensatz zu VD 16 und VD 17) der digitale Nachweis und Zugang zu den literarischen Quellen des 18. Jahrhunderts auf der Grundlage einer angemessenen Erschließung dieser Quellen durch Metadaten. Denn der Weg zu den Digitalisaten führt nur über qualitätvolle Erschließungsdaten als den Metadaten der digitalisierten Drucke.

1 Menge der Drucke

1.1 Allgemeine Überlegungen

Durch die Altbestandskonversion im Rahmen eines DFG-Projektes von 1983 bis 2003 und durch Eigeninitiativen der Bibliotheken stehen heute (anders als zu Beginn der VD-17-Studie) viele Bestandsnachweise in elektronischer Form zur Verfügung. Die deutschen Bibliotheksverbünde wurden deshalb im Mai 2006 gebeten, alle Aufnahmen für Drucke des 18. Jahrhunderts zu selektieren und für die Machbarkeitsstudie zur Verfügung zu stellen. Es sollten auch alle mehrbändigen begrenzten Werke mit allen Bandsätzen dabei sein, bei denen mindestens ein Band im 18. Jahrhundert erschienen ist. Bis Mitte September 2006 wurden folgende Daten zur Verfügung gestellt:
- 545.070 Datensätze aus dem Bibliotheksverbund Bayern (BVB),
- 945.563 Datensätze aus dem Gemeinsamen Bibliotheksverbund der Länder Bremen, Hamburg, Mecklenburg-Vorpommern, Niedersachsen, Sachsen-Anhalt, Schleswig-Holstein, Thüringen und der Stiftung Preußischer Kulturbesitz (GBV),
- 183.254 Datensätze aus dem Hochschulbibliothekszentrum Nordrhein-Westfalen (HBZ),
- 33.855 Datensätze aus dem Kooperativen Bibliotheksverbund der Region Berlin und Brandenburg (KOBV),
- 371.431 Datensätze aus dem Südwestdeutschen Bibliotheksverbund (SWB).

Daten aus dem Hessischen Bibliotheksverbund (HEBIS) standen nicht zur Verfügung, weil die Altbestandsnachweise überwiegend nur in Form von Image-Katalogen zur Verfügung stehen, über den Karlsruher Virtuellen Katalog (KVK) jedoch recherchierbar sind. Ferner wurden die Daten der Personennamennormdatei (PND) und Zeitschriftendatenbank (ZDB) zur Verfügung gestellt. Von der Österreichischen Nationalbibliothek in Wien und der Landesbibliothek in Bozen konnten die Daten für die Arbeitsdatenbank nicht zur Verfügung gestellt werden. Nach Gesprächen mit beiden Bibliotheken besteht allerdings Interesse, die Daten in ein VD 18 einzubringen.

Zu Beginn der Studie bestand die Meinung, man könne die Aufnahmen in drei Kategorien einteilen und danach die Redaktion ausrichten, nämlich:
(a) autoptisch erstellte Aufnahmen (nach RAK-WB, teils auch nach den Sonderregeln für alte Drucke); diese Aufnahmen sind in der Regel durch einen Code für Autopsie im Datensatz maschinell erkennbar.

(b) Konversionsaufnahmen nach guten Vorlagen in den konventionellen Katalogen; diese Aufnahmen sind in der Regel an der Belegung bestimmter Kategorien zu erkennen (z. B. Verfasserangabe, Zusatz zum Hauptsachtitel, Verlag/Drucker, Kollation).

(c) Konversionsaufnahmen nach weniger qualitätvollen Vorlagen in den konventionellen Katalogen. Bei dieser Art von Konversionsaufnahmen sind die bibliografischen Daten teilweise stark gekürzt (z. B. Sachtitel, Zusätze, nur zusammenfassende Bandaufführung), oder weggelassen (z. B. Verfasserangabe, Verlag, Kollation, Neben- und Paralleltitel).

Es hat sich aber gezeigt, dass die Qualität der Aufnahmen sehr unterschiedlich und in den aller meisten Fällen nicht ausreichend ist. Da auch Felder fehlbelegt sind, greifen die Kriterien für die drei Kategorien nur bedingt. Hinzu kommt, dass in vielen Aufnahmen die Kodierungen für die Sprache und die Medienart fehlen. Es gibt zwar vereinzelt Aufnahmen, die bereits einem nationalbibliografischen Standard entsprechen, aber die aus der Altbestandskonversion stammenden Aufnahmen, die eine Reihe von Mängeln aufweisen, überwiegen (vgl. Abschnitt 1.5). Deshalb wurde nicht versucht, die Aufnahmen nach den drei genannten Kriterien zu selektieren und daraus Schlüsse für den Redaktionsaufwand zu ziehen.

Da innerhalb der Verbundkataloge nicht wenige Aufnahmen dublett sind, geben die Treffermengen keine verlässliche Auskunft über die Menge VD-18-relevanter Drucke. Vor allem aber fehlen entsprechende Kodierungen, seien es das Jahrhundert, die Sprache, das Erscheinungsland oder veröffentlichungs- und materialspezifische Angaben.

Einen gewissen Näherungswert bieten die Angaben im „Handbuch der historischen Buchbestände" und die Nachweise aus den elektronischen Katalogen (vgl. Abschnitt 7.2). Die Ergebnisse sind jedoch nicht sehr verlässlich, weil
- es keine eindeutig angewendeten Begriffe für Bestandsangaben in Bibliotheken gibt (vgl. Abschnitt 1.3),
- die Trefferzahlen in den elektronischen Katalogen auch Nachweise für moderne Nachdrucke und Mikroformen (mit Nachweisen unter Erscheinungsjahren des 18. Jahrhunderts), Einzelbände mehrbändiger begrenzter Werke sowie für ein VD 18 auszuschließende Literaturgattungen (z. B. Landkarten, Grafik, Notendrucke) enthalten.

Um die Anzahl der VD-18-relevanten Drucke zu ermitteln, wäre es notwendig, die Datensätze nach Sprachencode *und* Erscheinungsort abzufragen. Es hat sich gezeigt, dass einerseits der Sprachencode häufig nicht vergeben wurde, andererseits die Erscheinungsorte nicht nur in keiner normierten Form, sondern nicht selten verschrieben und abgekürzt vorkommen (vgl. Abschnitt 1.5,b). Ein gewisses Problem stellen auch fingierte Erscheinungsorte, nicht ermittelte Erscheinungsorte (meist mit „S.l." gekennzeichnet), verschieden geschätzte oder nicht geschätzte Erscheinungsjahre dar. Einige Bibliotheken haben aufgrund von Schätzungen die Anzahl der VD-18-Drucke angegeben (Berlin SB, Erfurt-Gotha FUB, Göttingen SUB, München BSB; vgl. Abschnitt 1.4). Erschwerend für die Suche unter Erscheinungsjahren und Erscheinungsorte ist, dass diese Kriterien in den meisten elektronischen Publikumskatalogen nur für eine sekundäre Suche angeboten werden.

Die Messkataloge aus Frankfurt und Leipzig zeigen für den Zeitraum von 1700 bis 1800 insgesamt 197.211 Titel an, von denen 10 bis 20 Prozent nicht erschienen sind. Hier fehlen vor allem die lokalen Kleinschriften, Gelegenheitsschriften, Gebetbücher, Gesangbücher, Erbauungsbücher, Einblattdrucke sowie das akademische Schrifttum (insbesondere die Dissertationen). Graham Jefcoate hat in dem DFG-Rundgespräch im Jahr 2004 in Halle die Probleme einer Bestandsschätzung deutlich aufgezeigt und mit seiner Schätzung von 600.000 VD-18-Drucken zwar etwas aufgerundet, aber im Vergleich mit den nationalbibliografischen Projekten in England und den Niederlanden nicht allzu hoch gegriffen. An einigen, auch größeren Bibliotheken gibt es noch immer Sammlungen von Gelegenheitsschriften, Schauspielen, Verordnungen, Schulprogrammen, Münzverordnungen und ähnlichen weniger umfangreichen Drucken, die in den elektronischen Katalogen entweder (noch) nicht oder nur unter fingierten, zusammenfassenden (bei der Konversion aus den konventionellen Katalogen übernommenen) Sachtiteln nachgewiesen sind.

Geht man von den 1.512.239 in der Arbeitsdatenbank ermittelten Datensätzen (nach MAB sind es h-Sätze) aus, so sind davon noch abzuziehen: (a) Datensätze für Mikroformen, moderne Nachdrucke, Notendrucke und dergleichen, (b) ausländische Drucke des 18. Jahrhunderts, die nicht in ein VD 18 gehören. Die Abfrage in der Arbeitsdatenbank nach der Belegung bestimmter MAB-Felder erbrachte in MAB-Feld 051-1 (Veröffentlichungsart und Inhalt) 3.072 Musikalia und 152 Reports, in MAB-Feld 051-5 (Reprint) 1.326 Reprints. Die Abfrage in MAB-Feld 057 (Materialspezifische Codes für Mikroformen) wurde nicht durchgeführt; um alle Aufnahmen für Mikroformen zu selektieren, wäre zusätzlich eine verbale Abfrage in anderen MAB-Feldern erforderlich gewesen. Nimmt man an, dass wenigstens die Hälfte der in der Arbeitsdatenbank nachgewiesenen Datensätze nicht in ein VD 18 gehören, bleiben (1.512.239 : 2 =) 756.114 Drucke. Nimmt man an, dass durchschnittlich die Hälfte der Aufnahmen in den fünf Katalogverbünden dublett nachgewiesen ist, bleiben (756.114 : 2 =) 378.057 Drucke. Wie viele VD-18-Drucke noch nicht elektronisch nachgewiesenen sind, ist nicht bekannt. – Ein anderer Näherungsversuch geht von den zehn Bibliotheken mit den meisten nachgewiesenen Drucken des 18. Jahrhunderts aus (vgl. Abschnitt 1.4). Nimmt man den Anteil der VD-18-Drucke mit zwei Dritteln an (ausgenommen die Schätzungen der drei ersten Bibliotheken), so ergibt sich eine Summe von 920.000 Exemplaren VD-18-Drucke: Berlin SB 130.000, München BSB 130.000, Göttingen SUB 130.000, Dresden SLUB 100.000, München UB 90.000, Halle ULB 80.000, Leipzig UB 80.000, Tübingen UB 60.000, Stuttgart WLB 60.000, Augsburg UB 60.000. Nimmt man den Anteil der unikalen Drucke mit 58 Prozent an (nach der Statistik des VD 17 für das Jahr 2006), so erhält man 533.600 VD-18-Drucke. Da jedoch einige Bestände noch nicht elektronisch nachgewiesen sind, ist von etwa 600.000 Drucken auszugehen.

1.2 Terminologie der Bestandsangaben

Der zahlenmäßige Bestand von Bibliotheken wird im Allgemeinen terminologisch sehr unterschiedlich angegeben. Die Begriffe „Band", „Titel", „Werk", „Ausgabe", „Schrift" und „Bestandseinheit" werden überwiegend unterschiedslos verwendet. Beim Terminus „Band" ist in der Regel unklar, ob bibliografische oder buchbinderische Bände gemeint sind. Bei Bestandsangaben für alte Drucke wird das Problem durch die Zusammenbindung in Konvoluten verschärft. Soweit Zahlen aus einer Datenbank ermittelt werden, ergeben sich Zahlen, die Haupteintragungen (nach MAB h-Sätze) und Bandsätze (nach MAB u-Sätze) beinhalten.

Werk = die abgeschlossene, geistige oder künstlerische Schöpfung. Im allgemeinen Sprachgebrauch wird dafür auch „Titel" verwendet. Wenn eine Bibliothek drei „Titel" eines bestimmten Verfassers hat, sagt das nichts darüber aus, in wie vielen Ausgaben, Auflagen, Übersetzungen, Bearbeitungen usw. die „Titel" vorhanden sind. Werke können in allgemeiner Form zitiert und wohl auch gesucht werden (z. B. Die Ilias von Homer, Die Räuber von Schiller). Im Katalog können aber nur Exemplare der Ausgabe eines bestimmten Werkes nachgewiesen werden. – Im Buchhandel und im allgemeinen Sprachgebrauch wird "Titel" auch für eine bestimmte Ausgabe verwendet.

Ausgabe = die Gesamtheit aller bibliografisch identischen Exemplare, die bei einer Veröffentlichung eines Werkes entstanden sind. Im allgemeinen Sprachgebrauch wird dafür auch „Druck" verwendet. Eine Unterscheidung von Ausgabe und Auflage ist in diesem Zusammenhang nicht notwendig. Die auf internationaler Ebene erarbeiteten „Functional Requirements for Bibliographic Records (FRBR)" unterscheiden „Work" (entspricht dem Werk),

„Expression" (kann als Fassung übersetzt werden und bezeichnet die geistige oder künstlerische Realisierung des Werkes, z. B. Herausgabe, Bearbeitung, Übersetzung, Aufführung), „Manifestation" (kann als Erscheinungsform übersetzt werden und bezeichnet die konkrete Ausgabe in einem bestimmten Verlag) und „Item" (entspricht dem Exemplar). Der Begriff „Ausgabe" ist nicht eindeutig der Expression oder Manifestation zuzuordnen, da er Merkmale beider Entitäten abdeckt.

Exemplar = das einzelne zu katalogisierende Einzelstück der Ausgabe eines Werkes in einer bestimmten Bibliothek, versehen mit einer (Individual-) Signatur.

Band = (a) die buchbinderische Einheit ohne Rücksicht darauf, welche Exemplare der Ausgaben welcher Werke physisch vereinigt sind; (b) der bibliografische Band einer mehrbändigen Ausgabe ohne Rücksicht darauf, ob diese Bände buchbinderisch zusammengebunden worden sind. Für eine korrekte Bestandsangabe sind die Adjektive „bibliografisch" und „buchbinderisch" unverzichtbar.

Beispiele:
- Ein bibliografisch 4-bändiges (begrenztes) Werk kann von Bibliothek zu Bibliothek physisch (buchbinderisch) verschieden vorhanden sein: in 1 Band zusammengebunden, in 2 oder 3 Bänden zusammengebunden oder in 4 einzelnen Bänden vorliegen.
- 3 verschiedene Ausgaben von 3 verschiedenen Werken von 3 verschiedenen Verfassern können in 1 physischen (buchbinderischen) Band zusammengebunden sein. Wenn das (wie im 17. und 18. Jahrhundert) häufiger vorkommt, ist die Bandzahl also geringer als die Zahl der Ausgaben. Katalogtechnisch geht es hier um „beigebundene Schriften".
- 3 verschiedene Ausgaben von 3 verschiedenen Werken eines bestimmten Verfassers können physisch (buchbinderisch) in 1 Band oder in 2 Bänden zusammengebunden sein oder in 3 einzelnen Bänden vorliegen.
- Kants Werk „Critic der reinen Vernunft" (auch in der Schreibung „Kritik der reinen Vernunft" oder übersetzt „Critique de la raison pure") ist in mehreren Ausgaben (Auflagen) veröffentlicht worden. Es handelt sich also um 1 Titel, x Ausgaben (Auflagen), y Bände und gegebenenfalls z Exemplare (einer bestimmten Ausgabe).

Um die Menge eines VD 18 verlässlicher abschätzen zu können, wäre die Zahl der *Ausgaben* (Drucke) und der *Exemplare* zu ermitteln. Die Zahl der buchbinderischen Bände ist uninteressant; sie würde sich auch nur auf eine bestimmte Bibliothek beziehen. Allenfalls kann festgestellt werden, wie viele

Ausgaben mehrbändiger begrenzter Werke es gibt, weil die bibliografischen Bände maschinell erkannt werden. Die Zahl der *Werke* wäre sehr interessant; sie zu ermitteln ist aber ein wissenschaftliches Unternehmen, das ein VD 18 wohl nicht leisten kann; annäherungsweise wäre die Zahl der Werke wohl mit Hilfe des Einheitssachtitels zu ermitteln, wenn er für jede Ausgabe bestimmt würde. Ermittelbar ist die Zahl der Verfasser, wenn sie einheitlich und individuell nach der überregionalen Personennamendatei (PND) angesetzt sind.

Die Zahl der Treffer in den elektronischen Katalogen umfasst im Allgemeinen alle eigenen Datensätze (Haupteintragungen, Nebeneintragungen, Gesamtaufnahmen, Stücktitelaufnahmen, Bandsätze). Beispiele:
- 1 Schriftenreihe mit 12 Bänden, erschlossen durch 1 Gesamtaufnahme und 12 Stücktitelaufnahmen: 13 Datensätze
- 1 mehrbändiges begrenztes Werk mit 3 bibliografischen Bänden, die zusammengebunden sind, erschlossen durch 1 Gesamtaufnahme und 3 Bandsätze: 4 Datensätze
- 1 mehrbändiges begrenztes Werk mit 3 bibliografischen Bänden, ob zusammengebunden oder nicht, erschlossen durch eine Haupteintragung mit zusammenfassender Bandaufführung (anstelle von Bandsätzen): 1 Datensatz
- 3 identische Exemplare einer Ausgabe: in der Regel 1 bibliografischer Datensatz mit 3 Exemplarsätzen
- 3 beigefügte/enthaltene Werke in 1 physischen Band, die über Nebeneintragungen erschlossen sind: 1 Datensatz
- 3 beigefügte/enthaltene Werke in 1 physischen Band, die über eigene Einheitsaufnahmen erschlossen sind: 4 Datensätze

Im Text der Studie werden die Begriffe „Ausgabe" und „Druck" gleichbedeutend verwendet.

1.3 Arbeitsdatenbank

1.3.1 Aufbau der Datenbank

Mit den Daten aus den deutschen Verbundkatalogen wurde von dem Beiratsmitglied Prof. Dr. Manfred Thaller (Universität Köln, Institut für Historisch-Kulturwissenschaftliche Informationsverarbeitung) eine Arbeitsdatenbank für den internen Zugriff aufgebaut. Um mit Hilfe der Datenbank bestimmte Aussagen machen zu können, sind alle Aufnahmen zu entfernen, die nicht VD-18-relevant sind, nämlich

(a) Nachdrucke aus der Zeit nach dem Jahr 1800, die (teilweise) auch unter dem Erscheinungsjahr des Originals nachgewiesen sind;

(b) Sekundärausgaben von Drucken des 18. Jahrhunderts in der Form von Mikrofilmen oder Mikrofiches;
(c) Sonderbestände, die in einem VD 18 nicht bearbeitet werden sollen (z. B. kartographisches Material, Notendrucke, Grafik, Theaterzettel);
(d) Drucke aus Orten, die nicht Gegenstand des Projektes sind.

Für die Selektion wurde hierfür im Vorgriff eine Liste der Druckorte im deutschen Sprachraum in möglichst vielen Schreibweisen und Sprachformen erstellt. Diese Liste enthielt 950 Namensformen von Orten, in denen seit dem 16. Jahrhundert bis ins 19. Jahrhundert gedruckt wurde. Nach Kenntnisnahme der in der Arbeitsdatenbank tatsächlich vorkommenden Schreibweisen und Sprachformen, wurde eine neue Liste mit etwa 3.650 Suchformen erstellt werden.

Als erschwerend erwies es sich, dass in vielen Aufnahmen der Erscheinungsort mit einem Großbuchstaben erschien, während die Aufnahme im Verbundkatalog den Ort in ausgeschriebener Form zeigte (z. B. „C" in der Regel für Köln, „E" für Eßlingen, „K" in der Regel für Köln, „M" in der Regel für München, „T" für Tübingen", „Z" in der Regel für Zürich).

In der Arbeitsdatenbank ist nur erkennbar, aus welchem Verbundkatalog die jeweilige Aufnahme stammt, nicht jedoch die Bibliothek. Bei einigen Katalogverbünden kommt erschwerend hinzu, dass die Datensätze nicht mit der Normansetzung des Verfassers verknüpft sind. Vorhandene Verknüpfungen mit Digitalisaten (in MAB-Feld 655e oder 552) wurden nicht angezeigt. Die Datenbank war jedoch ein brauchbares Instrument, um die Qualität der Aufnahmen einzuschätzen, die Schwierigkeiten einer solchen Datenbank zu erkennen, die Möglichkeiten von maschinellen Aktionen abzuschätzen und eine Liste der VD-18-relevanten Druckorte zu erstellen.

1.3.2 Ergebnisse aus der Datenbank

Es bestand die Hoffnung, mit den Daten der Verbundkataloge einerseits die Anzahl der in elektronischer Form nachgewiesenen VD-18-Drucken genauer abschätzen zu können, andererseits genauere Erkenntnisse über die unikalen Bestände und den Mehrfachbesitz der Bibliotheken zu erhalten. In der Arbeitsdatenbank ist nur der Verbundkatalog, nicht aber die besitzende Bibliothek erkennbar. In zu vielen Aufnahmen fehlen die Kodierungen für die Sprache und die Dokumentart (z. B. Reprint, Mikroform). Um die Aufnahmen für VD-18-Drucke einigermaßen sicher selektieren zu können, ist außer der Sprache auch der Erscheinungsort wichtig, um beispielsweise auch die in deutschen Orten erschienenen Drucke in nicht deutschen Sprachen zu erkennen. – Folgende Zahlen konnten aus der Arbeitsdatenbank ermittelt werden:

(a) Menge der Datensätze aus den Katalogverbünden insgesamt:
    2.079.154 Datensätze

(b) Menge der h-Sätze:
    1.512.239 Datensätze

(c) Menge der Datensätze, die in MAB-Feld 410 einen bestimmten Erscheinungsort aufweisen:
    784.976 Datensätze
    Für diese Selektion wurden in einer vorab erstellten Liste mit etwa 950 Druckorten aus dem deutschen Sprachgebiet in möglichst vielen Schreibweisen und Sprachformen zusammengestellt. Nach Durchsicht der Aufnahmen in der Arbeitsdatenbank wurde eine zweite Liste von Erscheinungsorten erstellt, die auch die verschriebenen, abgekürzten und fingierten Namensformen enthält. Diese zweite Liste besteht aus 3633 + 29 Suchformen. Nicht enthalten sind in dieser zweiten Liste jedoch Ortsnamen in Datensätzen, die den Sprachencode „deutsch" enthalten. Der Abgleich mit dieser Liste konnte nicht durchgeführt werden.

(d) Menge der Reprints und Mikroform-Ausgaben:
    774.113 Datensätze

(e) Menge der Datensätze, die in MAB-Feld 037 den Sprachencode „deutsch" aufweisen
    250.096 Datensätze (562.342 Datensätze haben keinen Sprachencode.)

(f) Suchergebnisse in MAB-Feld 051-1 (Veröffentlichungsart und Inhalt)
    Dieser intellektuell durchsehbaren Liste sind an nicht in ein VD 18 gehörenden Aufnahmen zu entnehmen: Musikalia 3.072, Reports 152, Konferenzschrift 459. Die anderen Begriffe deuten in aller Regel auf VD-18-relevante Drucke hin, beispielsweise
    Bibliographie 126, Biographie/Universitätsschrift 209, Enzyklopädie 209, Festschrift 6.355, Katalog 76, Universitätsschrift 59.369 und Wörterbuch 484.

(g) Suchergebnisse in MAB-Feld 359 (Verfasserangabe), MAB-Feld 412 (Erster Verleger) und MAB-Feld 512 (Kollationsvermerk)
    Wegen der Größe dieser Dateien war eine intellektuelle Durchsicht nicht möglich.

Folgende Daten konnten nicht erhoben werden:
- Anzahl der Drucke, für die es bereits Digitalisate gibt
- Anzahl der Nachweise für VD-18-Drucke je Bibliothek (nach Selektion über Sprache bzw. Erscheinungsort)

1.4 Bibliotheken mit mehr als 10.000 Nachweisen für Drucke des 18. Jahrhunderts im elektronischen Katalog

Die folgenden Zahlen aus den elektronischen Katalogen sind mit Vorsicht zu interpretieren, denn sie beinhalten teilweise auch Nachdrucke, Musikdrucke, Landkarten, Mikroformen, Einzelbände mehrbändiger begrenzter Werke und dublette Aufnahmen. Manche Bibliotheken haben noch nicht alle Drucke elektronisch nachgewiesen. Zu vernachlässigen sind die Datensätze ohne (ermitteltes oder geschätztes) Erscheinungsjahr, die hier nicht berücksichtigt sind.

	Nachweise für Drucke des 18. Jahrhunderts im OPAC	*VD-18-Drucke geschätzt*
Berlin SB	262.000	120.000–130.000
München BSB	231.228	120.000–130.000
Göttingen SUB	160.000	120.000–140.000
Dresden SLUB	153.213	
München UB	122.231	
Halle ULB	112.898	
Leipzig UB	106.950	
Tübingen UB	84.127	
Stuttgart WLB	80.590	
Augsburg UB	80.362	
Wolfenbüttel HAB	75.496	
Jena ULB	74.324	
Weimar HAAB	58.308	
Heidelberg UB	56.822	
Freiburg UB	50.800	
Augsburg SuStB	48.120	
Greifswald UB	44.744	
Eichstätt UB	44.125	
Rostock UB	42.959	
Bamberg SB+UB+MetroB	37.289	
Erfurt-Gotha UFB	34.536	72.054
Kiel UB	31.246	
Regensburg SB	31.038	
Erlangen UB	28.877	
Münster ULB	27.483	

Menge der Drucke

Köln USB	25.419	
Hamburg UB	22.076	
Trier StB	20.092	
Regensburg UB	19.067	
Düsseldorf ULB	17.747	
Köln DomB	17.570	
Bonn ULB	14.185	
Berlin FU	12.530	
Mannheim UB	12.476	
Bochum UB	12.278	
Passau SB	11.800	

1.5 Qualität der Aufnahmen in elektronischer Form

Die Qualität der Aufnahmen ist sehr unterschiedlich. Da die Daten überwiegend durch die Konversion älterer Band- und Kartenkatalogen ohne Autopsie entstanden sind, entspricht die Qualität diesen Katalogen: Titel sind unterschiedlich gekürzt, Bindestriche sind uneinheitlich gesetzt, die Schreibung der Buchstaben u/v, i/j, ss/ß/sz variiert. Da es keine Qualitätskontrolle gab und auch ungelernte Kräfte eingesetzt werden mussten, kommen Lese- und Flüchtigkeitsfehler hinzu. Für alte Drucke gibt es innerhalb der Verbundkataloge dublette Aufnahmen. Viele Aufnahmen entsprechen nicht dem Standard, der eine sichere Auffindung und eindeutige Identifizierung garantiert oder gar eine verlässliche maschinelle Dublettenprüfung zulässt. Besonders häufig sind Wörter verschrieben oder sinnentstellt eingegeben, Felder nicht richtig belegt, Verfasser oder Erscheinungsorte nicht ermittelt. Die Personennamen sind mit wenigen Ausnahmen einheitlich nach der Personennamendatei angesetzt. Nach den Erfahrungen mit VD 16 und VD 17 kann die notwendige Qualität nur mit autoptischer Erschließung durch Fachpersonal erreicht werden.

(a) Beispiele für verschriebene Wörter im *Sachtitel*:
- Lorenz Kraft's *Briefsammlung* für die Jugend
  Lorenz Kraft's *Briefmarkensammlung* für die Jugend
- Aus dem richtig wiedergegebenen Wort „actenmäsiger" im Titel wird im Feld für die normierte Form „acten*masiger*".
- Des Harlequins Hochzeit, und Kindtauffen-Schmau*sz*
  Des Harlequins Hochzeitsschmau*ß* in einem Singe-Spiele
  Des Harleqvins Hochzeit- und Kindtauffen-Schmau*ß Jn* einem Singespiele vorgestellet

- Anfangsgründe der dänischen Sprache, oder Compen*dieuse* Grammatica
  Anfangs-Gründe der dänischen Sprache oder compen*diuse* Grammatica
  Anfangs-Gründe der dänischen Sprache, oder compen*diense* Grammatica
- Defensio auctoritatis ecclesiae vindicata contra eruditissimum virum *Ian*senio suppetias ferentem, avitum academicum et alios a quibus impugnata fuit
  Defensio auctoritatis ecclesiae vindicata contra *J*ansenio suppetias ferentem et alios a quibus impugnata fuit [= Auslassung ohne Kennzeichnung]
  Defensio auctoritatis ecclesiae vindicata [= Kürzung ohne Kennzeichnung]
- Geschaeftslogic oder **Funst**, Privat- **sewchl** als **Stastegeschaefte** gluecklich und mit **bahoeriger Elugheit suszufuehren**
- *Untersuchungen* ob etwan die heutigen Europäischen Völker Lust haben möchten, dereinst Menschenfresser zu werden
  Untersuchung, Ob etwan die heutigen Europäischen Völker Lust haben möchten, dereinst Menschen-Fresser, oder wenigstens Hottentotten zu werden
- Ludwig Tölpels ganz funkel nagel neue *Bauren-Moral*
  [Ansetzungssachtitel: Ganz funkel nagel neue Bauren Moral
  = *fehlerhaft*]
  Ludwig Tölpels ganz funkel nagel neue *Bauren Moral* mit einem lächerl. Wörterbuch vermehret, u. in das Teutsche übersetzt von Palato
  Ludwig Tölpels ganz funkel nagel neue *BaurenMoral*
  [Ansetzungssachtitel: Ganz funkel-nagel-neue BaurenMoral
  = *korrekt*]
  Ludwig Tölpel's ganz funkel nagel neue *BauernMoral*
- *Oratio sollemnis* De Eloqventiae Cvltore ad philosophorvm scholas remittendo ...
  Oratio sellemnis De eloquentiae cultore ad philosophorum scholas remittendo ...
  Oratio de eloquentiae cultore ad philosophorum scholas remittendo
- Das Grabmal des *Leonides*
  Das Grabmal des *Leonidas*
- Das *Geheimniß des Evangelii*
  Das *Geheimnis der Evangelie*
- Der von *Johann* Caspar Lavater glücklich besiegte Landvogt Felix Grebel
  Der von *Jo.* Caspar Lavater glücklich besiegte Landvogt Felix Grebel
  Der von *Joh.* Caspar Lavater glücklich *besingte* Landvogt
- Visitations-Schlüsse die Verbesserung des kaiserlichen reichs-kammergerichtlichen *Justitzwesens* betreffend

Visitations-Schlüsse die Verbesserung des kaiserlichen reichs-kammergerichtlichen *Justizwesens* betreffend
o   *Ueber die* Menschenveredlung
    Über Menschenveredlung

Die Qualität der Aufnahmen insbesondere im Bereich des Sachtitels lassen eine wie immer konstruierte, vereinfachte Dublettenprüfung nur sehr eingeschränkt zu. Bei Aufnahmen mancher Bibliotheken wurde vorlagegemäß J (statt I), V (statt U) und VV (statt W) erfasst; wenn die betreffenden Wörter nicht zusätzlich in einer normierten Form angegeben sind, wie es die RAK verlangen, sind diese Aufnahmen nicht oder nur schwer auffindbar, z. B. Dissertatio ivridica de everticvlo suspicionis ...; Bjelfeld; Tubjngen; Vlm; Wjttenberg.

(b) Beispiele für verschriebene *Ortsnamen*:

Augutsae ... (= Augustae ...)
Badilaea (= Basilaea, Basel)
Brlin
Brslau, Beslau
Braunchweig
Cobrug
Colnmar
Crlsruhe
Cssel (= Cassel, Kassel)
Damrstadt
Dessan (= Dessau)
Dillilngen (= Dillingen)
Drebden, Dreden
Eralagen, Erlagen, Erlamgae, Erlnagae
Eindiedeln (= Einsiedeln)
Erfurz, Trefurti (= Erfurt)
Feankfurt, Flankfurt, Frnacofurti, Frnakfurt, Fruankfurt
Feiberga (= Freiberg)
Felnsburgi, Flesnburg (= Flensburg)
Geottingae, Goetiingae, Goötöngen, Gttingae

Grryphiswaldiae
Hambrug, Hmburg, Habmurg, Habnurg, Hamurg
Hatae, Jalae (= Halae, Halle)
Heildelberg, Heilderberg
Hemlstädt (= Helmstedt)
Hidesheim
Hischberg, Hisrchberg
Hordhusae (= Nordhausen)
Mgdeburg
Jean (= Jena)
Leigzig, Lweipzig
Marnheim (= Mannhein)
Mguntiae, Morguntiae (= Moguntiae, Mainz)
Monchium, Monanchium (= München)
Nannover (= Hannover)
Norimberbae, Nrimbergae, Nüürnberg
Starubing, Staubing (= Straubing)
Mölln (= Köln)
Nannover (= Hannover)

Nanzig (= Danzig)
Nrimbergae, Nuemberg, Nüürnberg
Otha = Gotha
Ouedlinburg = Quedlinburg
Raisbonae, Katisbonae, Tutisbonae, Rebensburg, Regesnburg, Begensburg (= Regensburg)
Reglomonti (= Regiomonti, Königsberg)
Ronstanz (= Konstanz)
Schasshausen (= Schaffhausen)

Sendal (= Stendal)
Srtassburg (= Straßburg)
Tvübing
Ulmg, Umlae (= Ulm)
Verlin (= Berlin)
Weisesefels, Weßenfels (= Weißenfels)
Wicreburgi, Wützburg, Würxburg
Weinn (= Wien)
Wofenbüttel
Wtzlar

In der Liste mit den Erscheinungsorten für die Selektion der VD-18-relevanten Titelsätze waren solche Verschreiber in großem Umfang zu berücksichtigen.

(c) Die Kodierung für die *Textsprache* (MAB-Feld 037) fehlt häufig. Eine Selektion der Datensätze in der Arbeitsdatenbank nach der Sprache ist deshalb nur eingeschränkt möglich.
Ergebnis aus der Datenbank: 250.096 Datensätze enthalten den Sprachencode „deutsch", 562.342 Datensätze enthalten keinen Sprachencode. Das bedeutet: 46 Prozent (699.801 Datensätze) haben keinen Sprachencode.

(d) Die Kodierung für die *Medienart* (z. B. MAB-Feld 50 für „Mikroform", MAB-Feld 51 für „Reprint") fehlt in vielen Fällen. Eine Selektion der Datensätze nach Mikroformen und Reprints müssen deshalb zusätzlich entsprechende Begriffe aus der bibliografischen Beschreibung berücksichtigen.
Ergebnis aus der Datenbank: 1.326 Datensätze sind als Reprint erkennbar.

(e) Häufig sind *Felder nicht richtig belegt*. Beispielsweise stehen im MAB-Feld 410 (= Erster Verlagsort) auch Daten, die in andere Felder gehören, etwa:
- Angaben zum Verleger/Drucker (z. B. „Leipzig & Breslau: C. F. Gutsch"),
- Angaben zum Erscheinungsjahr (z. B. „1789", in MAB-Feld 425 = Erscheinungsjahr dagegen „1747"),
- zwei Erscheinungsorte (z. B. „[1.] Franckfurth ; [2.] Grimma"),
- unverständliche Angaben (z. B. „A. R. P. C. S."),
- nur die Umfangsangabe (z. B. „[1] Bl., S. 154 - 256"),

- nur die Ausgabebezeichnung (z. B. „2., und verm. Aufl")
- nur der Drucker/Verleger (z. B. „Bey Batth. Joach. Endter")

Diese Fehlbelegungen lassen eine Suche nach Datensätzen einer bestimmten Qualität nur eingeschränkt zu.

(f) In der Vorlage *nicht genannte Verfasser* sind in manchen Aufnahmen nicht ermittelt, da die Aufnahmen in der Regel aus einer Zeit stammen, in der entsprechende Ermittlungen nicht möglich waren. Dieser Sachverhalt ist außerordentlich misslich, da die Suche nach allen Ausgaben eines bestimmten Verfassers zu den Grundfunktionen eines Bibliothekskataloges gehört (vgl. Beispiele 7.1.3 Balemann, 7.1.17 Götz, 7.1.18 Haas, 7.1.22 Lavater, 7.1.28 Recknagel, 7.1.33 Schwerin, 7.1.34 Sélis).

(g) In manchen Aufnahmen ist der *Sachtitel unterschiedlich oder zu früh gekürzt*. Das gilt vor allem für Gelegenheitsschriften.

- M. G. Als Die Wohlgebohrne Fräulein Fraeulejn Magdalena Sybilla [!] Brummerin von Bährenfeld, Des Weyl. Wohlgebohrnen Herrn Herrn Benedict Brummers von Bährenfeld ... Jüngere Fräulein Tochter ... *und*
  Als Die Wohlgebohrne Fräulein ... Magdalena Sybilla [!] ... : [Trauerschrift auf Magdalena Sophia Brummer von Bährenfeldt ... *(zu früh gekürzt)*
- Bey der ... Vermählung, welche den 28. April 1755 zu Rohnstock feyerlich vollzogen wurde zwischen ... *(zu früh gekürzt)*
- Edict ... betr. die Hochzeiten im Fürstenthum Eisenach *(zu früh gekürzt)*
- Gedanken eines Rheinländers über die ... Braunschweigische auch ... Hessen-Casselsche sogenannte Scheidemünzen ... *und*
  Gedanken eines Rheinländers über die ... Scheidemünzen *(zu stark gekürzt)*
- Als der ... Herr George Geißler, treu-fleißiger Pastor in Thommendorff, ... 1737 sein Jubilaeum semi-seculare ministerii feyerte, wollte einige Nachricht von der Thommendorfischen Kirche ... zum Drucke befördern *und*
  Als ... Herr George Geissler ... : [Glückwunsch auf Georg Geissler, Pastor in Thommendorf zu seinem Jubiläum, 1737] *(zu stark gekürzt)*

(h) In manchen Aufnahmen ist der *Erscheinungsort nicht oder nicht richtig ermittelt* (vgl. Beispiele 7.1.22 Lavater, 7.1.23 Möser, 7.1.26 Offenherzige Schilderung, 7.1.28 Recknagel, 7.1.33 Schwerin, 7.1.34 Sélis, 7.1.35 Trinius, 7.1.37 Wie hat man sich).

(i) In manchen Aufnahmen ist das fehlende *Erscheinungsjahr nicht oder unterschiedlich ermittelt* (vgl. Beispiel 7.1.13 Extraordinair remarquables Gespräche).

(j) In manchen Aufnahmen ist die *Kollation* für dieselbe Ausgabe *unterschiedlich angegeben*, z. B. fehlen häufig ungezählte Blätter und Angaben zu Illustrationen. Beispiel für die verschiedene Angabe der Kollation für dieselbe Ausgabe (vgl. Beispiel 7.1.19):
- 284 S. : Kupfer
- 284 S.
- [9] Bl., 284 S. : Ill.
- [14] Bl., 284, [4] S.
- [8] Bl., 284 S., [2] Bl. : Ill.

(k) Die *Mehrbändigkeit* ist oft nicht erkennbar oder nicht ausreichend genau dargestellt, wenn eine Bandaufführung fehlt (vgl. Beispiel 7.1.1, Titel 10a - 10f).

o Die Geschichten des auserwehlten Volks Gottes / durch Georg Weimer übers. [Verfasser: Berruyer, Isaac J.]. - Lutzenburg : Chevalier, 1753. - Tom. 1 - 7 (8 Vol.)
  = Kodierung als einbändiges Werk, weil die Bandaufführung fehlt
o Kleines Wörterbuch für die Aussprache, Orthographie, Biegung und Ableitung : als der 2. Th. der vollständigen Anweisung zur deutschen Orthographie / Johann Christoph Adelung. - Wien : Trattner, 1791. - 518 S. ; 8-o   *= einbändiges Werk*
und
Vollständige Anweisung zur Deutschen Orthographie : nebst einem kleinen Wörterbuche für die Aussprache, Orthographie, Biegung und Ableitung / von Johann Christoph Adelung, Churfürstl. Sächs. Hofrath und Ober-Bibliothecarius in Dresden. - Wien, gedruckt bey Johann Thomas Edl. von Trattnern ..., 1790-
[1]. - Wien, 1790. - [3] Bl., 426 S. ; 8°
Theil 2. Kleines Wörterbuch für die Aussprache, Orthographie, Biegung und Ableitung : als der zweyte Theil der vollständigen Anweisung zur Deutschen Orthographie / von Johann Christoph Adelung. - Wien, 1791. - [4] Bl., 518 S. ; 8°   *= zweibändiges Werk*

(l) *Beigebundene Schriften* sind katalogtechnisch und damit auch formatmäßig unterschiedlich erschlossen. Manche Bibliotheken katalogisieren diese Drucke wie selbständig erschienene Drucke, andere Bibliotheken wie beigefügte oder enthaltene Werke (vgl. Beispiel 7.1.18 Haas).

1.6 Einfach- und Mehrfachbesitz

Die Nachweise in den Verbunddatenbanken und damit auch in der Arbeitsdatenbank lassen keine verlässlichen Schlüsse auf den Einfach- und Mehrfachbestand zu. Da bei der Konversion in vielen Fällen nicht mit Sicherheit entschieden werden konnte, ob es sich um Aufnahmen für die gleiche Ausgabe handelt, gibt es in allen Katalogverbünden mehr oder weniger viele dublette Aufnahmen. Das Ziel einer Einfachspeicherung ist nur selten erreicht worden. Eine kurze Durchsicht der Treffer – beispielsweise über den KVK – zeigt deutlich, wie nur durch autoptische Neukatalogisierung auf definiertem Niveau brauchbare Ergebnisse zu erreichen sind.

Die Statistik für das VD 17 zeigt bei allen geförderten Bibliotheken einen verhältnismäßig hohen Anteil an Alleinbesitz. Im Durchschnitt beträgt er nach den vorliegenden Zahlen 58 Prozent. Das dürfte im 18. Jahrhundert wohl etwas, aber nicht dramatisch zurückgehen. – Die Schwerpunkte des Bestandes können zumal bei den größeren Bibliotheken nur sehr allgemein beschrieben werden, wie der Versuch im „Handbuch der historischen Buchbestände" zeigt.

Allgemein hat sich gezeigt, dass Ausgaben bestimmter Gattungen überwiegend nur unikal nachweisbar sind; dazu gehören vor allem Flugschriften, Einblattdrucke, Gesangbücher, Gebetbücher, geistliche Erbauungsbücher, Katechismen, Gelegenheitsschriften (Trauerreden, Hochzeitsgedichte, Glückwünsche und dergleichen), obrigkeitliche Verordnungen, Schulprogramme sowie auf eigene Kosten entstandene Drucke. Nach den aus dem VD 17 bekannten Zahlen[3] ist davon ausgehen, dass der Anteil der Gelegenheitsschriften bei 20 Prozent liegt. Dabei müssen diese Drucke nicht unbedingt in der Bibliothek vorhanden sein, die dem Druckort am nächsten liegt. Die regionale Nähe der Bibliothek zu Erscheinungsorten sagt noch nichts darüber aus, ob die betreffenden Drucke auch im Bestand der in der Nähe gelegenen Bibliothek zu finden sind.

---

[3] Vgl. dazu die aufschlussreiche Übersicht zur Häufigkeit der Literaturgattungen: Stäcker, Thomas: VD 17 – mehr als eine Zwischenbilanz // In: ZfBB 51 (2004), S. 213 - 221). - Danach sieht die Verteilung so aus: Dissertationen 20 %, Gelegenheitsschriften 19 %, Leichenpredigten 7 %, Flugschriften 5 %, Ordensliteratur 5 %, Streitschriften 5 %, Einblattdrucke 5 %, Gedichte 3 %, Hochschulschriften 3 %, Verordnungen 2 %, Gedichtsammlungen 2 %, Amtsdruckschriften 2 %, Sonstige Veröffentlichungen 22 %.

Beispiele für unikal nachgewiesene Gelegenheitsschriften:

- 3 Leichenpredigten von Jacobus Schramm, gedruckt in Brenzlau (1742), nachgewiesen in Halle ULB (vgl. Beispiel 7.1.31)
- 18 Totenschriften, gedruckt in Halle (1707), nachgewiesen in Halle Franckesche Stiftungen bzw. Tübingen UB (vgl. Beispiel 7.1.8)
- 8 Hochzeitsschriften, gedruckt in Jauer und Hirschberg (1755), nachgewiesen in Dresden SLUB (vgl. Beispiel 8.1.20).
- „Schuldiges Ehrenmahl bey der Gruft der Frauen Luise Adelgunda Victoria Gottschedinn / aufgerichtet von Johann Christoph Schwarz", gedruckt in Mannheim (1762), nachgewiesen in Tübingen UB (vgl. Beispiel 7.1.32)
- „Der seeligst getroffene Wechsel ... [Trauergedicht für Christian Michael Stever, Bürgermeister zu Rostock ...]", gedruckt in Rostock (1722), nachgewiesen in Schwerin LB (vgl. Beispiel 7.1.10)
- „Eine christliche Predigt von der Liebe Fürtreflichkeit" von Christian Friedrich Bücher, gedruckt in Danzig (1710), nachgewiesen in Soest StArch/StB
- „Lettres Marchandes / Johann Carl May", gedruckt in Altona (1794), nachgewiesen in Bamberg SB (vgl. Beispiel 7.1.23)

Beispiele für sonstige unikal nachgewiesene Drucke:

- 6 Ausgaben von Rudolph Jacob Camerer (1749, 1752, 1758, 1763, 1766), nachgewiesen in Tübingen UB (vgl. Beispiel 7.1.9)
- „Dissertatio sistens aegrum asthmate stomachali laborantem" von Alexander Christian Gakenholz, gedruckt in Helmstedt (1720), nachgewiesen in Leipzig UB (vgl. Beispiel 7.1.15).
- „Antwort auf das Wort eines freyen Schweizers an die große Nation" von Johann Kaspar Lavater, gedruckt vermutlich in Zürich (1799), nachgewiesen in München BSB (vgl. Beispiel 7.1.21).
- Alle Ausgaben von Ludwig Doetsch, gedruckt in Köln (1724, 1725, 1726, 1728), nachgewiesen in Köln USB (vgl. Beispiel 7.1.12).
- „Unterricht deren Luft-Lampen mit glasernem Rauchfang aus der Fabrik des Herrn Argand und Ange von Paris", gedruckt in Blieskastel (1791), nachgewiesen in Trier StB
- „Zurechtweisung des Verfassers der schrecklichen Vorfälle in Altona nebst einer, von Wahrheitsliebe geleiteten, Beleuchtung des schändlichen Raubes, welchen Pöbel am 12. October in dem Hause des Schlachters Lanz in Altona begangen hat", gedruckt in Ottensen (1794), nachgewiesen in Hamburg StArch
- „Zurechtweisung des zudringlichen und lächerlich drohenden Verfassers der Freimüthigen Gedanken und Vorstellungen gegen die neuen Preußi-

schen Anordnungen in geistlichen Sachen", gedruckt in Berlin (1792), nachgewiesen in Berlin SB
- „Einige Nachricht von der Thommendorfischen Kirche und deren Lehrern" von Anton Gotthard Geissler, gedruckt in Görlitz (1737), nachgewiesen in Leipzig UB
- „Artis cogitandi principia" von Johann Jakob Breitinger, gedruckt in Zürich (1751), nachgewiesen in Göttingen SUB (vgl. Beispiel 7.1.7).

Beispiele für nicht in regionaler Nähe nachgewiesene Drucke:

- „Das Advocatennest ..." von Johann Gabriel Recknagel, gedruckt in Hochburg b. Weinhausen [i.e. Nürnberg] (1782), nachgewiesen in Berlin SB und Düsseldorf ULB (vgl. Beispiel 7.1.28).
- „Lämmer-Weyde bey der Heerde Jesu ..." von David Algöwer, gedruckt in Ulm (1723), nachgewiesen in Berlin SB (vgl. Beispiel 7.1.1, Titel 17)
- „Launen des Schicksals ..." von Fanny de Beauharnais, gedruckt in Rom [i.e. Berlin] (1799), nachgewiesen in Greifswald UB und München BSB; allerdings besitzen 43 Bibliotheken eine Mikrofiche-Ausgabe (vgl. Beispiel 7.1.5).
- „Quaestionum Academicarum Decas" von David Algöwer, gedruckt in Halle (1704), nachgewiesen in Augsburg SuStB und Greifswald UB (vgl. Beispiel 7.1.1,6a).
- „Dissertatio Theologica De Descensu Christi Ad Inferos" von Johann Fecht, gedruckt in Rostock (1710), nachgewiesen in Augsburg SuStB, Freiburg UB und München BSB (vgl. Beispiel 7.1.14)
- „Gedanken eines Rheinländers über die ... Braunschweigische auch ... Hessen-Casselsche sogenannte Scheidemünzen ... ", von Johann Christoph Erich von Springer, gedruckt in Bacharach [i.e. Offenbach] (1790), nachgewiesen in Augsburg StSB und Dresden SLUB

Auf die regionale Verteilung der Drucke in den Bibliotheken wirkt sich besonders stark aus der religiöse Inhalt, die Geisteshaltung des Verfassers und die konfessionelle Auseinandersetzung. So ist etwa das katholische Schrifttum im Norden und Osten Deutschlands zum größten Teil nicht oder nur sporadisch vorhanden, umgekehrt das protestantische Schrifttum im Süden und Westen weniger verbreitet. Traditionell wird angenommen, dass in Halle (Universitätsbibliothek und Frankesche Stiftungen) die protestantische norddeutsche Literatur der ersten Hälfte des 18. Jahrhunderts und in Göttingen die zweite Hälfte, in München (Bayerische Staatsbibliothek und Universitätsbibliothek) und Freiburg (Universitätsbibliothek) die katholische süd- und südwestdeutsche Literatur gut abgedeckt ist.

Beispiele für unikal nachgewiesene geistliche Drucke:

- „Geishreiches [!] Gesang- Büchlein, Darinne, Morgen, Abend, Sonntags ... Lieder enthalten sind, Mit Fleiss aus D. Mart Luthers, Schriften zusammen getragen" (Chamnitz, 1716), nachgewiesen in Berlin SB (vgl. Beispiel 7.1.2)
- „Catechismus-Milch, oder Kurtzer Unterricht zur Uebung des Christenthums ..." von Ernst Wilhelm Susemihl (Alsfeld, 1758), nachgewiesen in Berlin SB
- „Andächtige und auserlesene Gesänger, Welche zu Auffmunterung der zarten Gemüther, und Vermehrung deß Lobs Gottes ..." (Würzburg, 1705), nachgewiesen in Würzburg UB (vgl. Beispiel 7.1.2)
- „Catechismus, Das ist: Christliche zu Erhaltung der ewigen Seeligkeit" (Münster bzw. Köln, 1713, nach 1713, 1736, 1745, ca. 1780), verschiedene Auflagen nachgewiesen in Weimar HAAB, Berlin SB, Köln DomB, Köln USB und Essen StB (vgl. Beispiel 7.1.11)
- Gesangbuch „Coeleste Palmetum" von Wilhelm Nakatenus (Köln, 1701, 1748, 1751, 1764, 1768, 1776, 1789, 1794, 1799), 7 von 9 Ausgaben unikal nachgewiesen in Erfurt-Gotha, UFB, Köln DomB, Köln USB und München BSB (vgl. Beispiel 7.1.25)
- „Heylsambe Früchten der unter den Schutz des glorwürdigen Heiligen Aloysii von Gonzaga auß der Gesellschaft Jesu ..." (Bozen, ca. 1735), nachgewiesen in München BSB (vgl. Beispiel 7.1.6)
- „Trost- und Freudenreicher Myrrhen-Berg" (Brixen, 1738), nachgewiesen in München BSB (vgl. Beispiel 7.1.6)
- „Weise und Art mit erwünschten Nuzen zu der Schmertzhaften Gnadenmutter nacher Weissenstein zu wallfahrten" (Bozen, 1771), nachgewiesen in Münster ULB (vgl. Beispiel 7.1.6)

Alle Ausgaben der Werke eines bestimmten Verfassers sind selten an einer Bibliothek vorhanden. Zwei typische Beispiele für die Verteilung:

- *David Algöwer* (vgl. Beispiel 7.1.1)
  Es sind 18 Ausgaben in 21 Bibliotheken mit 70 Exemplaren nachweisbar. 4 Ausgaben sind in 3 Bibliotheken jeweils nur einmal nachgewiesen. Die Qualität der 45 Aufnahmen für die 18 Ausgaben ist sehr unterschiedlich. Die 18 Ausgaben können von 4 Bibliotheken erschlossen werden: Augsburg SuStB (1 Ausgabe unikal), Berlin SB (2 Ausgaben unikal), München BSB oder Oldenburg LB, München UB (1 Ausgabe unikal).
  Es handelt sich um
  2 Gelegenheitsschriften (1 Ausgabe davon unikal),
  6 Dissertationen,

6 konfessionell-religiöse Werke (3 Ausgaben davon unikal),
4 sonstige wissenschaftliche Werke.
- *Georg Daniel Pezold* (vgl. Beispiel 7.1.27)
   Die 6 in Glogau, Jauer und Liegnitz erschienenen Ausgaben sind mit 9 Exemplaren in 4 Bibliotheken nachgewiesen. Alle Drucke sind von 2 Bibliotheken zu erschließen: Dresden SLUB (2 Ausgaben unikal), Leipzig UB oder München UB.

2 Format (Bibliografische Beschreibung und Erschließung)

2.1 Allgemeines zur Erschließung

Im Folgenden wird davon ausgegangen, dass das Regelwerk RAK-WB und das Format MAB in den deutschen wissenschaftlichen Bibliotheken die Normanwendung sind. Wenn es nach dem Beschluss des Standardisierungsausschusses zu einem Umstieg auf ein neues Regelwerk – im Rahmen des im Entstehen begriffenen Regelwerkes *Resource Description and Access (RDA)* – und auf das Datenformat MARC21 kommt, sind Änderungen entsprechend zu berücksichtigen. Mit dem Umstieg ist derzeit nicht vor dem Jahr 2010 zu rechnen. Im Bereich der Erschließung sind keine gravierenden Änderungen zu erwarten, die eine Korrektur der Art oder des Umfangs der Erschließung erfordern, weil
- die Normdateien nicht betroffen sind bzw. Änderungen in den Normdateien auf nationaler Ebene vollzogen werden;
- eine umfassende bibliografische Beschreibung weiterhin vorgesehen ist;
- eine Haupteintragung (primary access point) unter einer Person oder unter dem Sachtitel weiterhin vorgesehen ist;
- Änderungen bei Urheberwerken für Drucke des 18. Jahrhunderts keine Rolle spielen (vgl. Abschnitt 2.2, §§ 401 - 486 und §§ 631 - 691);
- mehr Nebeneintragungen (access points) weiterhin möglich sind;
- kodierte Angaben und deren Verschlüsselung auch die Daten in den Verbundkatalogen betreffen und gegebenenfalls auf nationaler Ebene zu klären sind;
- die Gattungsbegriffe als nationalsprachige Sacherschließung nicht betroffen sind.

Der Umstieg auf MARC21 ist im Zusammenhang mit den Verbunddaten zu sehen und abzustimmen. Die Konversion der MAB-Daten in MARC-Daten wird in der Arbeitsstelle Datenformate der Deutschen Nationalbibliothek in Zusammenarbeit mit den Expertengruppen auf nationaler Ebene vorbereitet. Die Änderungen insbesondere bei den mehrbändigen begrenzten Werken werden – so der gegenwärtige Diskussionsstand – nach dem Umstieg auf MARC21 günstigere Arbeitsbedingungen schaffen.

Bei den im Folgenden dargestellten Möglichkeiten der Erschließung für ein VD 18 wird auf Aussagen verzichtet zur
- Ansetzung von *Personennamen*. Es gelten die Regeln für die Personennamendatei (PND); neue Namen, auch wenn zunächst eine individuelle Ansetzung nicht möglich ist, sind in die PND einzubringen; Eintragungen

unter Personennamen ohne Verknüpfung mit einem Personennamensatz, sei es ein Tn- oder ein Tp-Satz, soll es in einem VD 18 nicht geben. Zum Umfang der Eintragungen unter Personen vgl. §§ 301 - 342; 602,3; 603,3; 630,2; 630,3.
- Ansetzung von *Körperschaftsnamen*. Es gelten die Regeln der Gemeinsamen Körperschaftsdatei (GKD); neue Namen sind gegebenenfalls in die GKD einzubringen.
  Zum Verzicht auf Körperschaftseintragungen und die Ansetzung von Körperschaftsnamen vgl. Abschnitt 2.2, §§ 401 - 486 und §§ 631 - 691.
- *Haupteintragung*. Grundsätzlich gelten die Regeln der RAK-WB. Zur Frage des Verzichts von Haupteintragungen unter Körperschaften vgl. Abschnitt 2.2, §§ 631 - 691.
- Ansetzung von *Druckernamen, Verlegernamen und Erscheinungsorten*. Es gelten die Regeln für die Orte, Drucker und Verleger, wie sie als Normdatei für das VD 17 erarbeitet worden sind.

In ein Verzeichnis der im deutschen Sprachraum erschienenen Drucke des 18. Jahrhunderts sind – nach den Festlegungen für das VD 16 und das VD 17 – alle Druckwerke des 18. Jahrhunderts aufzunehmen,

(1) die im Gebiet der Bundesrepublik Deutschland erschienen sind, unabhängig von ihrer Sprache;

(2) die im zusammenhängenden deutschen Sprachraum erschienen sind, unabhängig von ihrer Sprache (Konzeption des VD 16);

(3) die in deutscher Sprache erschienen sind, unabhängig von ihrem Erscheinungsort (Konzeption des VD 17);

(4) die durch ein fingiertes Impressum den Anschein erwecken, im deutschen Sprachraum gedruckt worden zu sein;

(5) die kein oder ein fingiertes Impressum haben, deren Druckort aber innerhalb des deutschen Sprachraumes zu ermitteln ist.

Zum deutschen Sprachraum gehören für Drucke des 18. Jahrhunderts vor allem Österreich, Italien (Südtirol), die deutschsprachige Schweiz und Luxemburg sowie Teile Polens, Tschechiens, Ungarns, Kroatiens, Sloweniens, Rumäniens (Siebenbürgen) und Frankreichs (Elsass). Die Aufnahme aller Druckwerke aus dem historischen deutschen Sprachgebiet auch unabhängig von ihrer Sprache in ein VD 18 ist sehr anspruchsvoll. Für die Ermittlung dieser Drucke wäre in Katalogen und Bibliografien unter den einschlägigen Verlags- und Druckorten zu suchen. In welchem Umfang beispielsweise ungarische Bücher in Wien, englische Bücher in Leipzig oder deutsche Bücher in Breslau gedruckt wurden und in deutschen Bibliotheken vorhanden sind, ist nur sehr schwer abschätzbar. – Zu Erscheinungsorten des 18. Jahrhunderts vgl. Abschnitt 1.7.

Für ein VD 18 werden folgende Drucke grundsätzlich ausgeschlossen:
- Landkarten und Atlanten; zum Nachweis dieser Dokumente vgl. die Datenbank IKAR für kartographische Drucke bis 1850 (http://ikar.sbb.spk-berlin.de/allgemeines/index.htm);
- Notendrucke (Musica practica);
- Grafik und Plakate;
- Theaterzettel;
- deutsche Werke in Übersetzungen, die außerhalb des deutschen Sprachraumes erschienen sind;
- Drucke in nichtdeutscher Sprache über Deutschland, die außerhalb des deutschen Sprachraumes erschienen sind (wie im VD 17).

Zur Frage der Nachdrucke (Reprints), Faksimiles und Mikroausgaben von Drucken des 18. Jahrhunderts, ausgenommen Nachdrucke, die im 18. Jahrhundert erschienen sind, vgl. Abschnitt 3.2.1 (Methode A).

Vorerst nicht zu bearbeiten sind:
- Kirchliche Gesangbücher mit und ohne Noten; vgl. das DFG-geförderte Projekt Gesangbuchbibliographie (http://www.zdv.uni-mainz.de/scripts/gesangbuch/index.php). Für das 18. Jahrhundert sind in der Datenbank derzeit rund 6.000 Ausgaben nachgewiesen. Die Erschließung und das Erfassungsformat unterscheiden sich allerdings wesentlich von der in Bibliothekskatalogen üblichen Art, so dass die Daten für ein VD 18 wohl nur als bibliografisches Nachschlagewerk genutzt werden können.
- Juristische Dissertationen; vgl. das Projekt Juristische Dissertationen des 16. bis 18. Jahrhunderts aus dem Alten Reich (http://dlib-diss.mpier.mpg.de/) im Max-Planck-Institut für Rechtsgeschichte mit ca. 60.000 von insgesamt ca. 120.000 Drucken.

Für die VD-18-Datenbank sollte – wie in den meisten elektronischen Katalogen bereits üblich – auf die ISBD-Anzeige mit den Deskriptionszeichen verzichtet werden, sondern eine formatierte Anzeige mit einleitenden Wendungen gewählt werden. Bei der ISBD-Anzeige wirken sich die Virgeln störend aus, wenn sie mit einem Schrägstrich wiedergegeben werden. Zur Wiedergabe von Virgeln vgl. Abschnitt 2.2, § 120,1.

Für die Erschließung der Drucke in einem VD 18 und die Definition eines nationalbibliografischen Standards sind im Folgenden berücksichtigt:
- „RAK-WB-Präzisierungen und -Ergänzungen für das VD 17" (VD-17-Regelwerk)
  Hier sind auch die „Regeln für die Katalogisierung alter Drucke" (1994) eingearbeitet.
  Stand: 1998 und 2003 (mit den Erfassungskonventionen für PICA)
  Diese RAK-WB-Präzisierungen und -Ergänzungen beziehen sich auf:
- Regeln für die Katalogisierung alter Drucke / Erarbeitet von der Arbeitsgruppe des Deutschen Bibliotheksinstituts „RAK-WB und Alte Drucke". - Berlin, 1994
  und
  Regeln für die alphabetische Katalogisierung in wissenschaftlichen Bibliotheken : RAK-WB. - 2., überarbeitete Ausgabe. - Frankfurt am Main
  Ergänzungslieferung 1 (1991) - 4 (2002)
- „Empfehlungen der Arbeitsgemeinschaft Alte Drucke beim GBV (AAD)" mit Mindestanforderungen für die autoptische Katalogisierung Alter Drucke. Stand Juli 2005 (http://aad.gbv.de/). Hier sind auch Empfehlungen zur Provenienzverzeichnung und die Liste der „Gattungsbegriffe für alte Drucke bis Erscheinungsjahr 1850" zu finden. Der AAD-Standard geht von autoptisch erstellten Titelaufnahmen (Datensätzen) aus, beruht auf den RAK-WB mit den „Regeln für die Katalogisierung alter Drucke", stellt Mindestanforderungen zusammen und zeigt an, in welchem Umfang auch mehr Angaben und mehr Eintragungen gemacht werden können.

Zu beigebundenen Schriften, mehrbändigen begrenzten Werken, Zeitschriften und Zeitungen vgl. Abschnitt 2.3,c.

2.2 Nationalbibliografischer Standard für ein VD 18

Im Folgenden werden die Bestimmungen des VD-17-Regelwerks aufgelistet und gegebenenfalls die Anwendung für ein VD 18 vorgeschlagen, eingeleitet durch *„Für ein VD 18 ..."* oder *„In einem VD 18 ..."*. Nicht kommentierte Bestimmungen sollen auch für ein VD 18 gelten. Soweit das VD-17-Regelwerk bzw. die „Regeln für die Katalogisierung alter Drucke" Bestimmungen der RAK-WB nicht eigens erwähnen, gelten sie auch für ein VD 18 ohne Einschränkung.

Zu § 2,1, Anm. 3
Hier wird festgelegt, welche Drucke als **identische Exemplare** gelten. Grundvoraussetzung ist die Übereinstimmung des Fingerprints und der Schlüsselseiten. Ausnahmsweise gelten Exemplare auch als identisch, wenn bei einem der Exemplare eine Illustration auf die Rückseite der Haupttitelseite gedruckt ist; das kann vor allem bei Dissertationen auch eine Widmung sein.

Zu § 8,1, Anm. 2
Hier wird festgelegt, Drucke auch dann wie **begrenzte Werke** zu behandeln, wenn der Titel eine Jahreszählung und/oder einen auf fortlaufendes Erscheinen hinweisenden Begriff enthält.

Für ein VD 18 ist zu prüfen, welche Drucke weiterhin wie im VD 17 als begrenzte Werke behandelt werden können, auch „wenn ihr Titel eine Jahreszählung und/oder einen auf fortlaufendes Erscheinen hinweisenden Begriff enthält". Da Zeitung und Zeitschrift im 18. Jahrhundert einen Aufschwung erleben und zu einer wichtigen Literaturgattung werden, kann das generelle Verfahren des VD 17 nicht mehr Geltung behalten.

Was die mehrbändigen begrenzten Werke betrifft, so sind grundsätzlich alle Bände nachzutragen: (a) in Gesamtaufnahmen des VD 17 die Bände mit Erscheinungsjahren größer als 1700, (b) in Gesamtaufnahmen des VD 18 die Bände mit Erscheinungsjahren größer als 1800.

Zu § 14
Hier wird definiert, was als **enthaltenes Werk** zu behandeln ist: Übergeordneter Sachtitel und Nennung auf der Haupttitelseite. Im VD-17-Regelwerk und im AAD-Standard wird die Definition erweitert auf Fälle ohne Nennung auf der Haupttitelseite, jedoch mit eigener Titelseite im Inneren. Die Zahl der zu erschließenden enthaltenen Werke ist im PICA-Format aus technischen Gründen auf fünf beschränkt.

In einem VD 18 soll die erweiterte Definition gelten; es sollen alle enthaltenen Werke erschlossen werden.

Zu § 15
Hier wird definiert, was als **beigefügtes Werk** zu behandeln ist: Kein übergeordneter Sachtitel, Nennung auf der Haupttitelseite oder eigenes Titelblatt im Inneren. Die Zahl der zu erschließenden beigefügten Werke ist im PICA-Format aus technischen Gründen auf fünf beschränkt.

In einem VD 18 sollen alle beigefügten Werke erschlossen werden.

Zu §§ 14 und 15

Der AAD-Standard empfiehlt, die **enthaltenen und beigefügten Werke möglichst umfassend zu erschließen**. Das ist auch die Praxis des VD 17. Bei Sammlungen (mit übergeordnetem Sachtitel) sollte jedoch auf die Erschließung der enthaltenen Werke verzichtet werden. Im Unterschied zu den AACR wird nach den RAK-WB bei einer Titelfassung wie "Flash and filigree and, The Magic Christian by Terry Southern" das zweite genannte Werk "The magic Christian" nicht als beigefügtes Werk aufgefasst, weil die beiden Titel grammatisch verbunden sind.

Zur Angabe enthaltener und beigefügter Werke in der bibliografischen Beschreibung vgl. RAK-WB § 162,8,a.

In einem VD 18 sollen auch Werke, deren Titel grammatisch verbunden sind, bei Sammlungen und Sammelwerken wie beigefügte Werke erschlossen werden.

Zu §§ 20 und 21

Hier wird präzisiert, welche Teile der Vorlage als **Sachtitel** und **Zusatz zum Sachtitel** zu verstehen sind. – Der Begriff Alternativsachtitel ist in den AACR (und so künftig wohl auch in RDA) anders definiert als in den RAK-WB.

Für ein VD 18 soll es bei der bisherigen Definition und Anwendung des VD 17 bleiben.

Zu § 109,1, Erl.

Hier wird bestimmt, für ein **beigefügtes Werk**, „das auch selbständig erschienen sein könnte," eine eigene Einheitsaufnahme zu machen.

In einem VD 18 soll die Einheitsaufnahme für ein beigefügtes Werk gemacht werden, wenn das beigefügte Werk eigens paginiert ist und/oder eine eigene Bogensignatur, eine eigene Titelseite und einen (gegebenenfalls auch unvollständigen) Erscheinungsvermerk hat.

Zu § 109,2

Hier wird festgelegt, bei **mehrbändigen begrenzten Werken** für jede Ausgabe (Auflage) eine eigene Einheitsaufnahme zu erstellen.

Zu § 110,3,a, Erl.

Bestimmung für **wenig aussagekräftige Gesamttitel** (z. B. Dissertatio juridica).

In einem VD 18 soll in Fällen von möglichen Gesamttiteln, ob aussagekräftig oder nicht, eine Einheitsaufnahme für den „Stücktitel" gemacht und der Gesamttitel nur in der Gesamttitelangabe aufgeführt werden. Zur

Frage einer Gesamtaufnahme unter dem Gesamttitel einer Schriftenreihe vgl. § 170,2.

Zu § 113,2

Hier wird festgelegt, welcher **Gesamttitel** bei mehrbändigen Werken zu verwenden ist, wenn die Gesamttitel in den einzelnen Bänden **voneinander abweichen**. Es handelt sich um mehrbändige Werke, deren Teile keine Stücktitel haben, also auch Zeitschriften, Zeitungen und zeitschriftenartige Reihen.

Zu § 113,3, Anm. 1

Hier wird festgelegt, eine **ordnungswichtige Stelle** nicht zu definieren bzw. festzulegen. Die Beschränkung der RAK-WB auf die die ersten zwei Wörter bei Verfasserwerken und die ersten sechs Wörter bei Sachtitelwerken ist in einem elektronischen Katalog nicht sinnvoll.

Zu § 117,1

Hier wird festgelegt, Schreibung und Orthographie der Vorlage in der bibliografischen Beschreibung im Allgemeinen beizubehalten.
In einem VD 18 soll auch die Zeichensetzung (Punkt, Kommata und dergleichen) der Vorlage beibehalten werden.

Zu § 117,2

Hier wird festgelegt, wie **Druckfehler und typographische Besonderheiten** zu behandeln sind. – Im VD 17 werden Druckfehler in der Beschreibung nicht gekennzeichnet, die berichtigten Wörter jedoch über das MAB-Feld 675 für die Stichwortsuche angeboten. Nach den RAK-WB können Druckfehler, die als solche erkannt werden, durch ein nachgestelltes Ausrufezeichen in eckigen Klammern („[!]") gekennzeichnet werden. Das empfiehlt auch der AAD-Standard.
In einem VD 18 sollen Druckfehler vorlagegemäß wiedergegeben, durch ein nachgestelltes Ausrufezeichen in eckigen Klammern [!] gekennzeichnet und die berichtigte Form für die Stichwortsuche angeboten werden.

Nach den RAK-WB-Bestimmungen können typographische Besonderheiten vorlagegemäß wiedergegeben werden. Im VD 17 werden die typographischen Besonderheiten (mit Hinweis auf die Images der Schlüsselseiten) bei den Buchstaben I/J und U/V nicht vorlagegemäß, sondern ohne Kennzeichnung in standardisierter Form angegeben; die Suche unter vorliegenden Formen ist in diesen Fällen nicht möglich. Die AAD empfehlen, typographische Besonderheiten vorlagegemäß wiederzugeben. Nach den AACR und so auch in einem neuen Regelwerk ist grundsätzlich die Vorlageform wiederzugeben.

In einem VD 18 sollen typographische Besonderheiten, nämlich die Schreibung mit i/j oder u/v vorlagegemäß wiedergegeben werden und die heutige Schreibung für die Stichwortsuche angeboten werden (z. B. Vorlage „IVS PVBLICVM", Wiedergabe „Ivs Pvblicvm", normierte Stichwörter „jus" und „publicum").

Zu § 117,3

Hier wird festgelegt, wie **Abbreviaturen und Ligaturen** zu behandeln sind. – Nach den RAK-WB sind Abbreviaturen und Ligaturen aufzulösen, das Et-Zeichen (&) jedoch unaufgelöst wiederzugeben. Nach dem VD-17-Regelwerk werden Abbreviaturen und Ligaturen „im Allgemeinen aufgelöst. Dabei werden ergänzte Bestandteile in eckige Klammern gesetzt. Die Ligatur ‚ß' wird jedoch auch in lateinischen Wörtern nicht aufgelöst." Der AAD-Standard empfiehlt: „Abbreviaturen werden aufgelöst, ergänzte Teile dabei eckig geklammert. Ligaturen werden ohne Kennzeichnung als Einzelbuchstaben erfasst. Ausnahmen sind Æ, æ, Œ, œ (falls ein entsprechender Zeichensatz zur Verfügung steht und die korrekte Indexierung gewährleistet ist) sowie ß."

In einem VD 18 sollen Abbreviaturen aufgelöst und die ergänzten Teile in eckigen Klammern angegeben werden. Als Abbreviaturen gelten nichtalphabetische Zeichen, die im Zeichensatz nicht zur Verfügung stehen, z. B. ein Strich über dem Buchstaben („e" mit Überstrich = est, „dns" mit Überstrich über dem n = dominus, „Getümel" mit Überstrich über dem m = Getümmel), ein seitenverkehrtes „c" = [con], ein Abkürzungszeichen nach dem „q" von „atq" = atq[ue].

Nicht als Abbreviaturen gelten jedoch mit einem Punkt abgekürzte Wörter. Diese Wörter sollten vorlagegemäß wiedergegeben und nicht aufgelöst werden, z. B. „h. e.", „S. R. I.", „Dn.", „Illustr.", „in Acad. Altorf. Profess. Publ. et H. T. Rector", „Secret." Nach einem Abkürzungspunkt soll aus Gründen der Einheitlichkeit und eindeutigen Indexierung stets ein Spatium gesetzt werden.

Nicht als Abbreviatur gilt das Et-Zeichen „&", das im Zeichensatz zur Verfügung steht und vorlagegemäß wiederzugeben ist. Das gilt jedoch nicht für die tironische Note, die entsprechend in eckigen Klammern in der jeweiligen Sprache ausgelöst wiederzugeben ist, z. B. „[und]", „[et]".

Wie Abbreviaturen sollen auch Wörter mit kleinen über- oder nachgestellten Buchstaben behandelt, also aufgelöst werden, da die Vorlageform nicht sinnvoll (wie bei Wörtern mit einem Abkürzungspunkt) vorlagegemäß wiedergegeben werden kann, z. B. a mit einem übergestellten o = a[nn]o, n mit einem hochgestellten o: = n[ull]o, n[ostr]o oder n[umer]o.

Die Ligaturen Æ, æ, Œ, œ werden in Einzelbuchstaben aufgelöst; die Ligatur ß ist jedoch stets vorlagegemäß wiederzugeben.

Zum Verzicht auf Ansetzungssachtitel vgl. § 130.

Zu § 117,6

Hier wird festgelegt, wie Wörter mit **Großbuchstaben** wiedergegeben werden.

Nach den RAK wird bei alten Drucken die Groß- und Kleinschreibung der Vorlage übernommen. Wörter, die ganz in Großbuchstaben geschrieben sind, werden im Allgemeinen nur mit dem großen Anfangsbuchstaben wiedergegeben. Wenn es jedoch zweckmäßig erscheint (z. B. bei der Erschließung von Sonderbeständen oder wenn sich verschiedene Ausgaben nur dadurch unterscheiden), können Wörter, die ganz in Großbuchstaben geschrieben sind, auch in dieser Form wiedergegeben werden.

In einem VD 18 soll die Groß- und Kleinschreibung der Vorlage übernommen werden,

z. B. HaußEhre → HaußEhre; DISPUTATIO MUNIMINI FIDEI → DISPUTATIO MUNIMI FIDEI; SCHREIBCALENDER → SCHREIBCALENDER.

Zu § 120,1, Abs. 2

Hier wird festgelegt, **Virgeln** durch Schrägstrich mit nachfolgendem Spatium (/) wiederzugeben. Auch nach dem AAD-Standard können die Virgeln so erfasst, alternativ jedoch je nach Sachverhalt weggelassen oder durch Kommata ersetzt werden.

In einem VD 18 sollen Virgeln je nach Sachverhalt weggelassen oder durch Kommata ersetzt werden. – Manche Bibliotheken haben ausführliche Aufnahmen erstellt, in denen die Virgel mit Schrägstrich wiedergegeben ist. Bei der Verwendung solcher Aufnahmen für das VD 18 sollen die Schrägstriche jedoch beibehalten werden.

Zu § 122 m

Im VD 17 wird auf die Wiedergabe der **Zeilenbrechung** verzichtet.

Der AAD-Standard empfiehlt: „Die Zeilenbrechung auf dem Titelblatt kann durch " ‖ " dargestellt werden.

In einem VD 18 soll auf die Kennzeichnung der Zeilenbrechung verzichtet werden. – Manche Bibliotheken haben ausführliche Aufnahmen erstellt, in denen die Zeilenbrechung mit zwei senkrechten Strichen wiedergegeben ist. Bei der Verwendung solcher Aufnahmen für das VD 18 sollen die Striche jedoch beibehalten werden.

Zu § 123,4

Hier wird festgelegt, **unleserliche Stellen** der Vorlage durch „[...]" zu kennzeichnen und in einer lokalen Fußnote zu erläutern. Im Allgemeinen sind unleserliche Stellen exemplarspezifisch (Tintenklecks, Abschabung, Loch). Die Kennzeichnung durch die drei Punkte in eckigen Klammern soll deshalb nur temporär verwendet werden, bis ein nicht beschädigtes Exemplar katalogisiert oder ein Nachweis in einer Bibliografie bzw. einem Katalog gefunden ist. Die Kennzeichnung bleibt nur dann bestehen, wenn kein weiteres unbeschädigtes Exemplar zur Verfügung nachweisbar ist.

Zu § 124,1, Erl.

Hier wird festgelegt, **römische Zahlen** (als Teil des Sachtitels, der Zusätze, der Verfasserangabe und der Ausgabebezeichnung) "stets in lateinischen Buchstaben, jedoch ohne Spatium", Punkte aber vorlagegemäß wiederzugeben.

Zu § 126,4

Zur Behandlung beigefügter Werke vgl. §§ 14 und 15.

Zu §§ 128,1

Hier wird festgelegt, wie **längere Sachtitel** und **Zusätze** sinnvoll gekürzt werden.

Für ein VD 18 sind besondere Absprachen zu treffen für das einheitliche Kürzen der Titel von Schriften, die erfahrungsgemäß besonders lange Sachtitel haben, beispielsweise Gelegenheitsschriften, Verordnungen, bei denen der Titel dem Textanfang entspricht. Hier soll durch eine bestimmte nicht zu geringe Anzahl von Wörtern eine Stelle festgelegt werden, vor der nicht gekürzt wird. Vgl. dazu auch Abschnitt 1.5,g.

Zu § 129a, Erl.

Hier wird festgelegt, **Druckfehler in Sachtiteln** vorlagegemäß wiederzugeben. Vgl. dazu auch § 117.

Zu § 130

Die RAK-WB bestimmen: „Überwiegen die Wörter, die eine Ansetzungsform benötigen, oder ist für die Ansetzungsform eine Kasusänderung erforderlich, so wird dem vorliegenden Hauptsachtitel anstelle der Einfügung abweichender Ansetzungsformen ein **Ansetzungssachtitel** in eckigen Klammern vorangestellt."

Das VD-17-Regelwerk macht dazu keine Aussage. Nach der Beschreibung der PICA-Kategorien (im Anhang) wird allerdings auf die Bildung eines Ansetzungssachtitels im VD 17 verzichtet. Ein nach RAK-WB zu bildender Ansetzungssachtitel kann bei Bedarf in PICA-Kategorie 326x wie ein weiterer Sachtitel angegeben werden. Soweit erforderlich und sinnvoll, werden zu normierende Wörter in PICA-Kategorie 3220 (= MAB-Feld 675) erfasst.

Im elektronischen Katalog ist das Verfahren eines dem Sachtitel vorangestellten Ansetzungssachtitels überholt. Es gibt drei Möglichkeiten, den Sachtitel für eine Suche aufzubereiten:

(1) Nicht zu indexierende Teile des Sachtitels werden durch paarig gesetzte Nichtsortierzeichen gekennzeichnet, z.B.

⌐D. Ernst August Bertlings⌐ Versuch einiger Anmerkungen über ...
Werke ⌐in vier Bänden⌐
⌐Vgonis De S. Charo S. Romanae Ecclesiae Tit. S. Sabinae Cardinalis Primi Ordinis Praedicatorum⌐ Opera Omnia In Vniversvm Vetus & Novvm Testamentvm

(2) Aufgelöste Bestandteile von gekürzten Wörtern mit Abbreviaturenzeichen werden in eckige Klammern gesetzt, z. B. Weltgetüm[m]el. - Zu Abbreviaturen vgl. § 117,3.

(3) Einzelne orthographisch normierte Wörter aus dem Sachtitel und den Zusätzen werden als zu indexierende Stichwörter in MAB-Feld 675 („Stichwörter in abweichender Orthographie" = PICA-Kategorie 3220) angegeben. Sie sind jedoch in der Anzeige der Titelaufnahme nicht sichtbar. Das MAB-Feld 670 („Sachtitel in abweichender Orthographie"), das eine Phrasensuche unter dem normierten Sachtitel ermöglicht, wird im VD 17 nicht genutzt.

In einem VD 18 soll auf die Bildung von Ansetzungssachtiteln generell verzichtet werden. Orthographisch normierte Wörter aus dem Sachtitel und dem Zusatz zum Sachtitel sind in einer Indexierungskategorie (MAB-Feld 375) anzugeben. Eine präzise Vorgabe, welche und wie viele Wörter zu normieren sind, ist nicht möglich. Vgl. dazu: „Orthographische Normierung" in: Regeln für die Katalogisierung alter Drucke, 1994, S. 67 - 70.

Zu § 131,1

Hier wird festgelegt, wie mit einem **am Anfang des Sachtitels** stehenden und **zu übergehenden Teil** gegebenenfalls zu verfahren ist. Vgl. dazu § 130.

Zu § 134,2, Anm.

Hier wird festgelegt, dass der **Zusatz** bei (sehr) langen Sachtiteln ohne Kennzeichnung **weggelassen** werden kann.

Format (Bibliografische Beschreibung und Erschließung)

In einem VD 18 können sehr lange Zusätze zum Sachtitel sinnvoll gekürzt werden. Weggelassene Teile werden durch drei Punkte in eckigen Klammern „[...]" gekennzeichnet.

Zu §§ 136,1, Anm. 1 und 2
Hier wird festgelegt, **ermittelte Verfasser** und sonstige beteiligte Personen in einer Fußnote anzugeben.

Zu § 136,3
Hier wird festgelegt, **alle auf der Haupttitelseite genannten Personen** und **Körperschaften** anzugeben.

Zu § 137,1, Anm.
Hier wird festgelegt, einen **in Verbindung mit der Verfasserangabe genannten Erscheinungsvermerk** auch in der Verfasserangabe anzugeben.

Zu § 139,1
Hier wird festgelegt, **Personalangaben** in der Verfasserangabe im Allgemeinen wegzulassen und durch drei Punkte zu kennzeichnen. Ausnahmen werden genannt.

In einem VD 18 können sehr lange Personalangaben gekürzt werden. Die weggelassenen Teile werden durch drei Punkte in eckigen Klammern „[...]" gekennzeichnet. Der Herkunftsort eines Promoventen und die Ordenszugehörigkeit einer Ordensperson soll jedoch stets beibehalten werden, soweit diese in der Verfasserangabe genannt sind.

Zu §§ 141,1.3
Hier wird festgelegt, **fehlende** Ausgabebezeichnungen nicht zu ergänzen und **unrichtige Ausgabebezeichnungen** zu übernehmen.

Zu § 142,1
Hier wird festgelegt, alle **in Verbindung mit der Ausgabebezeichnung genannten Personen und Körperschaften** anzugeben.

Zu § 143
Hier wird allgemein festgelegt, welche Daten im **Erscheinungsvermerk** anzugeben sind, etwa fehlende Angaben nach Möglichkeit zu ermitteln und die Angaben auf der Haupttitelseite zu bevorzugen.

In einem VD 18 ist der Erscheinungsvermerk stets in einer Fußnote in Vorlageform anzugeben.

Zu § 143, Anm. 2 vor diesem Paragraphen
Hier wird festgelegt, **Messeplätze** wie Verlagsorte zu behandeln.

Zu § 144,1, Erl.
Hier wird festgelegt, bei **adjektivisch genannten Erscheinungsorten** (z.B. Bibliopolae Goslariensis) den Ort „nach Möglichkeit im Lokativ wiederzugeben" und nur wenn dies nicht möglich sei, den Ort in normierter Form anzugeben.
In einem VD 18 soll der Erscheinungsort stets nur in normierter Form angegeben werden. Beispiel: Erscheinungsort „Goslar", Drucker/Verleger „Bibliopolae Goslariensis").

§ 145,1
Hier wird festgelegt, einen in der Vorlage nicht genannten Drucker bzw. Verleger nach Möglichkeit zu ermitteln.
In einem VD 18 soll auf eine fehlende und nicht ermittelte Drucker- bzw. Verlegerangabe durch „s.n." (für „sine nomine") hingewiesen werden.

Zu § 146,2, Erl. 1 und 2
Hier wird festgelegt, **in adjektivischer oder femininer Form angegebene Verlage und Druckereien** vorlagegemäß anzugeben.

Zu § 147,5
Hier wird festgelegt, wie das **Erscheinungsjahr in bestimmten Sonderfällen** anzugeben ist (z. B. wenn die Anfangsziffer fehlt, das Jahr ermittelt oder geschätzt wurde).
In einem VD 18 soll vor der Angabe des ermittelten oder geschätzten Jahres „s.a." (für „sine anno") angegeben werden (z. B. „[s.a., 1755]" oder „[s.a., ca. 1790]").

Zu § 148
Hier wird insbesondere für Hochschulschriften festgelegt, wie **Druckort und Druckerei** anzugeben sind, wenn in der Vorlage kein Verlag genannt ist.

Zu § 151,6.9.10
Hier wird festgelegt, was und wie insbesondere bei **fehlender Paginierung** in der Umfangsangabe anzugeben ist.
Fehlpaginierungen kommen vor, werden aber im Allgemeinen meistens nicht entdeckt. Die AAD empfehlen: „Werden Fehler in der Paginierung festgestellt, z. B. durch Vergleich der Seiten- oder Blattzählung [oder Angaben in

einer Bibliografie], so wird die korrekte Summe mit ‚[i.e. ...]' ergänzt." Der Sachverhalt ist in einer Fußnote zu erläutern.

In einem VD 18 soll der Umfang wegen des verhältnismäßig großen Aufwands aber nur bei einem deutlichen Verdacht überprüft werden.

Zu § 151, 10, Anm. 2
Hier wird festgelegt, **Bogensignaturen** in der Regel nicht anzugeben.

In einem VD 18 soll auf die Angabe der Bogensignaturen (Lagensignaturen) verzichtet werden.

Zu § 152,1 und 2
Hier wird festgelegt, welche Bezeichnungen in der **Illustrationsangabe** verwendet werden.

Zu § 152a
Hier wird festgelegt, wie das **bibliografische Format** anzugeben ist.

Zu § 162,2,a
Hier wird festgelegt, wie enthaltene und beigefügte Werke in einer Fußnote anzugeben sind.

Zu § 162,7.8.9
Hier wird festgelegt, welche **Angaben zu Sprache, Schrift, Vollständigkeit und Inhalt** in den Fußnoten zu machen sind.

In einem VD 18 soll auf die Angabe von Schrift und Sprache in einer Fußnote verzichtet werden. Zur Angabe der Sprache in kodierter Form vgl. Abschnitt 2.6.

Zu § 162,11, Anm.
Hier wird zur Angabe **bibliografischer Nachweise** festgelegt: „Die Zitiertitel der Quellen sollen einheitlich nach einer Liste entsprechender Nachschlagewerke verwendet werden."

Für ein VD 18 soll die für das VD 17 erstellte Liste gegebenenfalls erweitert werden.

§ 165a
Hier wird festgelegt, den **Fingerprint** stets anzugeben.
Überwiegend wird der Fingerprint heute für die Identifikation eines Druckes als nicht ausreichend eingeschätzt. In der Praxis ist der Vergleich des Titel-

blattes bzw. der Schlüsselseiten aussagekräftiger als der Fingerprint. Der Zeitaufwand für die Ermittlung des Fingerprints beträgt (nach den Erfahrungen im VD 17) durchschnittlich drei Minuten.

Der AAD-Standard empfiehlt: „Für Drucke bis einschließlich Erscheinungsjahr 1700 muss in Kategorie 2275 der Fingerprint eingetragen werden. Bis zum Erscheinungsjahr 1800 wird die Bestimmung des Fingerprints empfohlen".

In einem VD 18 soll der Fingerprint nur für Drucke bis zum Erscheinungsjahr 1730 bestimmt werden.

Manche Bibliotheken haben ausführliche Aufnahmen erstellt, in denen der Fingerprint auch für Drucke mit Erscheinungsjahren nach 1730 ermittelt und wiedergegeben ist Bei der Verwendung solcher Aufnahmen für das VD 18 soll der Fingerprint jedoch beibehalten werden.

§ 170,2

Hier wird festgelegt, bei Stücktitelaufnahmen eine **Nebeneintragung unter dem Gesamttitel** zu machen.

In einem VD 18 soll bei Schriftenreihen auf Gesamtaufnahmen verzichtet werden, da der Gesamttitel über die Stücktitelaufnahme indexierbar und somit suchbar ist. Zweifelsfälle sind mit der ZDB abzustimmen.

§§ 301 - 342

Für die Ansetzung der Personennamen gelten die Bestimmungen der RAK-WB und der PND.

Aus der Erfahrung im VD 17 erfordert die normdatengerechte Ansetzung und Erstellung individualisierter Tp-Sätze den größeren Zeitanteil bei der Erschließung.

§§ 401 - 486

Für die Ansetzung der Körperschaftsnamen gelten die Bestimmungen der RAK-WB und der GKD. Bei alten Drucken ist eine normdatengerechte Ansetzung im Allgemeinen nicht möglich, weil die offizielle Namensform nicht zu ermitteln bzw. es diese im 18. Jahrhundert in der Regel nicht gibt. Die Bestimmung des § 401,3 („Körperschaften, deren offizieller oder gewöhnlich gebrauchter Namen nicht zu ermitteln ist, werden unter der vorliegenden Namensform angesetzt") ist für alte Drucke nicht praktikabel. Lediglich die Universitäten des deutschen Sprachgebietes können gemäß § 402 unter einer genormten Form angesetzt werden (z. B. Universität <Halle>).

Im VD 17 werden Körperschaften nicht regelgerecht angesetzt. Es werden jedoch Körperschaftseintragungen mit eigenen Ansetzungen gemacht, z. B. Universität Tübingen, Gymnasium Gera, Schule Wallhausen, Kloster Benediktbeuern. Vereinzelt werden auch Zusammensetzungen wie Augustinerkloster, Franziskanerkloster und Zisterzienserkloster verwendeten. Es ist aber angemessener und ausreichend, die Drucke über die entsprechenden Gattungsbegriffe zu erschließen (z. B. Ordensliteratur: Augustiner). Die überwiegende Anzahl der Körperschaftseintragungen unter „Universität" betreffen im VD 17 Dissertationen; diese sind jedoch keine Veröffentlichungen der betreffenden Universität (im Sinn der RAK-WB); die Drucke sind zudem über den Gattungsbegriff „Dissertation" und den Erscheinungsort suchbar.

In einem VD 18 sollen Körperschaften auf keinen Fall regelwidrig angesetzt werden. Zur Frage von Eintragungen unter Körperschaften vgl. §§ 631 - 691.

Zu § 502,1
Hier wird festgelegt, wie mit **einleitenden Wendungen und Bandzählungen als Teil des Sachtitels** zu verfahren ist. Die RAK-WB-Regel, den Kasus der von weggelassenen Bestandteilen grammatisch abhängigen Wörtern gegebenenfalls zu ändern, wird im VD 17 nur als Kann-Bestimmung erwähnt (z. B. „Scriptorum rerum Bohemicarum tomus primus", Nebeneintragung unter „Scriptores rerum Bohemicarum").

In einem VD 18 sollen für lateinische Sachtitel mit grammatischer Abhängigkeit von einer Umfangsangabe wie „Scriptorum rerum Bohemicarum tomus primus" eine Eintragung mit (bei Verfasserwerken) bzw. unter (bei Sachtitelwerken) der grammatisch normierten Form gemacht werden, da diese Werke meist so zitiert werden. Um solche Titel als Phrase suchen zu können, sollen sie als weitere Sachtitel erfasst werden.

Zu § 502,2, Anm. 1, Abs. 3, Erl.
Hier wird festgelegt, in welchen Fällen **längere Titulaturen im Sachtitel** weggelassen werden.

Zu § 504,1, Erl.
Hier wird festgelegt, den **Einheitssachtitel** nur anzugeben, wenn er ohne größeren Aufwand ermittelt werden kann. Der AAD-Standard empfiehlt: „Bei Übersetzungen sollte der Einheitssachtitel angegeben und indexiert werden, wenn der Ermittlungsaufwand vertretbar ist." Im VD 17 wurde nicht einheitlich verfahren.

In einem VD 18 soll der Einheitssachtitel nach Möglichkeit ermittelt werden.

Der Einheitssachtitel hat in den AACR als Uniform Title und somit künftig auch im neuen Regelwerk „Resource Description and Access (RDA)" einen hohen Stellenwert. Gerade für Ausgaben der Werke der deutschen Klassik und Belletristik sollten deshalb Einheitssachtitel ermittelt werden. Leider fehlt im deutschen Bibliothekwesen eine Normdatei für Einheitssachtitel. – Recherchen in den elektronischen Katalogen zeigen, dass auch in einfacheren Fällen der fehlende Einheitssachtitel die Auffindung erschwert (z. B. unterschiedliche Treffermengen für Kants „*Critik* der reinen Vernunft" und „*Kritik* der reinen Vernunft").

Für die Bestimmung des Einheitssachtitels soll in erster Linie die Schlagwortnormdatei (SWD) verwendet und in zweiter Linie Bibliografien und Kataloge zu Rate gezogen werden. In die SWD sind auch die Ergebnisse des Projekts TITAN (Titel antiker Werke) eingegangen[4].

Für viele Drucke ist im Allgemeinen kein Einheitssachtitels zu bestimmen, etwa für Werke, die in der Regel nur einer Ausgabe erscheinen (z. B. Dissertationen, Gelegenheitsschriften, Zeitschriften, Zeitungen, Kalender).

Zu § 516

Hier wird festgelegt, auf die Vergabe des **Sammlungsvermerks** zu verzichten.

An die Stelle des wenig hilfreichen Sammlungsvermerks (nach den RAK-WB) treten die Gattungsbegriffe. Vgl. Abschnitt 2.4.

Zu §§ 602,3 und 603,3

Hier wird festgelegt, unter allen **auf der Haupttitelseite genannten Verfassern und sonstigen beteiligten Personen** eine Nebeneintragung zu machen.

In einem VD 18 sollen Eintragungen unter allen beteiligten, in der Vorlage genannten oder ermittelten Personen (Verfasser, Herausgeber, Übersetzer, Kommentator, Bearbeiter, Respondent, Vorredner, Illustrator und dergleichen) gemacht werden. Alle Namen sind mit PND-Sätzen zu verknüpfen. Kann ein neuer Name nicht als Tp-Satz angelegt werden, so soll der Name wenigstens als Tn-Satz in die PND eingebracht werden.

Auf Funktionsbezeichnungen soll verzichtet werden.

Für literarische Beiträger ist einheitlich zu klären, ob Eintragungen nur unter den Personennamen oder Eintragungen in der Art beigefügter bzw. enthaltener Werke unter Personenname *und* Sachtitel zu machen sind.

---

[4] Vgl. Riedl, Rita: TITAN statt RAK § 608? // In: Bibliotheksdienst 30 (1996), S. 1077 - 1083

Zu § 606,1, Anm. 2
Hier wird festgelegt, wie mit Verfassern zu verfahren ist, die nur **in Form von Buchstaben oder Buchstabengruppen genannt** sind.

Zu § 623,2, Anm. 2
Hier wird festgelegt, in welchen Fällen auf eine Nebeneintragung unter einem beigefügten Werk verzichtet wird. Vgl. dazu § 109,1, Erl.

Zu § 624,3
Hier wird festgelegt, in welchen Fällen auf eine Nebeneintragung unter einem enthaltenen Werkes verzichtet wird. Vgl. dazu § 109,1, Erl.

Zu § 630,2
Hier wird festgelegt, unter allen **Adressaten** Nebeneintragungen zu machen.

Zu § 630,3
Hier wird festgelegt, bei Leichenpredigten unter den **Namen Verstorbener** auch dann Eintragungen zu machen, wenn sie nicht auf der Haupttitelseite genannt sind, unter **Sammlern und biografierten Personen** jedoch keine Nebeneintragungen zu machen.

In einem VD 18 sollen unter möglichst vielen nicht beteiligten Personen Eintragungen gemacht werden, um den Textvermittlungsprozess zu dokumentieren. Dazu gehören neben Herausgebern, Bearbeitern, Kommentatoren, Illustratoren und Übersetzern die gefeierten Personen in Gelegenheits- und Personalschriften (z. B. Getaufte, Hochzeiter, Promovierte, zu einem öffentlichen Amt Ernannte, Jubilare, Gefeierte, Verstorbene), Sammler (Besitzer von Buch-, Kunst- und anderen Sammlungen), biografierte Personen (ausgenommen Heilige in hagiographischen Werken). Zu Adressaten vgl. § 630,2.

Verzichtet werden soll jedoch auf Eintragungen unter den Namen von Zensoren und Widmungsempfängern sowie Personen bei Streit- und Verteidigungsschriften.

Auf Funktionsbezeichnungen soll verzichtet werden.

Zu §§ 631 - 691
Hier wird festgelegt, auf **Haupt- und Nebeneintragungen unter Körperschaften** zu verzichten. Im VD 17 werden jedoch Eintragungen unter Körperschaften mit eigenen Ansetzungen gemacht die nicht GKD-konform sind; vgl. §§ 401 - 486.

In einem VD 18 soll auf Eintragungen unter Körperschaftsnamen verzichtet werden. Gründe:

(1) Die Namen von Körperschaften des 18. Jahrhunderts können im Allgemeinen nicht regelgerecht angesetzt werden;
(2) in der Vorlage genannte Körperschaftsnamen können über die Stichwortsuche gefunden werden;
(3) die Suche nach Körperschaften ist eine Suche von und über, also formal und sachlich;
diesen Anspruch können Körperschaftseintragungen (nach den RAK-WB) nicht erfüllen;
(4) durch die Gattungsbegriffe Amtsdruckschrift, Gesellschaftsschrift, Ordensliteratur, Schulprogramm, Schulschrift, Universitätsprogramm, Vorlesung und Vorlesungsverzeichnis werden die mit einer Körperschaft in Verbindung stehenden Drucke ausreichend erschlossen.
Ausgenommen von dem Verzicht sollten jedoch Drucke sein, die in der ZDB nachzuweisen sind, also Zeitungen, Zeitschriften und zeitschriftenartige Reihen. Hier sind gegebenenfalls GKD-konforme Eintragungen und Ansetzungen zu machen.

Zu § 658,2
Hier wird festgelegt, den Formalsachtitel „Vertrag" nicht zu verwenden, da an seine Stelle der Gattungsbegriff **Vertrag** tritt.

Zu § 707, Anm.
Hier wird festgelegt, Nebeneintragungen unter **Parallel- und Nebentiteln** zu machen, unabhängig davon, an welcher Stelle der Vorlage diese Titel stehen.

Zu § 714,2.3
Hier wird festgelegt, auf Nebeneintragungen mit und unter Sachtiteln zu verzichten, wenn es um Abkürzungen am Anfang, verkürzte Sachtitel oder Alternativsachtitel geht.

2.3 Bestimmungen für Sonderfälle

(a) *Beigebundene Schriften* sollen als eigene bibliografische Einheiten erschlossen werden, da sonst bestandsabhängige Aufnahmen entstehen.

(b) Bei *mehrbändigen begrenzten Werken* soll für jede Auflage eine eigene Hauptaufnahme angelegt werden soll. Zusätzlich zur zusammenfassenden Bandaufführung sollen Bandangaben mit allen bibliografischen Angaben gemacht werden (z. B. sachliche Bezeichnung, Erscheinungsjahr, Kollation).

Format (Bibliografische Beschreibung und Erschließung)

(c) *Zeitungen und Zeitschriften* sollen unabhängig vom Nachweis in der Zeitschriftendatenbank (ZDB) auch in einem VD 18 nachgewiesen werden. Allerdings ist eindeutig zu klären, welche Drucke als ZDB-relevant gelten, d.h. welche Drucke (in Absprache mit der ZDB) als Zeitung oder Zeitschrift gelten und als solche zu behandeln sind. Beispielsweise deuten Begriffe wie „Almanach" oder „Kalender" im 18. Jahrhundert oft nicht auf ein fortlaufendes Sammelwerk hin. Für ein VD 18 soll folgendes Verfahren gewählt werden: Der als ZDB-relevante Druck wird in der ZDB nach deren Konventionen katalogisiert und mit einer Kennung für das VD 18 versehen. Diese Aufnahmen werden automatisch durch ein Harvesting-Verfahren in die VD-18-Datenbank geholt.

2.4 Gattungsbegriffe

Im VD 17 werden etwa 80 Prozent der Drucke durch Gattungsbegriffe erschlossen. Für ein VD 18 soll die für das VD 17 entstandene Liste übernommen und um VD-18-relevante erweitert werden (vgl. Abschnitt 7.4). Die Gattungsbegriffe stehen als Normdatei zur Verfügung (http://www.vd17.de/gattungsbegriffe.html), ebenso eine Konkordanz zur Decimal Dewey Classification (DDC).

Vorschläge für weitere Gattungsbegriffe:
Ratgeber
Erbauungsliteratur
Intelligenzblatt
Kunstsammlung
Büchersammlung

2.5 Weitere Möglichkeiten der Erschließung

Die Altbestände und somit auch die Drucke des 18. Jahrhunderts sind in der Regel über eine *alte Aufstellungssystematik*, seltener durch einen aufstellungsfreien Systematischen Katalog (Realkatalog) sachlich erschlossen. Bei der Konversion der Katalogdaten wurden die Notationen der aufstellungsfreien Systematik in der Regel nicht erfasst. Die Notationen der Aufstellungssystematik aber sind Teil der Signaturen und können somit als Inhaltserschließung genutzt werden. Einige Bibliotheken bieten bereits einen elektronischen Zugang zu ihren Systematiken und den damit erschlossenen Drucken an. Allerdings kann diese Inhaltserschließung nicht nur auf die VD-18-Drucke beschränkt werden, vielmehr ist der gesamte mit der jeweiligen Systematik erschlossene Bestand zu berücksichtigen. Hier ist ein eigenes Projekt wünschenswert, das diese Sacherschließungsdaten – ausgehend von den lokalen Gegebenheiten – übergreifend für alle Bestände des 16. bis 18. Jahrhunderts, teilweise auch noch des 19. Jahrhunderts anbietet.

Die in dem DFG-Rundgespräch dargestellte vertiefte Sacherschließung über Signaturgruppen ist aufgrund der heterogenen Situation in den verschiedenen Bibliotheken als separates Desiderat auszugliedern und in entsprechend vertieften Nachprojekten außerhalb einer Förderphase zu leisten.

Eine besondere Art der Erschließung sind *Provenienzen* der Druckexemplare. Es handelt sich hierbei um besitzerspezifische Daten. Hierunter fallen z. B. Besitzvermerke, historische Signaturen und Exlibris. Es ist wünschenswert solche Daten zu erfassen und über ein bestimmtes Feld suchbar zu machen. Die Daten sind vorlagegemäß mit einer festzulegenden einleitenden Wendung anzugeben, z. B.

Handschriftl. Besitzvermerk: ...
Exlibris: ...
Histor. Signatur: ...

Alternativ können die entsprechenden Seiten als Image angeboten werden. Es ist zu prüfen, ob in einem VD 18 Provenienzdaten als Eigenleistung eingebracht werden können.

2.6 Angaben in kodierter Form

Codes (Angaben in kodierter Form) sind (noch) nicht Bestandteil der Regelwerke; sie können in den MAB-Feldern 036-049 vergeben werden. Bibliotheken und Katalogverbünde verwenden sie im eigenen Ermessen.

In einem VD 18 sollen (wie im VD 17) folgende Codes vergeben werden:
(a) Angaben zum Datensatz: „Autopsie" (MAB-Feld 030)
(b) Angaben zur Sprache: „Sprachencode" (MAB-Feld 037) und „Sprache des Originals" (MAB-Feld 038)
(c) Angabe zum Erscheinungsland: „Ländercode" (MAB-Feld 036)
 Die Angabe ist sinnvoll, um zu ermitteln, aus welchen anderen Ländern es VD-18-Drucke gibt (z.B. Österreich, Polen, Südtirol, Kroatien, Tschechien, Slowakei, Schweiz, Elsass, Ungarn, Niederlande.)
(d) Veröffentlichungsspezifische Angaben zu fortlaufenden Sammelwerken (MAB-Feld 052) nach den Vorgaben für die ZDB (Erscheinungsform Zeitschrift, zeitschriftenartige Reihe, Schriftenreihe, Zeitung).

Auf folgende codierte Angaben solle verzichtet werden:
- Zeitcode (MAB-Feld 39)
- Veröffentlichungs- und materialspezifische Angaben sowie veröffentlichungsspezifische Angaben zu begrenzten Werken (MAB-Feld 051)
- Papierzustand (MAB-Feld 050)
- Literaturtyp (MAB-Feld 051)
- Veröffentlichungsart und Inhalt (MAB-Feld 051). Diese Angabe wird durch die betreffenden Gattungsbegriffe ersetzt, z. B. Bibliographie, Dissertation, Einblattdruck, Gesangbuch, Lexikon.

2.7 Vermerke für Digitalisate

Vor einer Digitalisierung eines Druckes ist im Sinn einer Fremddatenübernahme bzw. Fremddatennutzung nach bereits vorhandenen Digitalisaten zu suchen und gegebenenfalls mit dem Datensatz im VD 18 zu verknüpfen. Die Verknüpfung erfordert nach ersten praktischen Erfahrungen je Aufnahme zwischen fünf und zehn Minuten. Diese Verknüpfung kann in Verbindung mit der Redaktion des Datensatzes für eine VD-18-Aufnahme geschehen oder veranlasst werden (vgl. Abschnitt 4.1). Zu Quellen für Digitalisate vgl. Abschnitt 4.3 und 4.4.

Die Daten für das Digitalisat sind in MAB-Feld 655e (Elektronische Adresse und Zugriffsart für eine Computerdatei im Fernzugriff) mit den entsprechenden Subfields zu erfassen.

2.8 Hilfsmittel für die Katalogisierung

Für die praktische Katalogisierungsarbeit sollen die Hilfsmittel (Bibliografien, Nachschlagewerke) zu Projektbeginn aufgelistet und nach Möglichkeit in digitaler Form zur Verfügung gestellt werden. Eine Auswahl von Bibliografien zur Katalogisierung alter Drucke von 1501 bis 1850 wird bereits im Rahmen des AAD-Standards angeboten (http://aad.gbv.de/ressourcen/bibliographien.html). Für Dramen stehen folgende Hilfsmittel zur Verfügung:

- Dramenlexikon des 18. Jahrhunderts / herausgegeben von Heide Hollmer und Albert Meier. - München : Beck, 2001
  ISBN 3-406-47451-9
- Bibliographia dramatica et dramaticorum : kommentierte Bibliographie der im ehemaligen deutschen Reichsgebiet gedruckten und gespielten Dramen des 18. Jahrhunderts nebst deren Bearbeitungen und Übersetzun-

gen und ihrer Rezeption bis in die Gegenwart / Reinhart Meyer. - Tübingen : Niemeyer
ISBN 3-484-99049-X (Gesamtwerk)
Abt. 1. Werkausgaben, Sammlungen, Reihen
Bd. 1 (1986) - 3 (1986)
Abt. 2 Einzeltitel
Bd. 1. 1700 (1993) - 25. 1772-1774 (2006)

2.9 Einstufung der Katalogisierungskräfte

Im Vergleich mit dem VD 17 und den besonderen Schwierigkeiten bei der Erschließung in einem VD 18 sind die *Katalogisierungskräfte* in Entgeltgruppe E9 (bisher Vergütungsgruppe BAT Vb/IVb bzw. BAT-O) zu einzustufen. Wünschenswert sind Lateinkenntnisse bei allen Katalogisierungskräften; in jeder Bibliothek muss aber mindestens eine Katalogisierungskraft ausreichende Lateinkenntnisse besitzen, da der Anteil lateinischer Drucke je nach Anteil der Dissertationen und der Theologica etwa 30 Prozent beträgt.

Die besonderen Schwierigkeit bei der Erschließung sind vor allem die Ermittlung im Druck nicht genannter Verfasser, die Bestimmung des Einheitssachtitels, das Auflösen fingierter Erscheinungsorte, das Ermitteln in der Vorlage nicht genannter Erscheinungsorte sowie die Ansetzung neuer Normdaten für Personen, Ortsnamen, Verleger und Drucker.

Die *Suche nach Digitalisaten und das Verknüpfen* mit den Aufnahmen sollte nicht von den Katalogisierungskräften geleistet werden, um einerseits die Tagesleistung von 12 Aufnahmen zu gewährleisten, andererseits diese Tätigkeit anderen Personen in Entgeltgruppe E5 (bisher BAT VII/VI) übertragen zu können.

3 Methode

3.1 Allgemeine Überlegungen zur Methode

Die möglichen Methoden für ein VD 18 haben organisatorisch-strukturelle, technische und finanzielle Aspekte. Im Folgenden werden schwerpunktmäßig strukturelle und technische Aspekte angesprochen. Grundsätzlich soll ein VD 18 sein

(a) ein bibliografisches Instrument (ähnlich wie das VD 16 und VD 17), dessen Ziel der Nachweis aller VD-18-Drucke ist;

(b) ein digitales Zugriffssystem mit dem Zugang zu den Volldigitalisaten dieser Drucke.

Der Nachweis aller Exemplare ist nicht zwingend, zumindest nicht im Rahmen einer Förderphase. Über die VD-18-Normnummer können weitere Exemplare in der VD-18-Datenbank angesigelt und die VD-18-Aufnahme in den Verbundkatalog geholt werden. Strukturell und technisch gesehen ist das VD 17 aufgrund der kooperativen Struktur, der eigenen Datenbank und der Nutzung der Normdateien ein Modell, das auch für ein VD 18 in Frage kommt.

3.2 Auswahl der Bibliotheken

Die Auswahl der Bibliotheken, die einerseits in einer Förderphase finanziell unterstützt werden und andererseits sich verpflichten, ein VD 18 nach einer Förderphase weiterzuführen, ist eine zentrale Frage, die nicht losgelöst von der Methode beantwortet werden kann. Zu berücksichtigen sind vor allem
- die Größe des VD-18-Bestandes,
- der Alleinbesitz an VD-18-Drucken,
- die Erfahrung mit der Erschließung und dem Nachweis alter Drucke,
- die Erfahrung mit der Digitalisierung alter Drucke,
- die langfristig personellen und finanziellen Möglichkeiten für die Erschließung alter Drucke.

Das VD 17 begann im Jahr 1994 mit drei Partnerbibliotheken im Rahmen einer Installationsphase, in der vor allem die neuen Verfahren mit gescannten Schlüsselseiten, der Vergabe des Fingerprints, der Vergabe von Gattungsbegriffen, der Verwendung von normierten Ansetzungen für Erscheinungsorte und Verleger/Drucker sowie der Katalogisierung in einer speziellen Datenbank erprobt wurden. Die drei Partnerbibliotheken verpflichteten sich, das VD 17 nach Auslaufen der DFG-Förderung im Interesse einer retrospektiven

Methode

nationalbibliografischen Erschließung gemeinsam weiterzuführen. Von 1997 bis 2003 kamen weitere sechs Bibliotheken mit größeren einschlägigen Beständen im Rahmen der DFG-Förderung hinzu. Zwei weitere Bibliotheken wünschten inzwischen, ihre Bestände auch ohne DFG-Förderung einzubringen. Diese Möglichkeit des Zulieferns qualitätvoller Aufnahmen auch ohne DFG-Förderung sollte für ein VD 18 zu einem möglichst frühen Zeitpunkt angeboten werden. Dieses Zuliefern hängt natürlich eng zusammen mit der Art und Präzision der Vorgaben für die Erschließung und der Kommunikation mit den Katalogverbünden.

Für ein VD 18 stellt sich die Frage, ob mit einem kleineren Kreis von Bibliotheken begonnen werden soll, der allmählich erweitert wird, oder gleich möglichst viele interessierte Bibliotheken mit einschlägigen Beständen zur Teilnahme einzuladen sind. Die Frage kann nicht ohne Beachtung der eigenen finanziellen Möglichkeiten und der zur Verfügung stehenden Fördermittel beantwortet werden. Deshalb wird erst zu einem späteren Zeitpunkt, nachdem die Bestände der größeren Bibliotheken bearbeitet sind, zu klären sein, wie kleinere Bibliotheken mit unikal nachgewiesenen Beständen in ein VD 18 eingebracht werden können. Kleinere Bibliotheken sind in der Regel nicht in der Lage, den bei einer DFG-Förderung üblichen Eigenanteil von einem Drittel der Personalkosten zu erbringen.

Bibliotheken, die ihre Altbestände derzeit nur in Image-Katalogen nachweisen, können die Aufnahmen aus einer VD-18-Datenbank rationell übernehmen und auf diese Weise ihren elektronischen Katalog erweitern; sie haben gegebenenfalls nur noch den Alleinbesitz an VD-18-Drucken einzuarbeiten. – Größere Bibliotheken mit zentralen oder regionalen Aufgaben und entsprechender Infrastruktur sollten anbieten, unikale Drucke bei Bedarf auch für andere Bibliotheken zu digitalisieren. Hier ist vor allem an die beiden Digitalisierungszentren in Göttingen und München zu denken.

Aufgrund der Erfahrungen mit dem VD 16 und VD 17 ist ein *Konsortium* von mindestens drei Bibliotheken von Anfang an für die Weiterführung nach einer Förderphase zu gewinnen, um die Zuarbeit weiterer Bibliothek fachlich zu begleiten. Aufgabe dieser Bibliotheken ist es, von Anfang an eine Zentralredaktion einzurichten, die als Clearingstelle in allen Fragen der Erschließung und Organisation fungiert. Die Bibliotheken eines solchen Konsortiums müssen einerseits entsprechende Bestände besitzen, andererseits in der Erschließung und Digitalisierung alter Drucke eine breite Erfahrung aufweisen. Welche Bibliothek oder welcher Katalogverbund die VD-18-Datenbank technisch betreut, ist davon unabhängig und von den Bibliotheken dieses Konsortiums in enger Abstimmung mit den Katalogverbünden zu klären.

Methode

Für den *Aufbau der VD-18-Datenbank* ist (gegebenenfalls im Rahmen einer Ausschreibung) ein Katalogverbund zu gewinnen, der auf die besonderen Anforderungen eingehen und die Datenbank auf Dauer technisch unterhalten kann. Insbesondere im Rahmen der Methode A (vgl. Abschnitt 3.4.1) sind zu leisten
- der Erstaufbau mit den geforderten Selektionen,
- die primäre Suche auch nach Erscheinungsorten, Erscheinungsjahren, Gattungsbegriffen und Bibliothekssigeln,
- die Meldung redigierter Aufnahmen an die Katalogverbünde,
- die Löschung dubletter Aufnahmen und die Meldung an die Katalogverbünde,
- die Meldung des URN/URL von in der VD-18-Aufnahme eingebrachten Verknüpfungen mit Digitalisaten an die Katalogverbünde.

Argumente für die *Auswahl der teilnehmenden Bibliotheken* sollten also – zumindest in einer ersten Phase – sein:
(a) die Bereitschaft, die eigenen Aufnahmen auf das für ein VD 18 definierte Erschließungsniveau zu bringen,
(b) die Größe des Bestandes oder/und die Größe des Alleinbesitzes von VD-18-Drucken unter Berücksichtigung regionaler Schwerpunkt,
(c) die Anzahl der bereits in elektronischer Form erstellten Aufnahmen von Drucken des 18. Jahrhunderts (vgl. Abschnitt 3.3),
(d) die technische Ausstattung für das Digitalisieren der Drucke.

Bibliotheken, die ihre Drucke des 18. Jahrhunderts noch nicht in elektronischer Form nachweisen, sind erst dann anzuwerben, wenn eine größere Anzahl an qualitätvollen Aufnahmen in der Datenbank zur Verfügung steht. Da die personellen Mittel insbesondere in kleineren Bibliothek sehr eingeschränkt sind, würde der spätere Einstieg den Katalogisierungsaufwand für diese Bibliotheken entsprechend verringern.

Eine Durchsicht der elektronischen Kataloge und der Angaben im „Handbuch der historischen Buchbestände" vermitteln die nachfolgend dargestellten Ergebnisse. Die Trefferzahlen in den elektronischen Publikumskatalogen sind durch das Suchkriterium Erscheinungsjahr zustande gekommen. Die Treffermengen bei dieser Suche enthalten teilweise auch Nachdrucke, Reprints, Mikroformen und in ein VD 18 nicht aufzunehmende Sonderbestände wie Landkarten und Notendrucke. Einzelne Stichproben haben einen Anteil an VD-18-relevanten Drucken zwischen 55 und 80 Prozent ergeben. Die Zahlen aus dem Handbuch sind unterschiedlich interpretierbar; im Allgemeinen wird nämlich nicht zwischen Werken, Titeln, Ausgaben, Exemplaren und Bänden unterschieden. Zur Problematik der Zählweisen und der unterschiedlichen Terminologie vgl. Abschnitt 1.2.

3.3 Nachweis der Bestände in elektronischen Katalogen

Folgende Bibliotheken haben ihre sämtlichen Katalogdaten für den Erscheinungszeitraum von 1500 bis 1850 (München BSB bis 1840, Köln ZK bis 1800) im Rahmen des von der DFG geförderten *ABE-Projekts* konvertiert:

	Nachweise für Drucke des 18. Jahrhunderts	
	im OPAC	Drucke (Bände, Titel) im Handbuch
Aachen TH*	1.105	24.910 Bände
Aachen ÖB*	0	10.000 Bände
Augsburg SuStB	49.963	33.057 Titel
Bochum UB*	8.152	13.500 Bände
Bonn ULB*	16.535	-
Detmold LB*	7.807	5.200 Titel
Dresden SLUB	159.000	137.829 Werke/Bände
Düsseldorf UB*	17.747	11.600 Werke
Göttingen SUB	160.000	VD 18: 120.000–140.000 Drucke DFG-gefördert wurden nur die Namensansetzungen
Greifswald⁺	44.774	29.291
Halle ULB⁺	112.898	104.500 Titel
Jena ULB⁺	74.324	113.810 Bestandseinheiten
Köln ZK/HBZ	198.413	ca. 70 Bibliotheken*, davon 14 mit über 5.000 Drucken
Köln USB*	28.851	17.300 Titel
Köln DomB*	6.732	15.300 Bände
Leipzig ULB	106.950	102.318 Titel
München BSB	231.228	200.000 Titel VD 18: 120.000–130.000 Drucke
München UB	122.231	110.250 Bände
Münster ULB*	27.483	-
Paderborn ErzbB*	3.249	10.400 Bände
Rostock UB⁺	42.959	49.209 Titel

Methode

Soest StB*	7.370	7.230 Bände
Stuttgart WLB	80.590	-
Trier StB*	20.092	18.921 Titel
Trier UB*	7.739	-
Trier PriesterSemB*	7.675	7.199 Titel
Tübingen UB	84.127	-
Weimar HAAB[+]	58.308	57.000 Drucke (nach dem Brand)
Wolfenbüttel HAB[+]	75.496	87.000 Drucke

[+] Die Bestandszahlen dieser Bibliotheken umfassen Monographien, mehrbändige begrenzte Werke (ohne Zahl der Bände) und Zeitschriften; sie wurden durch eine Recherche der Verbundzentrale des GBV in 2006 ermittelt.

* Die Bestände dieser Bibliotheken wurden über den ZK/HBZ Köln konvertiert. Teilweise haben die betreffenden Bibliotheken ihre Lokaldaten (Signaturen) noch nicht eingebracht; die Daten stehen somit nur im Verbundkatalog zur Verfügung.

Folgende Bibliotheken haben *ohne DFG-Förderung* konvertiert und weisen mehr als 10.000 Treffer von Drucken des 18. Jahrhunderts in elektronischer Form nach. Die Qualität der Aufnahmen ist unterschiedlich, jedoch wurde teilweise auch autoptisch katalogisiert.

	Nachweise für Drucke des 18. Jahrhunderts im OPAC	*Drucke (Titel, Bände) des 18. Jahrhunderts im Handbuch*
Augsburg UB	80.362 autoptisch	58.000
Bamberg SB+UB+MetroB	37.289 teilweise autoptisch	22.388 davon: 16.678 SB und UB 5.710 MetroB
Berlin FU	12.530	4.009 Angaben unklar
Berlin SB	262.000	108.296 Aktuelle Schätzung: VD 18: 120.000–130.000
Eichstätt UB	43.372 autoptisch	25.000 Durch Übernahme von Klosterbeständen jetzt ca. 60.000
Erlangen UB	29.294 autoptisch	53.000
Frankfurt MPI	50.674 autoptisch	6.513
Freiburg UB	50.800 Hochrechnung aus 20 Jahren	24.000

Methode

Erfurt-Gotha UFB	34.536 autoptisch	84.581 davon: Erfurt 18.081 Gotha 66.500 Schätzung Mitte 2006: VD 18: 72.054
Hamburg UB[+]	22.076	31.000
Heidelberg UB	56.434	99.000
Kiel UB[+]	31.246	17.300
Mannheim UB	13.600	16.000 Bände
Passau SB	11.800 autoptisch	16.315
Regensburg SB	31.038 autoptisch, ausgenommen Dissertationen	21.400
Regensburg UB	19.067 autoptisch	19.830

[+] Die Bestandszahlen dieser Bibliotheken umfassen Monographien, mehrbändige begrenzte Werke (ohne Zahl der Bände) und Zeitschriften; sie wurden durch eine Recherche der Verbundzentrale des GBV in 2006 ermittelt.

Folgende Bibliotheken haben nach dem „Handbuch der historischen Buchbestände" zwar mehr als 10.000 Titel/Bände/Drucke des 18. Jahrhunderts, bislang aber *weniger Nachweise in elektronischer Form*:

	Nachweise für Drucke des 18. Jahrhunderts im OPAC	Drucke (Titel, Bände) des 18. Jahrhunderts im Handbuch
Aachen TH	1.105	24.910
Amberg SB	1.104	12.570
Aschaffenburg SB	1.082	12.785
Berlin HumboldtUB	7.141	14.717
Coburg SB	5.514	31.000
Hannover LB	?	65.000 Konversion der alten Drucke in 2006 begonnen
Lübeck StB	740	15.223
Nürnberg StB	?	30.000
Oldenburg LB	?	33.000
Schwerin UB	?	29.000
Wiesbaden HLB	?	13.824

3.4 Die einzelnen Methoden für ein VD 18

Im Folgenden wird die Methode A für ein VD 18 vorgeschlagen. Um die Argumente für und wider eine Methode besser abwägen zu können, werden auch weitere Methoden und Möglichkeiten dargelegt. Die Themen einer Pilotphase und der Zentralredaktion werden bei Methode A behandelt, wenngleich sie grundsätzlich auch für die anderen Methoden gelten. Grundsätzlich ist für jede Methode eine intensive Kommunikation mit den Katalogverbünden erforderlich, da Daten in einem erheblichem Umfang zu selektieren und auszutauschen sind.

Ein Sonderfall sind mehrbändige begrenzte Werke, über die in den verschiedenen Methoden nichts ausgesagt wird. Grundsätzlich ist in den elektronisch vorhandenen Aufnahmen festzustellen, dass mehrbändige begrenzte Werke sehr unterschiedlich behandelt sind (vgl. Abschnitt 1.5, k). In den Aufnahmen für mehrbändige begrenzte Werke sollen *alle* Bände nachgetragen werden, auch wenn einzelne Bände nicht in den Bearbeitungszeitraum fallen. Beispiel: Drei Bände sind 1796, 1799 und 1803 erschienen; in der Aufnahme für ein VD 18 soll auch der dritte Band mit dem Erscheinungsjahr 1803 nachgetragen werden. Bei mehrbändigen begrenzten Werken, deren Bände sowohl vor 1700 als auch nach 1700 erschienen sind, soll die Aufnahme in der VD-17-Datenbank vervollständigt werden. Auf keinen Fall ist eine zweite Aufnahme in einer VD-18-Datenbank anzulegen.

Zeitschriften sollen außerhalb eines VD-18-Projektes als Eigenleistung in der ZDB erschlossen, jedoch in der VD-18-Datenbank nachgewiesen werden. Der als ZDB-relevant erkannte Druck wird in der ZDB nach deren Konventionen katalogisiert und mit einer VD-18-Normnummer versehen. Diese Aufnahmen werden automatisch durch ein Harvesting-Verfahren in die VD-18-Datenbank geholt (vgl. Abschnitt 2.3,c).

3.4.1 Methode A: Nutzung vorhandener Aufnahmen in einer eigenen Datenbank und Erschließung auf nationalbibliografischem Niveau

Methode A geht davon aus, alle elektronisch vorhandenen Nachweise für Drucke des 18. Jahrhunderts aus den Katalogverbünden in eine eigne VD-18-Datenbank zu übernehmen. Wegen der nicht ausreichenden Qualität der meisten Aufnahmen geht es dabei nur in Ausnahmefällen um eine Übernahme, vielmehr sind die Aufnahmen in der Regel nach dem definierten nationabibliografischen Standard für das VD 18 neu zu erstellen. Allerdings sind in dieser

Datenbank unikale Bestände leichter zu ermitteln und dublette Aufnahmen an die Katalogverbünde zu melden. Relevante Aufnahmen, die nach dem Erstaufbau der VD-18-Datenbank in den Katalogverbünden entstehen, müssen zeitnah in die VD-18-Datenbank gelangen. Im Rahmen einer Förderphase soll nur *ein* Exemplar einer Ausgabe für das VD 18 redigiert werden.

Das Hauptziel eines VD 18 ist aus der Sicht der Methode A eine digitale Bibliothek deutscher Drucke des 18. Jahrhunderts, jedoch nicht ein Nachweis aller Exemplare. Dieser Nachweis wird einerseits durch die Übernahme der VD-18-Nummer in die Katalogverbünde erzielt, andererseits durch das Ansigeln an VD-18-Aufnahmen außerhalb einer Förderphase.

(a) Vorselektion der Daten aus den Verbundkatalogen

Zu Beginn werden (im Rahmen einer Pilotphase) alle in elektronischer Form greifbaren Aufnahmen mit Erscheinungsjahren von 1701 bis 1800 aus den Verbundkatalogen und der Zeitschriftendatenbank mit den Lokaldaten (besitzende Bibliothek *und* Signatur) in die VD-18-Datenbank geladen. Die Vorselektion nach dem Erscheinungsjahr soll durch die Katalogverbünde erfolgen. Da bei mehrbändigen begrenzten Werken im Hauptsatz in der Regel kein Erscheinungsjahr steht, müssen auch die Bandsätze selektiert und geliefert werden. Im Verbundkatalog ist bei den gelieferten Aufnahmen ein Hinweis auf diesen Abruf zu erstellen („gemeldet für VD 18").

Da die Bibliotheken bis zum möglichen Beginn eines VD 18 und während seiner Laufzeit einen Teil ihrer durch Konversion entstandenen Aufnahmen (z. B. aus Anlass einer Ausleihe) korrigieren, wird der Anteil der qualitätvollen Aufnahmen entsprechend zunehmen. Um auch weitere verbesserte Aufnahmen nach dem Erstaufbau der VD-18-Datenbank aus den Verbünden für ein VD 18 zu nutzen, ist jede in einem Verbundkatalog redigierte Aufnahme zeitnah an die VD-18-Datenbank zu schicken, damit dort die vorhandene Aufnahme gegebenenfalls überschrieben wird, wenn sie noch nicht den Status einer für das VD 18 redigierten Aufnahme hat, der an der VD18-Normnummer erkenntlich ist. Um diese Nachbesserung automatisch abwickeln zu können, müssen die ID-Nummern aus dem Herkunftssystem in der VD-18-Datenbank gespeichert sein.

Die im Sinne des nationalbibliografischen Standards redigierten Aufnahmen erhalten als Kennung die VD-18-Normnummer, die über die ID-Nummer in den Verbund zurückgemeldet wird. Damit ist sichergestellt, dass die zuliefernden Verbünde optimal am Aufbau und den Redaktionsarbeiten für das VD 18 partizipieren. Gleichzeitig mit der Ausspeicherung muss auch eine Kennung für VD-18-relevante Neuaufnahmen in den Verbundkatalogen definiert werden, die anders als die erste maschinelle Meldung des Gesamtbestands des 18. Jahrhunderts differenziert für im deutschen Sprachbereich erschienene Drucke vergeben wird. Aufgrund dieser Kennung werden aus den Verbünden sukzessive neu eingebrachte Daten ins VD 18 nachgemeldet.

(b) Selektion der Daten in der VD-18-Datenbank

Die VD-18-spezifische Selektion nach weiteren Kriterien wie Erscheinungsort, Sprache, Reprint, Mikroform geschieht erst in der VD-18-Datenbank. Da es in den Bibliotheken eine erhebliche Anzahl von Mikroaufnahmen deutscher Drucke des 18. Jahrhunderts gibt, die fehlende Originaldrucke ersetzen sollen, kann es vorteilhaft sein, die betreffenden Aufnahmen für Mikroformen in der Datenbank zu belassen; konsequenterweise müssten diese Aufnahmen gegebenenfalls auch redigiert werden. Ein eigenes Problem stellen die Aufnahmen mit nicht ermittelten Erscheinungsorten („S.l.") dar. Diese Aufnahmen sollen zunächst in der Datenbank erhalten bleiben, um im Rahmen der Redaktion überprüft zu werden: Wenn der Erscheinungsort nicht zu ermitteln ist, die Sprache oder/und der Verfasser auf einen VD-18-Druck hinweisen, sollte die Aufnahme redigiert und durch die VD-18-Normnummer gekennzeichnet werden.

In der Datenbank können Aufnahmen mit einem geringen bzw. nicht ausreichenden Erschließungsniveau ermittelt werden, nämlich Aufnahmen, in denen bestimmte Felder nicht belegt sind, z. B. die Felder Verfasserangabe, Verlag, Erscheinungsjahr und Kollation. So könnte eine Bibliothek beispielsweise gezielt zuerst die Drucke bearbeiten, für die in der Aufnahme die jeweiligen Angaben fehlen. Aufnahmen, die maschinell über die Kodierung „Autopsie" (MAB-Feld 030a) als auf einem höheren Niveau erkennbar sind, könnten durchaus zurückgestellt werden.

Eine so eingerichtete VD-18-Datenbank ist von Anfang an für die Benutzung ein geeignetes Recherche-Instrument, weil allein durch die Beschränkung auf Drucke des 18. Jahrhunderts eine überschaubare und relevante Datenmenge zur Verfügung steht. Es sollte auch möglich sein, entweder im gesamten Datenbestand zu suchen oder die Suche einzuschränken, beispielsweise auf redigierte Aufnahmen, noch nicht redigierte Aufnahmen, Mikroformen sowie Aufnahmen mit Verknüpfungen zu Volldigitalisaten. Grundsätzlich ist zu entscheiden, ob in einer VD-18-Datenbank auch Nachdrucke, Reprints, Faksimiles und Mikroformen nachgewiesen werden sollen, da diese von den Bibliotheken als Ersatz für fehlende Originaldrucke bewusst erworben wurden (vgl. Beispiele 7.1.5 Beauharnais, 7.1.29 Reuter). Wenn dies bejaht wird, sollten

Methode

diese Aufnahmen allerdings entsprechend gekennzeichnet sein und bei der Suche bewusst ausgenommen bzw. bewusst einbezogen werden können.

Aufnahmen, die in der VD-18-Datenbank aufgrund der differenzierteren Selektion nicht erhalten bleiben, werden an die Verbundkataloge gemeldet, in denen die Vormerkkennung für das VD18 zu löschen ist.

Es ist zu klären, wie wissenschaftlich und bibliothekarisch Tätigen die Möglichkeit eröffnet werden kann, außerhalb des VD-18-Projekts eigene Ergebnisse in die VD-18-Datenbank einzubringen. Das könnte beispielsweise betreffen das Hinzufügen von Fingerprints, die Einschätzung von Sine-loco-Fällen, die Auflösung fingierter Erscheinungsorte, die Präzisierung geschätzter Erscheinungsjahre, die Beschreibung von Druckvarianten, die Kennzeichnung als Erstdruck, die Beschreibung exemplarspezifischer Besonderheiten und das Einbringen spezieller Forschungsergebnisse. Die für die Redaktion verantwortlichen Bibliotheken arbeiten die gemeldeten Daten in die betreffenden VD-18-Aufnahme ein. Diese Möglichkeit würde auch der Empfehlung der Gutachter des DFG-Antrags Rechnung tragen: „Im Sinne der Wikipedia-Entwicklungen – aber ohne deren offensichtliche Nachteile der fehlenden Kontrolle und fehlenden ‚authoritiveness' – könnte eine Basisfinanzierung der VD-18-Erschließung mit einer Werkzeugentwicklung für die Weiterarbeit aller deutschen Fachwissenschaftler, die sich mit dem 18. Jahrhundert befassen, verbunden werden. Jeder VD-18-Wissenschaftler könnte im Kontext der eigenen Forschung einen Beitrag für die Gesamtgruppe mit eigenen Mitteln leisten. Damit ergäbe sich ein innovativer Aspekt, nicht nur ein Weiterschreiben alter Denkweisen."

(c) Arbeitsauftrag der Bibliotheken

In der zu Beginn eines VD 18 aufgebauten Datenbank sollen für die teilnehmenden Bibliotheken aus ihren bereits in elektronischer Form nachgewiesenen Datensätze (vor allem nach Erscheinungsjahren, Erscheinungsorten und Verfassernamen) die für das VD 18 zu bearbeitenden Exemplare ermittelt werden. Um diese Auswahl rationell abwickeln zu können, ist in der VD-18-Datenbank die Selektion auch nach Erscheinungsjahren, Erscheinungsorten und Bibliothekssigeln vorzusehen. Zu Beginn des VD 17 mussten die relevanten Drucke und Exemplare in der Regel über Mikrofiche-Kataloge, Standortkataloge und dgl. verhältnismäßig aufwändig ermittelt werden. Anhand dieser Auswahl werden die Aufnahmen der VD-18-Datenbank sukzessive auf den vereinbarten Standard gebracht und die VD-18-Normnummern vergeben.

Für die Redaktionsarbeit in einer solchen Datenbank ist es vorteilhaft, die Information über alle möglichen Exemplare und Ausgaben vor sich zu haben und entsprechend entscheiden zu können. Als Fremddatenpool stehen auch die Aufnahmen aus der *Hand Press Book Database (HPB)* des Consortium of European Research Libraries (CERL) zur Verfügung (http://www.cerl.org/HPB/hpb.htm). In dieser Datenbank sind auch Aufnahmen aus deutschen Bibliotheken (Berlin SB, Göttingen SUB, München BSB) eingeflossen, vor allem aber qualitätvolle Aufnahmen aus anderen europäischen Staaten.

Von Anfang an müssen die redigierten Aufnahmen aus der VD-18-Datenbank über die ID-Nummer des Verbundes an die Katalogverbünde zurückgegeben werden können. Das kann durch regelmäßige Update-Aktionen geschehen oder nach dem Vorbild der Normdateien durch ein Harvesting-Verfahren geregelt werden. Dabei ist zu klären, ob alle Erschließungsdaten an den Verbund geliefert werden oder nur eine reduzierte Form (z. B. ohne Fingerprint, ohne Gattungsbegriff, ohne normierte Daten für Ort und Verlag/Drucker). Es ist davon auszugehen, dass die Verbünde selbst entscheiden, welche Erschließungsdaten sie im Verbundkatalog halten wollen.

Da nur ein Exemplar einer Ausgabe für ein VD 18 redigiert wird, ist zu klären, was mit den anderen in der VD-18-Datenbank nachgewiesenen Aufnahmen für diese Ausgabe geschehen soll, da deren Verbleib in der VD-18-Datenbank nicht sinnvoll ist. Es wird vorgeschlagen, diese Aufnahmen über eine einfach zu bedienende Funktion an die betreffenden Katalogverbünde zu schicken und den Bibliotheken so einen Anreiz zu bieten, ihre Exemplare zu prüfen und gegebenenfalls im VD 18 anzusigeln. Wahrscheinlich muss es auch die Möglichkeit geben, bestimmte Aufnahmen mit einem Fragezeichen zu versehen, wenn nicht schnell und sicher zu erkennen ist, ob anzusigeln ist. Es liegt dann an der betreffenden Bibliothek, die Aufnahme autoptisch zu überprüfen und danach anzusigeln oder eine qualitätvolle Neuaufnahme für die VD-18-Datenbank anzulegen. Diese Funktionen in Interaktion von VD-18-Datenbank und Verbünden sind vorab zu definieren und einzurichten.

Um in einem angemessenen Zeitraum (innerhalb einer Förderphase) die wichtigsten VD-18-Drucke auf das gewünschte nationalbibliografische Niveau zu bringen, sind bestimmte Absprachen und Einschränkungen notwendig, nämlich:

- Es wird nur *ein Exemplar einer Ausgabe* bearbeitet. Die redigierte Aufnahme erhält eine VD-18-Normnummer. Der Nachweis weiterer Exemplare ist nicht Aufgabe eines VD 18. Das Ansigeln weiterer Exemplare in der VD-18-Datenbank wird den Bibliotheken jedoch freigestellt. Vor allem ist

es wichtig, die VD-18-Normnummer in die Aufnahmen des Verbundkatalogs zu übernehmen.
- Für das bearbeitete Exemplar wird für eine Übergangszeit ein *digitales Titelblatt* erstellt bis es im Kontext des Projektes das Volldigitalisat erhält.
- Für die *Auswahl der vorrangig zu erschließenden Drucke* bieten sich folgende Kriterien an: (a) Unikale Bestände, (b) Drucke aus der regionalen Nähe der jeweiligen Bibliothek, (c) Bearbeitung der Drucke, für die es im „Zentralen Verzeichnis Digitalisierter Drucke" Volldigitalisate gibt (vgl. 4.3,a). Erst zu einem späteren Zeitpunkt müssen weitere Kriterien zum Zug kommen, wenn Drucke nicht in der regionalen Nähe vorhanden sind, die Ausgaben eines bestimmten Autors auf mehrere Bibliotheken verteilt sind oder der Erscheinungsort zu ermitteln ist. Es wird vorgeschlagen, den geförderten Bibliotheken in einer ersten Projektphase die Bearbeitung der Drucke aus bestimmten Orten in der regionalen Nähe zuzuteilen, soweit diese Drucke in der betreffenden Bibliothek vorhanden sind. In nicht wenigen Fällen befinden sich größere Bibliotheken in Orten, an denen im 18. Jahrhundert gedruckt wurde. Druckorte, an denen viel gedruckt wurde, sind beispielsweise Leipzig, Frankfurt am Main, Berlin, Dresden, Halle, Nürnberg und Augsburg (vgl. Abschnitt 7.3 mit einer Statistik nach Druckorten). – Es sollte aber jeder Projektbibliothek freigestellt sein, auch die von ihr als unikal erkannten Drucke zu erschließen. Für die Absprachen nach Erscheinungsorten (in regionaler Nähe zur jeweiligen Bibliothek) steht die Liste der Erscheinungsorte mit Angabe der Bundesländer zur Verfügung (vgl. Abschnitt 7.3.1).
- Eine besondere Absprache zwischen den Projektbibliotheken ist zu treffen für Drucke mit *fingierten Erscheinungsorten* und nicht ermittelten Erscheinungsorten.
- Eine besondere Absprache zwischen den Projektbibliotheken ist zu treffen für Drucke, die *nicht in einer regional nahen Bibliothek* nachweisbar sind.
- Auf die gezielte *Erschließung bestimmter entlegener Literaturgattungen* kann in einer ersten Phase verzichtet werden. Dazu könnten zählen Flugschriften, Gesangbücher, Gebetbücher, Katechismen, Verordnungen (Edikte), Proklame (Bekanntmachungen), Schulprogramme, Periochen, Flugschriften, Einblattdrucke (Flugblätter). Es erscheint wichtiger in einem ersten Schritt die weit verbreiteten Drucke des VD 18 zu erschließen und zu digitalisieren, ehe man sich sehr speziellen Sonderbeständen widmet. Andererseits ist in diesem Bereich unbedingt drauf zu achten, dass Digitalisate aus anderen Digitalisierungsprojekten möglichst schnell dem VD 18 zur Verfügung stehen.
- Auf die Bearbeitung von *Drucken aus Orten, die nicht in der heutigen Bundesrepublik Deutschland liegen*, und in deutschen Bibliotheken nicht

nachweisbar sind, soll so lange verzichtet werden, bis alle VD-18-Drucke aus deutschen Bibliotheken erschlossen sind.

- Eine besondere Absprache ist für die Aufnahmen zu treffen, die zwar nicht zum unikalen Bestand in einer Bibliothek gehören, aber *dem nationalbibliografischen Standard bereits entsprechen*. Solche Aufnahmen wurden beispielsweise bereits in Berlin SB, Erfurt-Gotha UFB, Göttingen SUB und Weimar HAAB erstellt (vgl. Beispiele 7.1.4 Batz, 7.1.29 Reuter). Im Sinn des zügigen Aufbaus des VD 18 ist die Bearbeitung dieser Aufnahmen eigens zu definieren (z. B. zurückstellen, da bereits hinlänglich gut; im Vorlauf bearbeiten, da besonders rasch abzuwickeln; maschinelle Vergabe einer VD-18-Nummer).

(d) Pilotphase

Aus der Erfahrung auch mit dem VD 17 ist einer Hauptförderphase eine ein- oder zweijährige Pilotphase voranzustellen, in der jedoch durchaus bis zu acht Bibliotheken beginnen sollten. Eine Hilfe für die Auswahl der Bibliotheken und die Benennung einer federführenden Bibliothek sind die Anzahl der elektronischen Nachweise für Drucke des 18. Jahrhunderts, das bisherige Engagement für die Erschließung alter Drucke, die Möglichkeiten und Erfahrungen mit der Digitalisierung und natürlich die Bereitschaft entsprechende Eigenleistung einzubringen.

In der Pilotphase sollten (unter Federführung einer Bibliothek) die beteiligten Bibliotheken selbst für die Qualitätskontrolle Sorge tragen, denn die ausgewählten Bibliotheken verfügen über geschultes und erfahrenes Personal. Im weiteren Verlauf des Projektes können diese Bibliotheken später die nachfolgenden Bibliotheken beraten und die Funktion einer verteilten Zentralredaktion ausüben.

Eine wichtige Aufgabe der Pilotphase wird es sein, eine allgemein verbindliche Tagesleistung sowohl für die Erschließung, als auch für das Verknüpfen mit Digitalisaten definitiv festzulegen. Wenn wie im VD 17 zwölf Katalogisate als Tagesleistung verlangt werden, ist das für ein VD 18 eine deutlich höhere Leistung, weil nicht mehr angesigelt wird. Da im VD 17 etwa 42 Prozent der Aufnahmen angesigelt werden, kann diese Ansigelungsleistung für Neuaufnahmen eingebracht werden (vgl. dazu Abschnitt 5.1).

(e) Zusammenfassung

Zusammenfassend können die Vorteile der Methode so formuliert werden:
- Es steht von Anfang an eine Datenbank aller in elektronischer Form verfügbaren Aufnahmen von VD-18-Drucken zur Verfügung, in der die Daten im Laufe des Projekts ständig verbessert werden.
- Bei der Bearbeitung können alle Exemplare aller Bibliotheken geprüft und entsprechende Konsequenzen für das Redigieren und Ansigeln gezogen werden.
- Alle Drucke sind zu einem frühen Zeitpunkt in einer eigenen Datenbank suchbar. Die Treffermenge ist (anders als in einer Datenbank über alle Jahrhunderte) entsprechend überschaubar und grundsätzlich relevant.
- Allen Bibliotheken ist es möglich, ab dem Erstaufbau der VD-18-Datenbank Aufnahmen in dieser Datenbank selbst anzusigeln, von dort zu übernehmen und eigene autoptisch erstellte Aufnahmen über den Verbund einzubringen.
- Allen Bibliotheken ist es möglich Digitalisate in der Datenbank nachzuweisen und mit den Erschließungsdaten zu verknüpfen.
- Das Redaktionsniveau wird durch VD-18-Normnummern gekennzeichnet.
- Die zu Beginn aufgebaute Datenbank ist die Grundlage, um die VD-18-relevanten Drucke der jeweiligen Bibliothek zu ermitteln, beispielsweise über Erscheinungsjahr, Erscheinungsort, Autor, Signatur- oder Systematikgruppen.
- Bearbeitet werden gezielt nur Aufnahmen, die noch keine VD-18-Nummer haben.
- Die Arbeitsmenge bemisst sich ausschließlich nach der Redaktion einer Aufnahme eines Exemplars einer Ausgabe, nicht nach dem Ansigeln. Das ist wesentlich anders als im VD-17-Projekt, in dem die verlangte Tagesleistung von 12 Katalogisaten Neuaufnahmen, Ansigelungen und Bandnachtragungen umfasst.
- Nicht bearbeitete Aufnahmen für weitere Exemplare einer Ausgabe werden in der VD-18-Datenbank gelöscht und den Verbundkatalogen gemeldet.

3.4.2 Methode B: Katalogisierung in der Verbunddatenbank und Erschließung auf nationalbibliogafischem Niveau

Auslöser für die Formulierung der Methode B sind einerseits die Probleme, die VD-17-Aufnahmen in die Verbundkataloge zu übernehmen, andererseits die teilweise Doppelkatalogisierung im Verbund und im VD 17. Deshalb soll-

te primär im Verbund katalogisiert werden und die Daten anschließend in ein VD 18 eingespielt werden. Das lässt folgende Vorteile erwarten:
- Es wird nicht getrennt im Verbund und im VD 18 katalogisiert.
- Im Verbund vorhandene Sätze können als VD-18-Drucke gekennzeichnet, gegebenenfalls redigiert und unkompliziert an das VD 18 weitergegeben werden.
- Weitere Exemplare können leicht angesigelt werden; dafür ist kein exklusiver Zugang zur VD-18-Datenbank erforderlich.
- Die Gruppe der teilnehmenden Bibliotheken lässt sich leicht ausweiten; die freiwillige Mitarbeit weiterer Bibliotheken wird erleichtert; auch können neue Aufnahmen ohne administrativen Aufwand eingebracht werden.

Nachteile können entstehen bei der Dublettenkontrolle und der Konsistenzsicherung. Um diese Nachteile möglichst zu vermeiden, soll bei der Katalogisierung folgendermaßen verfahren werden, wenn eine VD-18-relevante Aufnahme im Verbund zur Bearbeitung ansteht. Es wird geprüft, ob es eine redigierte Aufnahme im VD 18 gibt. Dabei können folgende Fälle auftreten:
- Im VD 18 wird eine korrekte Aufnahme (mit VD-18-Nummer) gefunden. Diese Aufnahme wird in den Verbund übernommen, das eigene Exemplar angesigelt und die Aufnahme zur automatischen Meldung an das VD 18 markiert.
- Im VD 18 wird nur eine bibliografisch nicht ausreichende Aufnahme gefunden (zum Beispiel eine Rumpfaufnahme oder eine Aufnahme aus der Retrokonversion). Im Verbund wird eine korrekte Aufnahme erstellt und automatisch in das VD 18 eingespielt.
- Im VD 18 wird eine per Autopsie erstellte Aufnahme gefunden. Es stehen nur „kleinere Korrekturen" an, beispielsweise das Ergänzen des Fingerprints. Die Aufnahme wird ergänzt und zur automatischen Meldung an das VD 18 markiert.
- Im VD 18 wird keine entsprechende Aufnahme gefunden. Es wird eine VD-18-gerechte Aufnahme im Verbund erstellt und zur automatischen Meldung an das VD 18 markiert.

Die dauerhafte Pflege des VD18 könnte so gestaltet werden: Eine in das VD 18 gelangte (redigierte) Aufnahme wird im bibliografischen Teil gesperrt, kann aber im Bereich der Sacherschließung und Exemplar-Ansigelung erweitert werden. Änderungen sind nur durch autorisiertes Personal möglich. Das VD18 erhält in regelmäßigen Abständen durch ein Harvesting-Verfahren von den Verbünden und sonstigen Datenlieferanten neue Aufnahmen und Exemplar-Ansigelungen. Bei diesem Prozess findet eine automatische Dublettenkontrolle statt. Das Harvesting-Verfahren könnte über OAI in Verbindung mit MAB-XML bzw. mit MARC21-XML geregelt werden. Einzelheiten dieser

Schnittstelle, zum Beispiel mit Blick auf Zeitschriften, beigebundene und enthaltene Werke, müssen vor Beginn des VD 18 festgelegt werden. XML basierte Prüfalgorithmen (XML-Schema) sollten in Erwägung gezogen werden.

3.4.3 Methode C: Nach dem Modell des VD 17

Methode C geht davon aus, ein VD 18 nach dem Modell des VD 17 zu organisieren. Sieht man von der Installationsphase und dem Wechsel der VD-17-Datenbank zum GBV ab, so kann das Verfahren des VD 17 so charakterisiert werden:

- Beginn mit drei größeren Partnerbibliotheken in Form einer Installationsphase, in der vor allem die neue Art der Erschließung erprobt (Fingerprint, Gattungsbegriffe, Nutzung der Normansetzungen für Druckorte und Drucker/Verleger, Auswahl und Scannen der Schlüsselseiten) und der Zeitaufwand für ein Katalogisat ermittelt wurde. Das Ergebnis waren 12 Drucke je Arbeitstag.
- Die Partnerbibliotheken konnten zunächst keine Aufnahmen gegenseitig durch Ansigeln nutzen.
- Als Fremddatenpool stand zwar anfangs der Retro-VK (im Deutschen Bibliotheksinstitut) zur Verfügung; er enthielt aber nur einen Teil der im Rahmen des DFG-Projekts entstandenen Konversionsaufnahmen. Die Recherche in diesem Pool und die anschließende Nutzung der Konversionsaufnahmen hat sich nicht als rationell erwiesen, da die Übernahme vor allem technisch noch nicht ausgereift war.
- Die Datenbank enthält nur auf dem vereinbarten Qualitätsstandard erstellte Aufnahmen.
- Die verhältnismäßig spät hinzugekommenen Bibliotheken führten zu einer verhältnismäßig langen Laufzeit des Projektes in seiner Hauptförderphase.
- Die Datenbank wuchs langsam; somit entstand erst in den letzten zwei Jahren (2005/2006) ein Instrument, in dem sich die Recherche für die Wissenschaft lohnt.

Wenn ein VD 18 nach dieser Methode aufgebaut wird, sollten in einer vorgeschalteten einjährigen Installationsphase zwei oder drei Partnerbibliotheken mit größeren VD-18-Beständen beginnen und Erkenntnisse für eine Hauptförderphase gewinnen. Hier wäre vor allem zu ermitteln,
- wie und ob die Aufnahmen aus den Katalogverbünden (im Sinne eines „Fremddatenpools") rationell genutzt werden können;
- welche Bibliotheken in welcher Abfolge für eine Hauptförderphase gewonnen werden können;

Methode

- welche Bibliotheken auch ohne Förderung zur Mitarbeit in einem VD 18 bereit sind;
- ob und gegebenenfalls welche Bestände von Bibliotheken mit qualitätvollen Aufnahmen in elektronischer Form, für die keine Förderung möglich ist, in die VD-18-Datenbank aufgenommen werden können.

In der Installationsphase kann auch sehr konkret über das Digitalisieren der Drucke nachgedacht werden,
- ob und welche Kriterien es gibt, bestimmte Drucke vorrangig zu digitalisieren;
- in welchem Umfang inzwischen weiterentwickelte Umblättermaschinen (Scan-Roboter) für das Digitalisieren eingesetzt werden können;
- wie fremde Volldigitalisate (insbesondere ausländischer Bibliotheken) ermittelt und mit VD-18-Datensätzen verknüpft werden können.

Zusammenfassend kann die Methode C so charakterisiert werden:
(a) Die Datenbank enthält nur redigierte Aufnahmen.
(b) Druckvarianten werden von Anfang an erkannt.
(c) Die Arbeit ist aufwändiger, weil alle Exemplare im Sinn der Leistungsmessung gleich gewertet werden, unabhängig davon, ob sie neu erstellt, redigiert oder angesigelt werden.
(d) Die Bibliotheken müssen einen entsprechenden Aufwand betreiben, um die VD-18-relevanten Drucke im eigenen Bestand zu ermitteln.

3.4.4 Methode D: Erweitern der VD-17-Datenbank um VD-18-Drucke

Bei Methode D werden die Aufnahmen der VD-18-Drucke in die bereits vorhandene VD-17-Datenbank eingebracht. Diese erweiterte Datenbank VD 17/18 soll alle Datensätze enthalten, die in Autopsie auf dem vereinbarten bibliografischen Niveau erstellt werden. Unterschiede in der Erschließung zwischen VD 17 und VD 18 bleiben außer Acht. Für die Recherche muss es möglich sein, Drucke beider Jahrhunderte auch getrennt suchen zu können.

Für die Nutzung bereits vorhandener elektronischer Katalogdaten in den Verbundkatalogen könnten diese Daten als Fremddatenpool zur Verfügung gestellt werden, auf den in der Regel jedoch nur die VD-18-Bearbeiter zugreifen. Allerdings sollte auch eine Metasuche über alle Daten angeboten werden: Drucke des 17. und des 18. Jahrhunderts, redigierte und nicht redi-

Methode

gierte Aufnahmen; wenngleich die Qualität der noch nicht redigierten Aufnahmen nicht in allen Fällen bereits ein optimales Ergebnis garantiert.

In eine solche umfassende Datenbank gehören – zu einem späteren Zeitpunkt – auch die Daten des VD 16, vielleicht auch die Inkunabeln. Das wirft aber die Frage nach einer möglichst gleichartigen Erschließung auf, insbesondere die Verknüpfung mit den Normdateien (PND, GKD, Erscheinungsorte, Verleger/Drucker), die Verwendung von Gattungsbegriffen und die Vergabe des Fingerprints.

Vorteilhaft wirkt sich eine umfassende Datenbank aus für den Nachweis mehrbändiger Werke, deren Erscheinungszeitraum sich über die Jahrhundertgrenze erstreckt, die Suche nach allen Ausgaben eines bestimmten Werkes sowie aller Ausgaben eines bestimmten Verfassers. Diese Datenbank würde eine umfassende Nationalbibliografie für alte Drucke darstellen und längerfristig sich auch für alle Drucke der Handpressenzeit bis 1830 erweitern lassen.

Eine andere Möglichkeit ist die Zusammenfassung aller deutschen Drucke bis 1830 in einem Portal alter Drucke. Das entspräche dem *Englisch Short Title Catalogue (ESTC)*, dem *Short Title Catalogue Netherlands (STCN)* und der *Hand Presse Book Database (HPB)*.

3.4.5 Methode E: Verzicht auf autoptische Redaktion bereits in elektronischer Form vorliegender Aufnahmen

Im Bewilligungsschreiben der DFG wird folgende Methode als eine zu prüfende Möglichkeit beschrieben: „Selbstverständlich sollten auch die Kosten für eine traditionelle Tiefenerschließung mit einer intellektuellen Überprüfung aller Dokumente, auch jener, die schon in den OPACs verzeichnet sind (Autopsie), erhoben werden, aber immer vor dem Hintergrund, dass auch nach anderen Lösungen zu suchen ist, die im finanziellen Zielkorridor verbleiben. Eine denkbare Lösung könnte sein, die schon in den OPACs vorhandenen Titelaufnahmen um bisher nicht elektronisch erfasste Quellen zu ergänzen (Wegfall Autopsie bei in OPACs vorhandenen Titeln). Akzeptiere man diese Prämisse, ergäbe sich eine Parallele zu den Fach-OPACs der virtuellen Fachbibliotheken. Durch Filter sollten diese im Rahmen von Vascoda aus den Verbundkatalogen erstellt und als spezieller Portalanteil in die Virtuellen Fachbibliotheken integriert werden. Die Machbarkeitsstudie sollte die Gangbarkeit solch eines parallelen Weges explizit prüfen."

Der generelle Verzicht auf autoptische Überprüfung der bereits in elektronischer Form vorhandenen Aufnahmen hat drei wesentliche Aspekte:
(a) Die vorhandenen Aufnahmen aus den örtlichen elektronischen Katalogen bzw. Verbundkatalogen werden nicht redigiert.
(b) Die in der Regel verschiedenen Aufnahmen für eine bestimmte Ausgabe werden nicht zusammengeführt, da nur eine aufwändige autoptische Überprüfung zu einem verlässlichen Ergebnis führt.
(c) Noch nicht in elektronischer Form nachgewiesene Drucke werden ohne Autopsie (also anhand der konventionellen Katalogaufnahmen) an Aufnahmen in elektronischer Form angesigelt; wenn das nicht möglich ist, werden diese Drucke per Autopsie in „traditioneller Tiefenerschließung" (nach den Regeln für alte Drucke im Rahmen der RAK-WB) katalogisiert.

Bei der Konversion der konventionellen Kataloge hat es sich immer wieder gezeigt, dass die bibliografische Qualität der konventionellen Aufnahmen es in vielen Fällen nicht erlaubt, ohne Autopsie die Aufnahme an andere Aufnahmen welcher Qualität auch immer anzusigeln. Nicht autoptisch erstellte Aufnahmen sind deshalb auch innerhalb eines Verbundkatalogs häufig nicht zusammengeführt. Das Verfahren kann nicht als „eine Parallele zu den Fach-OPACs der virtuellen Fachbibliotheken" angesehen werden, da es sich dort um neuere, autoptisch erstellte Aufnahmen handelt, bei denen das Problem der Zusammenführung von mehreren Aufnahmen nicht gegeben ist, zumindest nicht in der Schärfe wie bei den alten Drucken.

Die Methode E führt im Wesentlichen dazu, nur solche Bibliotheken zu fördern, die ihre Drucke des 18. Jahrhunderts noch nicht in elektronischer Form nachweisen. Das sind in der Regel eher kleinere, auch kirchliche oder private Bibliotheken.

Das Modell E könnte jedoch von zwei Qualitätsstufen ausgehen: Qualitätsstufe 1 sind Aufnahmen, die bereits durch Autopsie (nach RAK-WB) entstanden oder als gute Aufnahmen aus der Altbestandskonversion maschinell erkennbar sind; Qualitätsstufe 2 sind Aufnahmen, die bereits maschinell als bibliografisch nicht ausreichend erkannt werden, weil bestimmte Daten fehlen (zum Beispiel Verlag, Kollation, Zusätze zum Sachtitel, Verfasserangabe). In einem ersten Arbeitsschritt werden nur die Aufnahmen der Qualitätsstufe 2 bearbeitet, also durch Autopsie verbessert und gegebenenfalls angesigelt. Soweit ohne Autopsie möglich, sollten diese Aufnahmen mit den Aufnahmen der Qualitätsstufe 1 zusammengeführt werden.

4 Digitalisierung

4.1 Volldigitalisat als Mehrwert

Ein VD 18 soll in erster Linie eine digitale Bibliothek deutscher Drucke des 18. Jahrhunderts sein. Die Digitalisierung der Volltexte ist ein Mehrwert. Um in den digitalisierten Drucken sinnvoll navigieren zu können, sind Vorgaben für *Strukturdaten* zu machen. Dabei geht es grundsätzlich um bibliografische Daten (z. B. Inhaltsverzeichnis, Kapitelüberschriften, Register) und um exemplarbezogenen Daten (z. B. Abbildungen koloriert, Frontispiz vorhanden, handschriftliche Eintragungen). Im Rahmen einer Förderphase wird man jedoch auf das Erfassen von Strukturdaten zunächst verzichten müssen.

Nach Methode A soll im Rahmen einer Förderphase nur *ein* Exemplar einer Ausgabe auf nationalbibliografischem Niveau erschlossen und auf das Ansigeln weiterer Exemplare verzichtet werden. Es ist sicherzustellen, dass im Kontext des VD 18 auch nur ein Exemplar digitalisiert und die URN/URL im Datensatz für den betreffenden Druck angegeben wird. Im Allgemeinen sind alle unikal nachgewiesenen Drucke und Erstausgaben zu digitalisieren. Ob auch alle Auflagen der Ausgabe eines Werkes zu digitalisieren sind, ist im Einzelfall zu prüfen (vgl. dazu Beispiel 7.1.16 Gassner). Im Rahmen der Förderphase sollte zunächst auf die Digitalisierung bestimmter Literaturgattungen verzichtet werden, etwa Flugschriften, Gesangbücher, Gebetbücher, Katechismen, Verordnungen, Bekanntmachungen, Schulprogramme, Periochen, Einblattdrucke. Bereits in anderen Projekten digitalisierte Sonderbestände sollen jedoch dem VD 18 gezielt zugeführt werden.

Für das bearbeitete Exemplar soll für eine Übergangszeit ein digitales Titelblatt erstellt werden, bis es später das Volldigitalisat erhält. Die Digitalisierungsabsicht der betreffenden Bibliothek sollte durch einen Vermerk im Datensatz hinterlegt werden. Es ist technisch möglich, dass die Katalogisierungskraft an ihrem Arbeitsplatz das Titelblatt selbst digitalisiert. Die Bildqualität des digitalisierten Titelblattes muss nicht so hoch wie im VD 17 sein. In einer Pilotphase ist zu prüfen, ob das Digitalisieren durch die Katalogisierungskraft auch für weniger umfangreiche Drucke in Einzelfällen (beispielsweise bis zu 16 Seiten) möglich ist.

Größere Bibliotheken mit zentralen oder regionalen Aufgaben und entsprechender Infrastruktur sollten anbieten, unikal nachgewiesene Drucke bei Bedarf auch für andere Bibliotheken zu digitalisieren

4.2 Zeitpunkt und Technik der Digitalisierung

In einer Pilotphase ist zu prüfen, welchen Entwicklungsstand Umblättermaschinen (Scan-Roboter) erreicht haben und wie sie für einen Routinebetrieb einsetzbar sind. Nach heutigem Stand können Scan-Roboter etwa 6000 bis 7000 Seiten täglich leisten. Die manuelle Tagesleistung beträgt nur 400 bis 600 Seiten. Im Rahmen einer Entwicklungspartnerschaft zwischen der Bayerischen Staatsbibliothek und der Firma Treventus (Wien) (http://www.treventus.com) wird die Scan-Roboter-Technologie ab Juli 2007 für die Digitalisierung im Projekt VD 16 in der Bayerischen Staatsbibliothek eingesetzt. Die Technik wurde im März 2007 mit dem europäischen ICT Prize ausgezeichnet (http://www.ict-prize.org/). Nach Auskunft der Bayerischen Staatsbibliothek wird das Gerät den konservatorischen Anforderungen für alte Drucke gerecht und bereits für das von der DFG geförderte Projekt zur Digitalisierung der VD-16-Drucke eingesetzt. Es ist geplant, 40.000 Drucke innerhalb von zwei Jahren digitalisiert zur Verfügung zu stellen.

Beim Einsatz von Scan-Robotern sollte ein entsprechender Vorlauf bei der Erschließung gegeben sein, da die Scan-Roboter deutlich mehr als die Tagesleistung der Erschließung leisten. Der spätere Beginn der Digitalisierung bedeutet jedoch, die erschlossenen Drucke aufzulisten, um sie dann gezielt für das Scannen bereitstellen zu können. Zur Möglichkeit in einer Pilotphase die Digitalisate aus dem „Zentrales Verzeichnis Digitalisierter Drucke" mit den redigierten Aufnahmen zu verknüpfen vgl. Abschnitt 4.3,a.

Empfehlungen zur Herstellung, Internetpräsentation und Verwaltung von Digitalisaten alter Drucke und Handschriften hat die „Arbeitsgemeinschaft Handschriften und Alte Drucke in der Sektion 4 des Deutschen Bibliotheksverbands e.V." gegeben (http://www.bibliotheksverband.de/aghandschriften/material.html).
Zu grundsätzlichen Fragen der retrospektiven Digitalisierung von Bibliotheksbeständen vgl. den von der Universität Köln für die Deutsche Forschungsgemeinschaft erstellten Evaluierungsbericht aus dem Jahr 2005 (http://www.dfg.de/forschungsfoerderung/wissenschaftliche_infrastruktur/lis/download/retro_digitalisierung_eval_050406.pdf).
Zu Praxisregeln für das Digitalisieren vgl. das Fördergramm „Kulturelle Über lieferung" der Deutschen Forschungsgemeinschaft (http://www.dfg.de/forschungsfoerderung/formulare/download/12_151.pdf).

4.3 Nutzung vorhandener Digitalisate

In deutschen Bibliotheken gibt es, wenn auch noch in geringem Umfang, Digitalisate von VD-18-Drucken, die aufgrund von Benutzerbestellungen (digitisation on demand) oder aus Gründen der Bestandserhaltung entstanden sind. Soweit solche Digitalisate durch die URL/URN im Datensatz verankert sind, können sie bereits über die Verbundkataloge und den KVK gefunden werden. Im Rahmen des *EU-Förderprogramms eTEN* (http://ec.europa.eu/information_society/activities/eten/index_en.htm) werden die Projekte *Digitisation on Demand (DoD)* (http://www.uibk.ac.at/ub/dea/eten/index.html) bzw. *eBooks on Demand (EOD)* gefördert. Interessenten können über die Kataloge von derzeit dreizehn beteiligten Bibliotheken aus acht europäischen Ländern (darunter Berlin HumboldtUB, Greifswald UB, Graz UB, Innsbruck UB, München BSB, Regensburg UB) Digitalisierungen von Drucken aus der Zeit von 1501 bis etwa 1900 in Auftrag geben.

Grundsätzlich ist der Aufwand der Suche nach einem Digitalisat abzuwägen gegenüber der Schnelligkeit eines eigenen Digitalisats mit einem Scan-Roboter. Nach ersten praktischen Erfahrungen dauert die Verknüpfung eines gefundenen Digitalisats mit einem vorhandenen Datensatz etwa fünf bis zehn Minuten (vgl. Abschnitt 5.1). – Für die Suche nach bereits erstellten Digitalisaten stehen zur Verfügung:

(a) *Zentrales Verzeichnis Digitalisierter Drucke (ZVDD)* (http://www.zvdd.de/sammlungen.html), ein nationales Portal für den Nachweis und Zugang digitalisierter Bibliotheksmaterialien. Im April 2007 wurden 599 Digitalisate von Drucken aus dem Erscheinungszeitraum 1701 bis 1800 nachgewiesen. In einer Pilotphase für ein VD 18 ist es möglich, die Drucke zuerst zu redigieren, für die es in ZVDD Volldigitalisate gibt. Dabei können die praktischen und zeitlichen Probleme des Einbringens einer URN untersucht und geklärt werden.

(b) *Open Archives Initiative* (OAIster) (http://oaister.org), eine Suchmaschine für Digitalisate von Dokumenten aller Art. Ein Test (im März 2007) mit einigen typischen Verfassernamen des 18. Jahrhunderts hat ergeben:
5 Treffer für Leonhard Euler (für Drucke in französischer Sprache),
1 Treffer für Johann Wolfgang von Goethe:
  Title: [Illustrations de *Erflärung* der zu Goethe's Farbenlehre *gehdrigen* Tafeln] / [Non identifié] ; J.W. von Goethe, aut. du texte.
  Author/Creator: Goethe, Johann Wolfgang von (1749-1832). Auteur du texte.
  Publisher: S.n. (Tübingen)
  Year: 1810

0 Treffer für Johann Christoph Adelung, Johann Jakob Bodmer, Heinrich Christian Boie, Albrecht von Haller, Johann Gottfried von Herder, Immanuel Kant, Christian Ewald von Kleist, Friedrich Maximilian Klinger, Sophie von La Roche, Gotthold Ephraim Lessing, Christoph Friedrich Wilhelm Nicolai, Johann Heinrich Pestalozzi, Johann Heinrich Voss, Johann Heinrich Zedler.

Die Suchergebnisse aus OAIster zeigen, dass die Suche nach im Ausland vorhandenen Digitalisaten sehr aufwändig sein kann und bisher kaum Digitalisate VD-18-relevanter Drucke zu finden sind.

(c) *Gallica* (http://gallica.bnf.fr), ein Digitalisierungsprojekt der Bibliothèque nationale de France. Aufgenommen werden urheberrechtsfreie Bücher, meist als digitale Faksimiles, Bilder und Tondateien. Aufgrund einiger Recherchen entstand der Eindruck, dass hier nur in Frankreich erschienene Drucke VD-18-relevanter Autoren in französischer Sprache zur Verfügung stehen. Vgl. dazu die Ergebnisse über OAIster.

(d) *Deutsche Literatur des 18. Jahrhunderts Online*. Ab Juni 2007 bietet der Verlag K. G. Saur die „Deutsche Literatur des 18. Jahrhunderts Online. Erstausgaben und Werkausgaben von der Frühaufklärung bis zur Spätaufklärung" auf einem Server an. Es handelt sich um rund 3.500 Erstausgaben von mehr als 575 Autoren des 18. Jahrhunderts in digitaler Form. Einerseits enthält die Datenbank des Verlags rund 80 Autoren, die nicht in der Mikrofiche-Edition „Bibliothek der deutschen Literatur" nachgewiesen sind, andererseits wurde das Gesamtwerk einiger Autoren gegenüber der Mikrofiche-Edition vervollständigt. Die Texte können in der Datenbank im Volltext durchsucht werden. Das Navigieren im Dokument umfasst das Blättern nach Seiten, nach Inhaltsverzeichnissen und Kapitelüberschriften. Der Verlag wird (nach einer mündlichen Auskunft im März 2007) die digitalisierten Daten auch in „Rohform" als Datenlieferung und ohne Erschließungssoftware anbieten. – Da in vielen Bibliotheken die Mikrofiche-Ausgaben vorhanden sind, sollte geklärt werden, ob und zu welchen Bedingungen diese Digitalisate für das VD 18 übernommen werden können.

(e) Der Georg-Olms-Verlag hat *Deutsche Zeitschriften des 18. und 19. Jahrhunderts* auf Mikrofiche verfilmt. Es handelt sich um 3 Millionen Seiten auf ca. 20.000 Mikrofiches. Der Verlag plant diese Daten auch in digitalisierter Form anzubieten.

(f) *MICHAELPlus-Projekt*, ein EU-Förderprogramm (seit Mitte 2006). In Form eines Internet-Portals werden Digitalisate von beteiligten Institutionen

Digitalisierung

(Archive, Bibliotheken und Museen) aus vierzehn europäischen Staaten nachgewiesen. Das nationale Portal wird technisch von der Bayerischen Staatsbibliothek in München betreut.

(g) *Google books*
Der Anteil an VD-18-relevanten Digitalisaten konnte nicht ermittelt werden. Nach einer im September 2005 veröffentlichten Statistik nach Sprachen (in: D-Lib Magazine Vol. 11 Number 9) ist in der Rangfolge Englisch mit 49 Prozent, Deutsch mit 10 Prozent, Französisch mit 8 Prozent und Spanisch mit 5 Prozent vertreten. Für den Zeitraum von 1701 bis 1800 wurden im Mai 2006 insgesamt 41.600 Treffer erzielt. Deutsche Drucke des 18. Jahrhunderts sind hier vor allem aus Beständen englischer Universitätsbibliotheken zu finden (Oxford, Stanford), letztlich aber aus allen Bibliotheken in den USA, in England und in Spanien, die am Bibliotheksprojekt teilnehmen.

Bei der Verknüpfung der VD-18-Aufnahmen mit fremden Digitalisaten ist besonders darauf zu achten, ob die Langzeitspeicherung garantiert ist.

4.4 Digitalisierung deutscher Drucke des 18. Jahrhunderts durch Google™

Im März 2007 hat die Bayerische Staatsbibliothek mit Google™ eine Kooperationsvereinbarung zur Digitalisierung des gesamten urheberrechtsfreien Bestandes innerhalb der nächsten Jahre getroffen, ausgenommen Handschriften, Inkunabeln, Karten, Rara und konservatorisch gefährdete Drucke. Im Rahmen dieser Vereinbarung ist geplant, in den nächsten Jahren auch alle Drucke des 18. Jahrhunderts zu digitalisieren, soweit nicht konservatorische Gründe dagegen sprechen. Damit sind auch die VD-18-relevanten Drucke eingeschlossen. Die Adressen der Digitalisate (URN) werden in den Datensätzen der Bayerischen Staatsbibliothek erfasst und stehen bei einer Suche im elektronischen Katalog (und damit auch in einem VD 18) zur Verfügung.

Aus den Presse-Erklärungen zu diesem Projekt:
„Als eine der bedeutendsten internationalen Forschungsbibliotheken in Europa wird die Bayerische Staatsbibliothek den Anteil deutschsprachiger Werke in der Google-Buchsuche durch Hunderttausende von Texten deutlich steigern, – von Klassikern wie den Brüdern Grimm und Goethe bis hin zu umfangreichen Spezialsammlungen und Raritäten, die bislang nur in den Räumen der Bibliothek eingesehen werden konnten. Sobald die Bücher digitalisiert sind, können Interessierte auf der ganzen Welt diese Werke über

die Google-Buchsuche und das Internetangebot der Bayerischen Staatsbibliothek finden, durchsuchen und lesen." – „The Bavarian State Library, one of the biggest libraries in the German-speaking world, has agreed to participate in Google's project to scan books from the world's great collections. The Munich-based library, which contains around 9 million volumes in total, is to make about 1 million books available to the Google Book Search, ranging from classics by Johann Wolfgang von Goethe to fairy tales from the Brothers Grimm. A spokesman for the library said a large share of the books due to be scanned were German, although the sample also includes many in Italian, French, Spanish, Latin and English. Stefan Keuchel, a spokesman for Google Germany, said on Wednesday some books will be available for download once they go online, adding that this should occur 'in the next few years.'"

5 Leistungszahlen, Kosten, Laufzeit

5.1 Leistungszahlen

Nach Methode A (vgl. Abschnitt 3.4.1) wird nur die Aufnahme für ein Exemplar einer Ausgabe redigiert und auf das Ansigeln weiterer Exemplare im Rahmen einer Förderphase verzichtet. Geht man (nach den Erfahrungen im VD 17) bei den größeren Bibliotheken von 58 Prozent Alleinbesitz aus, so betreffen 42 Prozent der Katalogisierungsleistung Ansigelungen. Die Nachtragungen für mehrbändige begrenzte Werke können außer Betracht bleiben, da sie sich wohl gleichmäßig auf Ansigelungen und Neuaufnahmen verteilen. Auf das VD 18 übertragen bedeutet dies: Bei einer Tagesleistung von 12 Aufnahmen können bis zu 42 Prozent mehr Neuaufnahmen erstellt werden als im VD 17. Nach der Statistik des VD 17 für das Jahr 2006 wurden seit Beginn des Projektes 567.160 Exemplare von 250.301 „Titeln" (= Ausgaben) bearbeitet.

Im VD 17 wird als Tagesleistung die Redaktion von 12 Aufnahmen verlangt. Dabei wird nicht zwischen Redaktion einer Aufnahme und Ansigelung einer Aufnahme unterschieden. Die Erfahrung im VD 17 hat gezeigt, dass der Abgleich des vorliegenden Druckes mit vorhandenen Aufnahmen in der Regel nicht weniger zeitaufwendig ist als eine Neuaufnahme. Bei mehrbändigen begrenzten Werken wird im VD 17 jede Bandnachtragung für die Tagesleistung wie eine Neuaufnahme gezählt. Wenn nach dem Vorbild des VD 17 für ein VD 18 als Tagesleistung 12 Titel und 200 Arbeitstage pro Jahr angesetzt werden, beträgt die Jahresleistung (12 x 200 =) 2.400 Drucke. Bei der Annahme von maximal 600.000 VD-18-Drucken ist von (600.000 : 2.400 =) 250 Personaljahren auszugehen.

In einem VD 18 stellt das bibliografische Format eher höhere Anforderungen als im VD 17. Dabei spielt der Verzicht auf den Fingerprint ab dem Erscheinungsjahr 1730 eine geringere Rolle (vgl. Abschnitt 2.2, § 165a). Der Anteil der zu ermittelnden Verfasser und der aufzulösenden fingierten Erscheinungsorte nimmt gegenüber dem VD 17 leicht zu. Die in elektronischer Form vorliegenden Daten aus den Verbünden sind nur in geringem Umfang zu übernehmen, da die Qualität überwiegend nicht ausreichend ist. Neu gegenüber dem VD 17 kommt in einem bestimmten Umfang das Scannen des Titelblattes durch die Katalogisierungskraft hinzu. Für ein VD 18 sollen als Tagesleistung zwölf Aufnahmen verlangt werden.

Die *Suche nach Digitalisaten* und das Verknüpfen mit der VD-18-Aufnahme ist als eigene Tätigkeit zu definieren. Hierbei handelt es sich um eine Leistung, die unabhängig von der Erschließung zu bewerten ist. Nach ersten praktischen Erfahrungen beansprucht das Verknüpfen eines Digitalisats mit einer Aufnahme etwa fünf bis zehn Minuten. Als Tagesleistung ist also bei zehn Minuten von mindestens (7 x 6 =) 42 Verknüpfungen täglich und als Jahresleistung von (42 x 200 =) 8.400 Verknüpfungen auszugehen. Nimmt man das Mittel von 7,5 Minuten je Verknüpfung, so beträgt die Jahresleistung (56 x 200 =) 11.200 Verknüpfungen. Im Rahmen einer Pilotphase ist diese Leistung des Einbringens einer URL/URN von Anfang an mit den Digitalisaten aus dem Zentralen Verzeichnis Deutscher Drucke (ZVDD) zu prüfen (vgl. Abschnitt 4.3,a).

5.2 Kosten

Die Kosten für ein VD 18 verteilen sich auf die Erschließung, das Digitalisieren, das Verknüpfen der Aufnahmen mit Digitalisaten, den Erstaufbau einer VD-18-Datenbank im Sinne der Methode A (vgl. Abschnitt 3.4.1) sowie Gerätekosten. Da über die Arbeitsdatenbank keine verlässliche Zahlen zu ermitteln waren, wird bei der Berechnung der Kosten von den Maximalzahlen ausgegangen.

(a) *Kosten für die Erschließung*
Bis Ende 2006 wurden für das VD 17 insgesamt 567.160 Exemplare (für 250.301 Ausgaben) bearbeitet. In einem VD 18 könnten mit diesen Mitteln rund 500.000 Ausgaben erschlossen werden; die Kostensteigerung während einer Projektlaufzeit von zehn Jahren ist dabei mit gut 10 Prozent eingerechnet, weshalb nur (567.160 − 67.169 =) 500.000 Aufnahmen erreicht werden. Für die Bearbeitung von maximal 600.000 Ausgaben in zehn Jahren fallen Personalkosten in Höhe von 12.072.750 € an[5]. Der DFG-Anteil von zwei Dritteln beträgt 8.088.743 €. Dieser Einschätzung liegen zugrunde die Einstufung der Katalogisierungskräfte mit BAT Vb/IVB bzw. BAT-O und eine Jahresleistung von 2.400 und (600.000 : 2.400 =) 250 Personaljahre.

(b) *Kosten für das Digitalisieren*
Die Kosten für das Digitalisieren sind mengenmäßig nur grob angenähert abzuschätzen, denn es war weder aus den Katalogverbünden noch aus der Arbeitsdatenbank zu ermitteln

---

[5] Vgl. dazu: Schnelling, Heiner: Zeitrahmen, Mengen- und Kostengerüste eines VD 18 // In: VD 18 − Verzeichnis der im deutschen Sparchraum erschienenen Drucke des 18. Jahrhunderts. - Halle (Saale), 2004. - S. 75 - 84

- die Anzahl der *bereits vorhandenen* und für ein VD 18 übernehmbaren Digitalisate. Zu Digitalisaten im „Zentralen Verzeichnis Digitalisierter Drucke" vgl. Abschnitt 4.3,a.
- die Anzahl der *nicht zu digitalisierenden* VD-18-Drucke. Gemeint sind hier vor allem Werke, die in mehreren Auflagen erschienen sind, aber nicht jede Auflage zu digitalisieren ist.
- die Anzahl der *Seiten je VD-18-Druck.* Bei Gelegenheitsschriften, deren Anteil etwa 20 Prozent beträgt, dürfte der durchschnittliche Umfang vier Seiten betragen; bei sonstigen Drucken liegen die Umfangszahlen durchschnittlich zwischen 150 und 300 Seiten.
- die Anzahl der *bereits mit einem Digitalisat verknüpften Aufnahmen.*

Die Kosten für eine digitalisierte Seite betragen derzeit mit dem Scan-Roboter erstellt etwa 0,10 €, manuell erstellt etwa 0,25 €. Als durchschnittliche Kosten können 0,20 € angenommen werden.

Für die Digitalisate der Drucke, die von der Bayerischen Staatsbibliothek in Kooperation mit Google erstellt werden (vgl. Abschnitt 4.4), fallen keine Kosten mehr für ein VD-18-Projekt an. Bibliotheken, die im Rahmen des VD 18 einen Druck erschließen, den auch die Bayerische Staatsbibliothek besitzt, sollten deshalb keinen Digitalisierungsauftrag erteilen. Der Anteil der Drucke, die aus konservatorischen Gründen nicht von Google digitalisiert werden können, ist nicht bekannt. Es könnte sich insgesamt um eine Größenordnung von 100.000 Drucken handeln, die nicht im Rahmen des VD-18-Projektes zu digitalisieren sind. Zeitungen und Zeitschriften bleiben außer Betracht (vgl. Abschnitt 4.3,e).

Für eine Abschätzung der Kosten können folgende Annahmen zugrunde gelegt werden:
- Durchschnittskosten für eine Seite: 0,20 €
- Von der Höchstzahl 600.000 der zu digitalisierenden Drucke sind abzuziehen:
  100.000 Drucke, die Google über die Bayerische Staatsbibliothek digitalisiert, und etwa 5.000 Drucke, für die es bereits Digitalisate gibt: 600.000 − 105.000 = 495.000.
- Als weniger umfangreiche Drucke mit durchschnittliche 4 Seiten können gelten:
  20 % Gelegenheitsschriften und 15 % sonstige Schriften (Flugschriften 5 %, Einblattdrucke 5 %, Gedichte 3 %, Verordnungen 2 %)
  Anzahl der Drucke mit durchschnittlich 4 Seiten: (35 % von 495.000 =) 173.250

Leistungszahlen, Kosten, Laufzeit

Anzahl der zu digitalisierenden Seiten: (173.250 x 4 =) 693.000
- Für die übrigen 65 % der Drucke sind durchschnittlich 200 Seiten anzunehmen.

Anzahl der Drucke mit durchschnittlich 200 Seiten: (65 % von 495.000 =) 321.750

Anzahl der zu digitalisierenden Seiten: (321.750 x 200 =) 64.250.000
- Anzahl der zu digitalisierenden Seiten insgesamt: (693.000+ 64.250.000 =) 64.943.000

(c) *Kosten für das Verknüpfen von Aufnahmen mit Digitalisaten*
Der Einschätzung liegen zugrunde: Die Einstufung der Arbeitskräfte mit Entgeltgruppe E5 und eine Jahresleistung von (56 x 200 =) 11.200 Verknüpfungen. Für maximal 600.000 Drucke sind demnach (600.000 : 11.200 =) 54 Personaljahre, für maximal 500.000 Drucke (= 600.000 – 100.000 Drucke der BSB) sind (500.000 : 11.200 =) 45 Personaljahre anzusetzen. Diese Annahme der Jahresleistung ist in der Pilotphase zu überprüfen.

(d) *Kosten für den Erstaufbau der VD-18-Datenbank*
Für den Erstaufbau der VD-18-Datenbank ist 1 Stelle eines Informatikers mit Entgeltgruppe E13 während der einjährigen Pilotphase erforderlich (vgl. Abschnitt 3.4.1,a und d). Die Tätigkeit umfasst vor allem die Verhandlungen mit den Verbünden, die Vorgaben für die Datenselektion in den Verbünden, die Datenlieferung der Verbünde an die VD-18-Datenbank, die Datenselektionen in der VD-18-Datenbank, die Rücklieferung der VD-18-Daten an die Verbünde, die maschinelle Unterstützung bei der Verknüpfung der Digitalisate mit den Aufnahmen. Hier ist mit dem Verbund, der die Datenbank aufbaut und betreut, zu klären, ob diese Kosten als Eigenleistung erbracht werden können.

(e) *Kosten für Geräte*
Die Kosten für Erfassungsgeräte, Scanner und Server sind in der Regel als Eigenleistung zu erbringen. Für die Anschaffung von Scan-Robotern gibt es keine Richtlinien oder Vorgaben. Hier ist zwischen der jeweiligen Bibliothek und der DFG abzuklären, welche Fördermittel zur Verfügung stehen.

(f) *Zusammenstellung der Kosten*

Die maximalen Kosten betragen im Überblick[6]:
- für die Erschließung: 250 Personaljahre Entgeltgruppe E9
  (40.691 x 250 =)   10.172.750 €   (DFG-Anteil 2/3:   6.781.832 €)
- für die Digitalisierung:
  (64.943.000 x 0,2 =)   12.988.600 €   (DFG-Anteil 2/3:   8.659.066 €)
  Den Durchschnittskosten von 0,2 € je Seite liegt die Entgeltgruppe E7 zugrunde.
- für das Verknüpfen mit Digitalisaten: 45 Personaljahre Entgeltgruppe E5
  (36.749 x 45 =)   1.653.705 €   (DFG-Anteil 2/3:   1.102.470 €)
- für den Erstaufbau der Datenbank: 1 Personaljahr Entgeltgruppe E13
  (63.518 x 1 =)   63.518 €   (DFG-Anteil 2/3:   42.344 €)

5.3 Laufzeit

Die Laufzeit hängt davon ab, mit wie vielen Bibliotheken die Pilotphase beginnt. Legt man die 250 Personaljahre für die Erschließung von maximal 600.000 Drucken zugrunde, so ergibt sich eine Laufzeit von zehn Jahren, wenn jährlich 25 Personen in acht Bibliotheken eingesetzt werden. Bei Verwendung von Scan-Robotern wird die Digitalisierung und das Verknüpfen mit einer Aufnahme erst mit einer bestimmten Verzögerung einsetzen. Das wird die Laufzeit entsprechend ausweiten. Erfahrungen dazu liegen nicht vor.

---

[6] Zugrunde liegen die jeweiligen Entgeltgruppen mit den Personaldurchschnittskosten pro Jahr auf dem Stand vom 1. Januar 2007.

6 Internationale Kooperation

6.1 Allgemeines

Bei der internationalen Kooperation geht es darum, VD-18-relevante Daten aus nichtdeutschen Ländern zu nutzen oder zu erhalten. Technische Probleme liegen vor allem in unterschiedlichen Datenformaten. Nach dem geplanten Umstieg auf das Format MARC21 werden Daten aus dem englischsprachigen Bereich leichter zu übernehmen sein. Die gegenwärtige Fremddatenübernahme von Daten für moderne Ausgaben aus anderen Ländern zeigt auch deutlich die Unterschiede vor allem bei der Ansetzung der Personennamen und der Strukturierung der mehrbändigen Werke. Bei Aufnahmen für VD-18-Drucke fehlen in der Regel Fingerprint, genormte Ansetzung für Erscheinungsorte und Verleger, Gattungsbegriffe sowie orthographische Normierungen. Hinzu kommt die unterschiedliche Kodierung der deutschen Umlaute, soweit sie in der Vorlage nicht als ae, oe bzw. ue geschrieben sind. Das alles bedeutet einen nicht zu unterschätzenden Aufwand bei einer möglichen Datenübernahme.

Für ein VD 18 sind vor allem solche Ausgaben interessant, die in einer deutschen Bibliothek nicht nachweisbar sind, jedoch in ein VD 18 gehören. Diese Ausgaben zu ermitteln ist einerseits sehr aufwändig und andererseits wohl erst in einer zweiten Phase sinnvoll, wenn die Bestände aus deutschen Bibliotheken bekannt und erfasst sind.

In der Arbeitsdatenbank sind VD-18-relevante Drucke aus vielen nichtdeutschen Erscheinungsorten in 17 nicht deutschen Staaten nachgewiesen (vgl. Abschnitt 7.3.2):

Dänemark (2 Orte)
Estland (3 Orte)
Frankreich/Elsass (8 Orte + 1 Ort fraglich)
Italien/Südtirol (3 Orte)
Kroatien (1 Ort)
Lettland (2 Orte)
Niederlande (5 Orte)
Österreich (30 Orte + 4 Orte fraglich)
Polen (61 Orte + 12 Orte fraglich)
Rumänien (8 Orte + 1 Ort fraglich)
Russland (3 Orte)

Schweiz (36 Orte + 1 Ort fraglich)
Slowakische Republik (4 Orte)
Slowenien (4 Orte)
Tschechische Republik (21 Orte)
Ukraine (1 Ort)
Ungarn (6 Orte)

In Datenquellen Frankreichs (Straßburg), Englands (ESTC), Italiens (Südtirol, EHB), der Niederlande (STCN) und der Schweiz wurde teilweise sehr ausführlich gesucht, um den Anteil an VD-18-relevanten Drucken abschätzen zu können. Die Suchergebnisse sind im Folgenden dargestellt. Die große Anzahl von in der Arbeitsdatenbank ermittelten Druckorten in Schlesien, Pommern und Ostpreußen weist darauf hin, dass in deutschen Bibliotheken auch zahlreiche Drucke aus diesen Orten nachweisbar sind.

6.2 Frankreich (Elsass)

Die Suche unter 31 ausgewählten Autoren des 18. Jahrhunderts im *Catalogue Général* der *Bibliothèque nationale et universitaire de Strasbourg* (http://www.bnu.fr/bnu/fr) ergab folgendes Ergebnis für Treffer zu VD-18-relevanten Drucken (vgl. auch Abschnitt 7.4.6):

Adelung, Johann Christoph (28 Drucke)
Bürger, Gottfried August (2 Drucke)
Euler, Leonhard (2 Drucke)
Gellert, Christian Fürchtegott (1 Druck)
Gessner, Salomon (4 Drucke)
Gottsched, Johann Christoph (2 Drucke)
Herder, Johann Gottfried (5 Drucke)
Justi, Johann Heinrich Gottlob von
 (3 Drucke)
Kant, Immanuel (4 Drucke)
Kleist, Christian Ewald (2 Drucke)
Lambert, Johann Heinrich (1 Drucke)
Moritz, Karl Philipp (2 Drucke)
Stolberg, Christian (3 Drucke)
Stolberg, Friedrich Leopold (2 Drucke)
Uz, Johann Peter (2 Drucke)
Wagner, Heinrich Leopold (8 Drucke)
Wieland, Christoph Martin (84 Drucke)

Winckelmann, Johann Joachim
 (23 Drucke)
Wolff, Christian (78 Drucke)
Claudius, Matthias (0 Drucke)
Günther, Johann Christian (0 Drucke)
Hagedorn, Friedrich von (0 Drucke)
Hermes, Johann Timotheus (0 Drucke)
La Roche, Sophie von (0 Drucke)
Leisewitz, Johann Anton (0 Drucke)
Lenz, Johann Michael Reinhold
 (0 Drucke)
Lichtenberg, Georg Christoph (0 Drucke)
Nicolai, Christoph Friedrich Wilhelm
 (0 Drucke)
Pestalozzi, Johann Heinrich (0 Drucke)
Unger, Johann Friedrich (0 Drucke)
Zäunemann, Sidonia Hedwig (0 Drucke)

6.3 Schweiz

Die UB Karlsruhe bietet eine Suchmaschine für „Bücher und Zeitschriften der Europäischen Konföderation der oberrheinischen Universitäten (EUCOR)" an. Hier werden die Bestände des Informationsverbundes Basel/Bern, der UB Freiburg, der UB Karlsruhe, der BNUS Strasbourg, der URS Strasbourg, der ULP Strasbourg, der Université Marc Bloch Strasbourg und (in Planung) der UB Mulhouse nachgewiesen (http://www.ubka.uni-karlsruhe.de/eucor.html). Weitere Daten aus Schweizer Bibliotheken sind über den KVK suchbar (vgl. auch Abschnitt 7.2.7).

Die Suche unter *schweizer Autoren* des 18. Jahrhunderts zeigt, dass diese Autoren in deutschen Bibliotheken gut vertreten sind. Drei Beispiele:
- Von Johann Jakob Breitinger sind 18 Ausgaben mit über 100 Exemplaren in über 50 deutschen Bibliotheken nachgewiesen. Für drei in Zürich erschienene Ausgaben, die mindestens in einer deutschen Bibliothek vorhanden sind, konnte kein Nachweis in einer schweizer Bibliothek gefunden werden (vgl. Beispiel 7.1.7).
- Von Johann Jakok Bodmers „Der erkannte und der keusche Joseph" (1754) sind 14 Exemplare in 14 deutschen Bibliotheken nachweisbar, in der Schweiz 1 Exemplar.
- Von Albrechts von Hallers „Versuch Schweizerischer Gedichte" (9. Auflage, 1762) sind Exemplare in 23 deutschen Bibliotheken nachweisbar, in der Schweiz drei Exemplare in der UB Basel.
- Von Johann Kaspar Lavater sind in der Schweiz und in Deutschland sehr viele Ausgaben nachweisbar. Nur in deutschen Bibliotheken nachweisbar sind die „Antwort auf das Wort eines freyen Schweizers an die große Nation" (vgl. Beispiel 7.1.21) und „Der von Johann Caspar Lavater glücklich besiegte Landvogt Felix Grebel" (vgl. Beispiel 7.1.22).
- „Über die Menschenveredlung" von Johann Samuel Ith (Bern 1797) ist in deutschen Bibliotheken zweimal (Berlin SB, Leipzig UB), in der Schweiz jedoch nur in einer Bibliothek nachgewiesen (UB Basel).

6.4 England

Den besten Zugang zu Drucken des 18. Jahrhunderts bietet die nationalbibliografische Datenbank *English Short Title Catalog (ESTC)*. Die Datenbank weist ca. 460.000 Drucke („items") aus der Zeit von 1473 bis 1800 überwiegend in englischer Sprache und aus etwa 2000 Bibliotheken vornehmlich Großbritanniens und Nordamerikas nach; teilweise sind auch Bestände der SB Berlin und der SUB Göttingen sowie Mikroformen nachgewiesen. Nach einer

Hochrechnung (vgl. Abschnitt 1.4.8) sind im ESTC zwischen 294.610 (ohne das Jahr 1800) und 404.760 (mit dem Jahr 1800) Druckexemplare aus dem 18. Jahrhundert nachgewiesen (http://estc.bl.uk/). Die Zunahme der Drucke aus dem letzten Jahrzehnt ist außerordentlich: 5.872 Drucke aus dem Jahr 1791 und 11.015 Drucke aus dem Jahr 1800.

Um den ESTC als mögliche Quelle für Fremddaten einschätzen zu können, wurde unter 17 ausgewählten deutschen Erscheinungsorten (Place of publication) nach Drucken gesucht, die im 18. Jahrhundert erschienen sind. Unter den Treffern sind auch fingierte und fragliche Fälle, z. B. Berlin [i.e. London], London [i.e. Göttingen], Hamburg?, London [i.e. Hamburg?], London [i.e. Gotha?], Boston und München (ermittelt: Leipzig). – Die untersuchten Druckorte und die Treffermengen sind: Augsburg 4, Berlin 84 (36 englische, 23 französische, 22 deutsche Treffer), Bremen 9, Dresden 45, Erfurt 5, Frankfurt 120, Göttingen 50, Gotha 1, Halle/Saale 24, Hamburg 114 (58 englische, 33 französische, 17 deutsche, 7 sonstige Treffer), Jena 15, Köln 4, Leipzig 126 (46 englische, 40 deutsche, 19 französische, 11 lateinische Drucke), Mainz 10, München 1, Stuttgart 2, Weimar 0.

Die Suche nach 19 ausgewählten Drucken in deutschen Bibliotheken ergab: Zwei Drucke (Göttingen 1777, deutsch; Göttingen 1788 englisch) sind nicht nachweisbar, ein Druck (Halle 1794, englisch) ist nur als Mikrofiche-Ausgabe nachweisbar. – Die untersuchten Drucke aus acht deutschen Druckorten sind:

- Weitenauer, Ignatz: Hexaglotton alterum, docens linguas, Anglicam, Germanicam, Belgicam, Latinam, Lusitanicam, et Syriacam ... (**Augsburg** und Freiburg, 1762)
  Nachgewiesen in: Berlin SB, Tübingen UB, Heidelberg UB, Stuttgart LB, Passau UB und weiteren Bibliotheken
- Weitenauer, Ignatz: Hexaglotton geminum, docens linguas, Gallicam, Italicam, Hispanicam ... (Augsburg und Freiburg, 1762)
  Nachgewiesen in: Heidelberg UB, Stuttgart UB, München UB, Regensburg SB und weiteren Bibliotheken
- Goethe, Johann Wolfgang von: Iphigenia in Tauris. A tragedy (**Berlin**, 1784)
  Nachgewiesen in Göttingen SUB, Halle ULB, Rostock UB, Weimar HAAB, Dresden SLUB, Freiburg UB, München UB
- Amon, John: Die Staatsverwaltung des Herrn Pitt (London und Berlin, 1764)
  Nachgewiesen in: Frankfurt DNB, München BSB, Jena ULB, Weimar HAAB, Wolfenbüttel HAB und weiteren Bibliotheken

- Frederick II, King of Prussia: Examen de l'essai sur les préjugés (London [i.e. Berlin], 1770 und 1772)
  Ausgabe 1770 nachgewiesen in: Berlin SB, München BSB, Halle ULB, Speyer LB, Augsburg UB. Ausgabe 1772 nachgewiesen in: Aurich OstfriesB, Mannheim UB
- Angelsächsische Chrestomathie (**Bremen**, [1779])
  Nachgewiesen in: Berlin SB, Göttingen SUB
- Watts, Isaac: Englische Grammatik (Bremen, 1757)
  Nachgewiesen in: Augsburg UB
- Fryer, Edward: Ode to health (**Göttingen**, 1788)
  Kein Nachweis
- Christiani, Christian: Neue englische Sprachlehre (Göttingen, 1799)
  Nachgewiesen in: Göttingen SUB, Dortmund UB, Bamberg SB
- Pepin, Philipp: Englische und deutsche Gespräche über nützliche und unterhaltende Materien (Göttingen, 1777)
  Kein Nachweis
- Raspe, Erich Rudolf: Wunderbare Reisen zu Wasser und Lande ... (Göttingen, 1786)
  Nachgewiesen in: Berlin SB, Göttingen SUB, Weimar und weitere Bibliotheken
- Lengstedt, Friedrich: Vorkenntnisse und Uebungen zur Erleichterung des Studiums der englischen Sprache (Göttingen, 1796)
  Nachgewiesen in: Leipzig SLUB, Göttingen SUB, Halle ULB, Hannover UB
- Martens, Georg Friedrich de: Sammlung der wichtigsten Reichsgrundgesetze (Göttingen, 1794)
  Nachgewiesen in: Berlin SB, Göttingen SUB, Halle ULB, Jena ULB, Greifswald UB, Mainz UB und weiteren Bibliotheken
- Callières, Francois de: La veritable politique des personnes de qualité = Oder die wahre Aufführungs-Klugheit der ..Personen von Herkommen (Göttingen, 1775)
  Nachgewiesen in: Wolfenbüttel HAB, Göttingen SUB
- Sélis, Nicolas-Joseph: Die Einpfropfung der gesunden Vernunft. Aus dem Französischen übersetzt und mit dem zweiten Theil vermehret (London [i.e. **Gotha**?], 1761)
  Nachgewiesen in: München BSB, Bamberg SB, Erlangen UB
- Waller, Edmund: Ballads and songs (**Halle**, 1794)
  Nachgewiesen in: Göttingen SUB (= Mikrofiche-Ausgabe)
- Pope, Alexander: Versuch am Menschen (Halle, 1772 und 1794)

Ausgabe 1772 nachgewiesen in: Magdeburg StB, Halle ULB, Rostock UB, Siegen UB, Bonn ULB, Detmold Lipp. LB, München BSB

Kein Nachweis für die Ausgabe 1794
- Pope, Alexander: An essay of criticism (Halle, 1758)
Nachgewiesen in: Göttingen (= Mikrofiche-Ausgabe)
- Philosophische Abendstunden vom Koche des Königs von Preussen (Boston und **München**, 1786)
Nachgewiesen in: Berlin SB, Göttingen SUB, Jena ULB, Leipzig SLUB, Dresden UB. Die vier Aufnahmen in deutschen Bibliotheken unterscheiden sich teilweise erheblich: fehlende Kollation, andere Abtrennung von Sachtitel und Zusatz, andere Bestimmung des wirklichen Erscheinungsortes (vgl. Beispiel 7.1.33 Schwerin).
- Justi, Johann Heinrich Gottlob von: Untersuchung, ob etwan die heutigen europäischen Völker Lust haben mögen ... (Philadelphia in Pensilvanien [i.e. **Schwerin**], 1759)
Nachgewiesen in: Berlin SB, München BSB, München UB, Regensburg SB, Münster ULB

Der 1796 in Baltimore (USA) erschienene deutschsprachige Druck „Dem Andenken deutscher Dichter und Philosophen gewidmet von Deutschen in Amerika" ist nachgewiesen in Berlin SB und Göttingen SUB.

Die Durchsicht von dreißig VD-18-relevanten bekannteren Autoren hat ergeben, dass 12 Autoren ausschließlich mit englischen Drucken vertreten sind; die Werke wurden ins Englische übersetzt und in England verlegt (überwiegend London) verlegt:
- Johann Christoph Adelung (2 englische Drucke)
- Christian Fürchtegott Gellert (9 englische Drucke)
- Salomon Gessner (110 Exemplare englischer Ausgaben von „Der Tod Abels" und 12 französische Ausgaben)
- Albrecht von Haller (18 englische Drucke)
- Johann Heinrich Gottlob von Justi (2 englische Drucke)
- Immanuel Kant (4 englische Drucke)
- Sophie von La Roche (2 englische Drucke)
- Johann Heinrich Lambert (1 englischer Druck)
- Gotthold Ephraim Lessing (7 englische Drucke)
- Christoph Martin Wieland (15 englische Drucke)
- Johann Joachim Winckelmann (4 englische Drucke)
- Christian Wolff (7 englische Drucke)

Von drei Autoren sind in Deutschland erschienene Drucke nachgewiesen:
- Johann Heinrich Gottlob von Justi (2 deutsche Drucke aus Schwerin) Nachgewiesen in Göttingen SUB, München BSB, München UB, Regensburg SB.
- Johann Christoph Adelung (1 deutscher Druck aus Leipzig) Nachgewiesen in Berlin SB.
- Salomon Gessner (1 deutscher Druck „Der Tod Abels", Germantown, 1776) Nachgewiesen in Göttingen SUB, Oldenburg UB (jeweils nur Mikrofiche-Ausgabe).

Von 16 der untersuchten Autoren gibt es keine Nachweise, nämlich für:

Johann Jakob Bodmer	Johann Timotheus Hermes
Johann Jakob Breitinger	Anna Louise Karschin
Barthold Heinrich Brockes	Christian Ewald Kleist
Johann Wilhelm Ludwig Gleim	Friedrich Gottlieb Klopstock
Johann Nikolaus Götz	Christoph Friedrich Wilhelm Nicolai
Johann Christoph Gottsched	Johann Gottfried Schnabel
Johann Christian Günther	Johann Peter Uz
Johann Georg Hamann	Johann Heinrich Zedler

Die Suche nach Johann Wolfgang von Goethe ergibt 49 Treffer, nach Friedrich von Schiller 40 Treffer. Es handelt sich ausschließlich um englischsprachige Ausgaben, die in England erschienen sind.

6.5 Österreich

Nach Gesprächen besteht ein Interesse bei der Österreichischen Nationalbibliothek, ihre Daten in ein VD 18 einzubringen. Für den Erscheinungszeitrum 1501 bis 1929 gibt es einen Katalog, in dem unter dem normierten Erscheinungsort und dem Jahrhundert gezielt nach VD-18-relevanten Drucke gesucht werden kann; es handelt sich ausschließlich um Orte im heutigen Staatsgebiet Österreichs und in Südtirol. Der Katalog ist noch im Aufbau. Für Drucke des 18. Jahrhunderts weist er bereits nach (April 2007): Bozen 2 Treffer, Graz 933 Treffer, Innsbruck 161 Treffer, Linz 191 Treffer, Salzburg 296 Treffer, Wien 11.283 Treffer.

Internationale Kooperation

6.6 Italien (Südtirol)

VD-18-relevante Drucke sind nur in drei Orten erschienen: Bozen, Brixen und Sterzing. In dem von der Stiftung der Südtiroler Sparkasse finanzierten Projekt „Erschließung Historischer Bibliotheken" werden seit 1997 die Bestände öffentlicher, kirchlicher und privater Bibliotheken erschlossen. Anfang des Jahres 2007 waren 348.000 Exemplare aus dem Erscheinungszeitraum 15. Jahrhundert bis erste Hälfte 20. Jahrhundert erfasst, davon 83.080 Exemplare aus dem Zeitraum von 1701 bis 1800; die Anzahl der Ausgaben ist jedoch nicht bekannt. Wie viele Drucke davon in Südtirol erschienen sind, ist ebenfalls nicht bekannt. Die Landesbibliothek in Bozen schätzt ihren Bestand an Tirolensien (aus Alttirol, also einschließlich des Erscheinungsortes Innsbruck) auf 12.000 Drucke (vgl. Abschnitt 7.2.5).

Die Drucke des 18. Jahrhunderts sind nach den Grundsätzen des VD 17 auf einem hohen bibliografischem Niveau erschlossen, also mit Fingerprint, normierten Ansetzungen für Orte und Verleger, Gattungsbegriffe (nur für Tirolensien). Die Daten werden in absehbarer Zeit von der Landesbibliothek in Bozen übernommen und können für ein VD 18 genutzt werden.

In deutschen Bibliotheken sind an Drucken des 18. Jahrhunderts aus den drei Südtiroler Erscheinungsorten nachweisbar (die Zahlen geben die Anzahl der Treffer nicht die Anzahl der Ausgaben an):

Drucke aus Bozen (BVB 28, GBV 6, HBZ 4, KOBV 0, SWB 3)
Drucke aus Brixen (BVB 65, GBV 15, HBZ 25, KOBV 1, SWB 24)
Drucke aus Sterzing (BVB 5, GBV 8, HBZ 0, KOBV 0, SWB 3)

Zu Nachweisen unikaler Ausgaben in deutschen Bibliotheken vgl. Beispiele 7.1.6 (Bozen).

6.7 Polen

Aus dem von der Robert-Bosch-Stiftung angeregten und teilfinanzierten deutsch-polnischen Verfilmungsprojekt sind 38.628 Datensätze (h- und u-Sätze) in der Datenbank des BVB nachgewiesen. Es handelt sich um Mikrofilme von Drucken aus der NB Warschau, der UB Krakau, der UB Breslau, der UB Posen, der AkadB Danzig und der UB Stettin mit Lokaldaten der Bayerischen Staatbibliothek (vgl. http://www.bsb-muenchen.de/Deutsch-Polnisches_Verfilmungs.512.0.html). Der Anteil der VD-18-relevanten Drucke ist relativ hoch. Da es in Polen (noch) keinen Verbundkatalog gibt, ist die Recherche entsprechend aufwändig.

Das Beispiel des Verfassers Christian Emmanuel Ulber zeigt, wie durch die Mikrofilme in München BSB fünf weitere Ausgaben nachweisbar sind, die in deutschen Bibliotheken nicht nachweisbar sind (vgl. Beispiel 7.1.36). Beispielsweise sind Mikrofilme von über 3.000 in Breslau im 18. Jahrhundert gedruckten Ausgaben in München vorhanden. – Zu Beständen in polnischen Bibliotheken vgl. Abschnitt 7.2.9.

6.8 Niederlande

Den besten Zugang zu Drucken des 18. Jahrhunderts bietet die nationalbibliografische Datenbank *Short Title Catalogue Netherlands (STCN)*. Die Datenbank (http://picarta.pica.nl/) weist etwa 150.000 in den Niederlanden erschienene Titel in rund 300.000 Exemplaren aus 18 Bibliotheken nach.

Um den STCN als mögliche Quelle für Fremddaten einschätzen zu können, wurde unter zwei niederländischen Erscheinungsorten nach Drucken in deutscher Sprache gesucht. Aus Arnheim (niederländisch: Arnhem) sind von 1701 bis 1800 insgesamt 1.481 Drucke (Treffer) nachgewiesen, darunter zwei deutschsprachige Drucke. Aus Franeker sind von 1701 bis 1800 insgesamt 2.699 Drucke (Treffer) nachgewiesen; zwischen 1701 und 1730 wurde kein deutschsprachiger Druck gefunden.

Die Durchsicht von dreizehn VD-18-relevanten bekannteren Autoren hat ergeben, dass ausschließlich in den Niederlanden gedruckte und ins Niederländische übersetzte Drucke zu finden sind, und zwar:
- Bürger, Gottfried August (2 Drucke)
- Gellert, Christian Fürchtegott (31 Drucke)
- Goethe, Johann Wolfgang von (7 Drucke)
- Justi, Johann Heinrich Gottlob von (2 Drucke)
- Kant, Immanuel (0 Drucke)
- Kleist, Christian Ewald von (0 Drucke)
- Klopstock, Friedrich Gottlieb (5 Drucke)
- Lessing, Gotthold Ephraim (8 Drucke)
- Lichtenberg, Georg Christoph (0 Drucke)
- Pestalozzi, Johann Heinrich (0 Drucke)
- Schiller, Friedrich von (9 Drucke)
- Unger, Johann Friedrich (0 Drucke)

6.9 Ungarn, Kroatien, Slowenien, Rumänien

Im „Handbuch der historischen Buchbestände" werden folgende Bestandszahlen für deutschsprachige Drucke in Bibliotheken dieser Länder angeben:
- Ungarn 19.481 Titel (Budapest NB 17.131, Budapest UB 2.350),
- Kroatien 5.042 Titel (Zagreb NB 5.042),
- Slowenien 2.793 Titel (Laibach NUB 2.793).

Drucke des 18. Jahrhunderts sind in den elektronischen Katalogen Ungarns bislang nur sehr sporadisch nachgewiesen. – In der Arbeitsdatenbank konnten über Erscheinungsorte in diesen Ländern folgende Treffer in deutschen Bibliotheken für deutschsprachige Ausgaben erzielt werden: Ungarn 63 Treffer, Kroatien 31 Treffer, Slowenien 63 Treffer, Rumänien (Siebenbürgen) 95 Treffer (einschließlich Mikroformen).

Für die Bearbeitung und Ermittlung der in Ungarn in nicht ungarischer Sprache erschienen Drucke aus dem 18. Jahrhundert stehen folgende Bibliografien zur Verfügung:

- Régi magyar könyvtár / írta Szabó Károly. - Budapest : M. Tud. Akadémia Könyvk
  2. Az 1473-tól 1711-ig mejelent nem magyar nyelvű hazai nyomtatványok könyvészeti kézikönyve. - 1885. - In diesem Band sind die von 1473 bis 1711 erschienenen Drucke nachgewiesen.
- Bibliographia Hungariae : 1712 - 1860 / [Hrsg.:] Géza Petrik. - Budapestini : Dobrowsky
  1 (1888) - 8 (1971). - In diesen Bänden sind die Drucke in Fortsetzung der Ausgabe von Szabó Károly in chronologischer Reihenfolge nachgewiesen.
- Das deutschsprachige katholische Schrifttum Altungarns und der Nachfolgestaaten 1700 - 1950 / Michael Lehmann. - Mainz, 1976

6.10 Luxemburg

In der Folge der Französischen Revolution wurden die älteren Bibliotheksbestände, vor allem aus den Klosterbibliotheken, in ganz Europa zerstreut. Erst 1798 entstand die erste Öffentliche Bibliothek, die 1848 zur Nationalbibliothek wurde. Die in elektronischer Form erschlossenen Drucke sind im luxemburgischen Netzwerk BiBnet (http://www.bibnet.lu/) nachgewiesen. Es sind vor allem die Bestände der Nationalbibliothek und der Universitätsbibliothek (Grand Séminaire). Die Suche unter einzelnen Erscheinungsjahren (1701,

1711, 1721 ... 1791, 1800) ergab hochgerechnet rund 580 Treffer für Drucke des 18. Jahrhunderts ganz überwiegend in französischer und lateinischer Sprache. Die nachgewiesenen Ausgaben in deutscher Sprache sind überwiegend in deutschen Orten erschienen. - Die Hofbibliothek mit rund 30.000 Bänden ist noch nicht erschlossen.

Die Suche in der Arbeitsdatenbank unter verschiedenen Formen des Erscheinungsortes Luxemburg ergab rund 700 Treffer für Drucke des 18. Jahrhunderts ganz überwiegend in französischer und lateinischer Sprache.

Beispiele für Luxemburgische Drucke, die in der Bibliothek des Grand Séminaire de Luxembourg vorhanden, in einer deutschen Bibliothek jedoch nicht nachweisbar sind:

o Kurzer Bericht der Bruderschafft Jesu und Mariae unter dem Schutz und Schirm des heiligen Francisci Xaverii : zu mehrer Beförderung der christcatholischen Lehr, und vermittels Abwendung der fünff hauptübelen des Menschen zu erhalten ein seeliges Leben, und einen glückseeligen Tod : zum Gebrauch und Nutz derselben Bruderschafft / in Truck gegeben durch Philippum Scouville [Auteur: Scouville, Philippe]. - Lützemburg, 1741
o Unterweisung betreffend die Verehrung des Hochheiligen Herzens Jesu : zum Gebrauche der unter diesem Titul, mit Genehmhaltung der Päbste, in vielen Kirchen errichteten Bruderschaften. - Lutzemburg, 1791
o Erklärung und kurzer Unterricht des Jubel-Jahrs 1750. - [Luxemburg], 1751
o Präsident und Räthe des durch den Kaiser und König für das Herzogthum Lutzemburg und die Grafschaft Chiny geordneten Souverainen Raiths. - Lutzemburg, 1791
o Erklärung Seiner Majestät des Kaisers und Königs, bestimmend die Frist innerhalb welcher all Revisions-Urtheil zu sprechen ist, vom 14ten May 1791. - Lutzemburg, 1791
o Maria-Christina Königliche Prinzessin von Hungarn und Böhmen [...], Albert-Casimir Königlicher Prinz von Pohlen und Lithauen [...] Stadthaltere, Gubernatorn, und General Hauptleute der Niederlanden [...] Provisional Regulament in Betreff der Officiers Einquartirung der Besatzung von Lutzemburg. - Lutzemburg, 1791
o Erklärung vom 28ten Jenner 1791., inhaltend Verbot dem Gold- Silber- und Kupfer-Geld, so während der Zeit der letzen Unruhen unter dem Name der so genannten Vereinigten Niederländischen Staaten geprägt worden ist, Umlauf zu geben. - Lutzemburg, 1791

- Beschreibung der am 25 August 1791 zu Luxemburg feyerlichst gehaltenen Huldigungs=Zeremonie, nebst einigen Nebenumstaenden / zusammengetragen und verfasset von einem Augenzeugen. - Luxemburg, 1791 *(nur in der Nationalbibliothek nachgewiesen)*

7 Anhänge

7.1 Aufnahmen aus den elektronischen Katalogen

Die Aufnahmen wurden über den KVK recherchiert. Bei den Bestandsangaben konnten auch Nachweise aus HEBIS und HEBIS-Retro berücksichtigt werden, die in der Arbeitsdatenbank nicht enthalten sind (vgl. Abschnitt 1.1). Der Anfang des Sachtitels und das Erscheinungsjahr sind durch Fettschreibung **hervorgehoben**. Auf abweichende Angaben und Schreibfehler in den Aufnahmen wird durch Fett- und Kursivschreibung *hingewiesen*.

7.1.1 Nachweise für Ausgaben von David Algöwer

Es sind Ausgaben von 18 Werken in 21 Bibliotheken mit 70 Exemplaren nachweisbar. 4 Ausgaben sind in 3 Bibliotheken jeweils nur einmal nachgewiesen. Die Qualität der 45 Aufnahmen für 18 Ausgaben ist sehr unterschiedlich: Gekürzter Sachtitel (mit und ohne Kennzeichnung), weggelassene Zusätze, fehlende Verfasserangabe, fehlende Ausgabebezeichnung, fehlende Umfangsangabe, fehlender Verleger, Verzicht auf Vorlageformen, Verzicht auf Transliteration, Schreibfehler. Die 18 Ausgaben können von 4 Bibliotheken erschlossen werden: Augsburg SuStB (1 unikale Ausgabe), Berlin SB (2 unikale Ausgaben), München BSB oder Oldenburg LB, München UB (1 unikale Ausgabe).

(1) Als Der Wol-Ehrenveste/ Vorachtbare und Wolgelehrte Herr Johann Esaias Höchstetter/ von Weissenburg am Nordgau/ zur Höchsten Würde in der Philosophia, auf der weitberühmten Nürnbergischen Universität Altdorff/ an dem Petro-Paulinischen Fest des 1701sten Jahrs rühmlichst promovirt wurde / wolten ihre schuldige Gratulation erfreulichst abstatten ... M. David Allgöwer/ SS. Theol. Stud. Christoph Friderich Wenng/ LL. Stud. / [Verfasser: David Algoewer; Christoph Friedrich Wenng. Sonst. Personen: Johann Esaias Höchstetter]. - Druckts daselbst Hei*m*rich Meyer/ der Löbl. Universität Buchdrucker, **1701**. - [2] Bl. ; 2° . - Fingerprint: t:e- t,er t,t. n,n, C 1701A. - Fingerprint nach Ex. der SBB. - Erscheinungsjahr nach der angegebenen Datierung
= Berlin SB

(2a) Als Der Wohl-Edle und Hochgelehrte Herr Christoph Friederich Wenng, von Nördlingen, Beeder Rechten Licentiatus, auf der weitberühmten Universität Altdorf, den 5. Maii Anno 1702. Von den Straffen der Natur- und Römer-Rechte Inavgvraliter disputirte, wolten ihre innigliches Freude ... be-

zeugen und glückwünschend vorstellen ... M. David Allgöwer, von Ulm, und M. Johann Esaias Höchstetter, von Weißenburg am Nordgau. [Altdorf] : Meyer, [**1702**]. - [2] Bl. ; 2°
= Augsburg SuStB

(2b) Als Der Wohl-Edle und Hochgelehrte Herr Christoph Friederich Wenng/ von Nördlingen/ Beeder Rechten Licentiatus, auf der weitberühmten Universität Altdorf/ den 5. Maji Anno 1702. Von den Straffen der Natur- und Römer-Rechte Inavgvraliter disputirte / wolten ihre innglichste Freude ... bezeugen und glückwünschend vorstellen ... M. David Allgöwer/ von Ulm/ und M. Johann Esaias Höchstetter/ von Weißenburg am Nordgau / [Verfasser: David Algoewer ; Johann Esaias Höchstetter. Sonst. Personen: Christoph Friedrich Wenng]. - Gedruckt daselbst bey Heinrich Meyern/ der Löbl. Universität Buchdruckern, 1702. - [2] Bl. ; 2° . - Fingerprint: t.n, n,t; t.n; n;t: C 1702A. - Fingerprint nach Ex. der SBB. - Erscheinungsjahr nach der angegebenen Datierung
= Berlin SB

(3a) **De mathesi sinica** / David Algoewer. - Helmstadii : **1702**
= München UB

(3b) De mathesi Sinica / ... publice disputabunt praeses M. David Algöwer ... et respondens Joannes Matthias Has. - Helmstadium : Hammius, 1702. - [1] Bl., 50 S., [1] Bl.
= Augsburg SuStB   = München BSB

(3c) De Mathesi Sinica ... publice disputabunt Præses M. David Algöwer/ Ulma-Suevus; & Respondens Joannes Matthias Has/ Augusta-Vindel. Helmstad. d. Decembr. Anni 1702. H. L. Q. C.. - Helmstadi : Typis Georg-Wolffgangi Hammii, Univers. Typogr., [1702]
= Göttingen SUB   = Hamburg SUB   = Weimar HA
= Greifswald UB   = Hannover LB

(3d) David A l g o e w e r
Algöwer, David. De mathesi sinica. [Resp.:] Joannes Mathias Has. (Helmst.): G. W. Hamm (1702) (50 S.) 8° (4°)
Helmstadt. Phil. Diss. v. Dez. 1702.
= Wiesbaden HLB (HEBIS-Retro, indexiert als „De *methesi* sinica")

(4a) **Peri tēs aretēs hērōikēs tōn pistōn**, sive de virtute heroica fidelium, quatenus ex Scripturis sacris definiri potest. ... exercitatio positivo-polemica /

praeside Joh. Mich. Langio ... proposita a Davide Allgöwer. - *Recusa*. - Altdorfium : **1703**
Sonstiger Titel: De virtute heroica fidelium, quatenus ex Scripturis s. definiri potest
= München BSB

(4b) [Peri tēs aretēs hērōikēs tōn pistōn sive de virtute heroica fidelium] Peri Tēs Aretēs Ērōikēs Tōn Pistōn Sive: De Virtvte Heroica Fidelivm : Qvatenus ex Scripturis Sacris definiri potest, & vindicari debet. / Praeside Joh. Mich. Langio, Theol. Doct. ejusq[ue] Prof. Publ. die 20. Octobr. MDCC. proposita à M. Davide Allgöwer/ Ulma-Suevo. - Altdorfi : *Meyerus*, 1703. - 4°. - Altdorf, Univ., Diss., 1700. - Teilw. in griech. Schr.
= Oldenburg LB

(4c) De virtute heroica fidelium / Johann Michael Lange; [Resp.:] David Allgöwer. - *2. ed.* - Altorfi : *Kohlesius*, 1703
= Goslar, Marktkirche   = Jena ULB

(4d) De virtute heroica fidelium / Johann Michael Lange. [Resp.:] David Allgöwer. - *2. ed.* - Altorfi : *Kohlesius*, 1703. - 28 S. - Altdorf, Univ., Theol. Disp., 20. Okt. 1700
= Soest , StArchiv/WissStB

(5) Dissertatio De Controversiis Cum Iudaeis et Mahommedanis / Quam Praeside Johanne Fabricio ... publicae disquisitioni exponet M. David Allgöwer ...
Enthalten in: [Consideratio variarum controversiarum] Iohannis Fabricii ... Consideratio Variarum Controversiarum Videlicet earum, quae nobis intercedunt Cum Atheis, Gentilibus, Iudaeis ... in veritate et caritate instituta ; Accesserunt Indices necessarii, Et quaedam hactenus inedita . Christiani Dreieri ... / Fabricius, Johannes. - Helmestadii : Hammius, **1704**
= Berlin SB   = Halle ULB
= Greifswald UB   = Wolfenbüttel HAB

(6a) Qvaestionvm Academicarvm Decas / Praeses M. David Algöwer, Vlmensis, Respondente Hermanno Gerardo Weland, Lemgouiensi. - [Halae Magdeburgicae] : Henckelius, **[1704]**. - 26 S. ; 4°
= Augsburg SuStB

(6b) Quaestionum academicarum Decas ... / [Praes.:] M. David Algöwer Ulmensis. [Resp.:] Hermanno Gerhardo Weland ... ad diem 23. Julii 1704. - Halae Magdaburgicae : Chr. Henckel, [1704]
= Greifswald UB

(6c) [Quaestiones academicae] Quaestionum academicarum Decas ... / [Praes.:] M. David Algöwer Ulmensis. [Resp.:] Hermanno Gerhardo Weland ... ad diem 23. Julii 1704. - Halae Magdaburgicae : Chr. Henckel, 1704. - 26 S.
Halle, Phil. Diss. vom 23. Juli 1704
= Stuttgart WLB

(7a) De maleficis et mathematicis / David Algoewer. - Ulmae, **1706**
= München UB

(7b) Dissertatio Publica, Quam De Maleficis Et Mathematicis, occasione L. 2. 5. 7. Cod. h. t. ... Praeside Davide Allgoewer, ... Placido eruditorum examini ... subiicit Respondens Joannes Bücklin, Ulm. ... - Ulmae : Gassenmayer, [1706]. - 20 S.
= Augsburg SuStB   = München BSB

(7c) Dissertatio Publica, Quam De Maleficis Et Mathematicis, occasione L. 2. 5. 7. Cod. h. t. / in ... Ulmensium Gymnasio Praeside Davide Algoewer ... examini ad diem 27. April. MDCCVI. subjicit Respondens Joannes Bücklin ... - Vlmæ : Literis Gassenmayerianis, 1706. - [1] Bl., 20 S. - Ulm, Gymnasium, Phil. Diss., 1706
= Halle ULB

(8a) Mathesis Purpurata, Sive De Claris Inter Viros Principes Mathematicis Exercitatio / Quam ... Praeside & Moderatore Davide Algöwer, P. P. Placidae eruditorum disquisitioni sistit A. et R. Joannes Gabriel Haakius, Nordlingensis ... - [Ulmae] : Gassenmajer, [**1707**]. - [1] Bl., 24 S., [1] Bl. ; 4°
= Augsburg SuStB

(8b) Mathesis purpurata, s. de claris inter viros principes mathematicis exercitatio / Dav. Algöwer. Def. Jo. Gabr. Haakius, aut. - Ulma, 1707
= München BSB

(9) ¬Die¬ **durch Gottes Gnade wiedererlangte Herstellung** deß Kirchen-Friedens in etlichen Land-Gemeinden Ulmischen Gebietes / in einem kurzen historischen Vorbericht angezeiget und in ausserordentlich gehaltenen zwey-

en Predigten mit mehrerm abgehandelt von Johann Fricken ... u. David Allgöwern. - Ulm : Kühnen, **1713**. - 40, 100 S. ; 4-o
= München UB

(10a) **Specimen meteorologiae parallelae** : oder besondere Observationes, antreffende das Wetter und die mit selbigem übereinstimmende Wettergläser vom Herbst 1710 bis auf den Frühling 1714 in einzelnen halbjährigen Nachrichten / David Allgöwer. - Frankfurt ; Leipzig : Bartholomä, **1714**. - Getr. Zählung
= Augsburg SuStB   = München UB

(10b) Specimen *meteorolgiae* parallelae : oder besondere Observationes antreffende d. Wetter u.d. mit selbigem übereinstimmende Wetter-Gläser vom Herbst a. 1710 biß auf d. Frühling a. 1714 in einzelen halb-jährigen Nachrichten, deren jede e. Praeliminar-Discours von d. Art u. Beschaffenheit d. Barometres u. Thermometres abhandelt / mitgetheilt, jetzo aber zusammen gefaßt ... von David Algöwer. - Frankfurt u.a. : Bartholomä, 1714. - Getr. Zählung. - Sonstiger Titel: Meteorologia parallela. - 7 Sondert. d. Orig.-Ausg. u.d.T.: Meteorologia paralla erschienen von 1711 - 1714
= Erlangen-Nürnberg UB

(10c) Specimen meteorologiae parallelae / Algoewer, David. - Frankfurtum ; Leipzig : Bartholomä, 1714. - Ausfertigung 1 - 7
= München UB

(10d) Specimen meteorologiae parallelae : oder Besondere observationes, antreffende das Wetter und die mit selbigem übereinstimmende Wetter-Gläser vom Herbst A. 1710 biß auf den Frühling A. 1714 ... / von David Algöwer. - Franckfurt ; Leipzig : Bartholomäus, 1714. - Getr. Pag. ; 8°. - Die Vorlage enth. insgesamt ... Werke
= Hamburg SUB   = Wolfenbüttel HAB

(10e) Specimen meteorologiae parallelae oder besondere Observationes antreffende das Wetter und die mit selbigem übereinstimmende Wettergläser vom Herbst 1710 bis auf den Frühling 1714 / David Algöwer. - Franckf. ; Lpzig, 1714
= Göttingen SUB

(10f) *Meteorologia parallela* : Das ist: Curieuse Nachricht von dem Wetter. Außfertigung 1-7 / [Verfasser: Algoewer, David]. - 1711 -14. - Sondertitel 1-7

Enthalten in: Specimen meteorologiae parallelae : oder Besondere observationes, antreffende das Wetter und die mit selbigem übereinstimmende Wetter-Gläser vom Herbst A. 1710 biß auf den Frühling A. 1714 ... / Algoewer, David. - Franckfurt : Bartholomäus, 1714
= Hamburg SUB = Wolfenbüttel HAB

(11) Schrifft- und Vernunfftmäßige Anzeige, daß man sich vor innstehender grossen Sonnen-Finsternuß, welche den 3. Maji **1715** eintreffen wird, weder fürchten, noch selbige für ein außerord. göttlich Zorn- und Straff-Zeichen halten ... solle / Algoewer, David. - Ulm : Wagner, S.a. - 14 S. - Sonstiger Titel: Schrift- und vernunftmäßige Anzeige, daß man sich vor innstehender grossen Sonnen-Finsternuß, welche den 3. Maji 1715 eintreffen wird, weder fürchten, noch selbige für ein außerord. göttlich Zorn- und Straff-Zeichen halten ... solle
= Augsburg SuStB = München BSB

(12a) Ulma secundo jubilans : Das ist: Historischer Verlauff dess zweyten Evangelischen Jubelfestes in ... Ulm ... / Algoewer, David. - Ulm : Bartholomae, **1717**. - 61 S.
= Augsburg SuStB
= München UB = München UB

(12b) [J. N. J. Ulma Secundo Jubilans : Das ist Historischer Verlauff deß zweyten evangelischen Jubel-Fests, in ... Ulm] J. N. J. Ulma Secundo Jubilans, das ist Historischer Verlauff deß zweyten evangelischen Jubel-Festes, in ... Ulm, Samt beygefügter Memoria Theologorum et Ministrorum Ecclesiae et Ulmens. ab Anno MDCXVII. ad MDCCXVII. Oder: Ehren-Gedächtnuß der Ulmischen Theologen... Geschrieben Von M. David Algöwer... - Ulm : Bartholomäi, [1717]. - 4 Bl., 61 S. ; 8° (4°). - Die Vorlage enth. insgesamt ... Werke
= Wolfenbüttel HAB

(12c) Ulma secundo jubilans, Das ist: Historischer Verlauff deß zweyten evangelischen Jubel-Festes in löbl. deß Heil. Römis. Reichs freyen Stadt Ulm / David Algoewer. - Ulm, (1717)
= Göttingen SUB

(13a) ¬Diss. publ.¬ **de sacrificiis Veteris Testamenti** / quam ... publico eruditorum examini subiiciunt praeses David Algöwer ... et respondens Antonius Beckius. - [Ulma] : Wagnerus, [**1720**]. - 32 S.
= München BSB

(13b) Dissertatio de sacrificiis Veteris Testamenti / David Algöwer. - Ulm, 1720. - 32 S.
Ulm, Gymnasium, Schulprogramm, 1720
= Greifswald UB

(13c) Dissertatio de sacrificiis veteris testamenti / David Algoewer. - Ulmae, *1725*
= München UB

(14a) **Specimen hyetometriae curiosae** : oder Abmessung d. jährl. Regen- u. Schnee-Wassers ... / Algoewer, David. - Franckfurt u.a. : Bartholomae, **1721**. - 34 S.
= Augsburg SuStB

(14b) Specimen hyetometriae curiosae, oder Abmessung deß jährlichen Regen- und Schnee-Wassers in VI. Jahren, nehmlich von 1715 biß 1721 dargestellt, und calculirt : samt einem Anhang von dem im Martio dieses 1721 Jahrs hier in Ulm observirten Nord-Schein, und noch andern bemerckten Lufft-Zeichen / von dem Autore der Meteorologiae parallelae Ulmensis / [David Allgoewer]. - Franckfurt [u.a.] : Bartholomäi, 1721. - 14, 34 S. - Verf. ermittelt
= Augsburg SuStB   = Bamberg SB   = Erlangen-Nürnberg UB

(14c) Specimen hyetometriae curiosae : oder Abmessung des jährlichen Regen- und Schnee-Wassers in 6 Jahren nehmlich von 1715 biß 1721 ; samt Anhange von dem im Martio 1721 in Ulm observirten Nordschein, und nach andern bemerkten Luft-Zeichen / dargest. von dem Autore der Meteorologiae parallelae Ulmensis [i.e. David Algoewer]. - Franckfurt ; Leipzig : Bartholomäus, 1721. - 14, 34 S. ; 8°
= Hamburg SUB   = Jena ULB

(14d) Algoewer, David
Specimen hyetometriae curiosae, oder Abmessung deß Jaehrlichen Regen- und Schnee-Wassers in VI Jahren, nemlich von 1715 biß 1721...
Franckfurt & Leipzig: Bartholomäi 1721.   34 S.
= ULB Darmstadt (HEBIS-Retro, indexiert als: Specimen hyetometriae curiosae, oder Abmessung deß Jaehrlichen Regen- und *Schnes-Wassers* in VI Jahren, nehmlich von 1715 biß 1721)

Anhänge

(15) **Einleitungs-Discours Uber Hugonem Grotium** Von der Wahrheit Christlicher Religion : Vermittelst dessen Allhiesig-samtlichen Studiosis ein Collegium Gratuitum eröffnet, Und durch künfftige seine Abhandlung So wol die billige Freude, als der höchstschuldige Danck gegen Gott wegen deß innstehenden Jubilaei Gymnasii Ulmensis Seines Orts kund gegeben wird / Von David Algöwer ... - Ulm : Wagner, **1722**. - 27 S.
= Augsburg SuStB

(16a) **Praelectiones academicae** (astrologiae divinatricis vanitas, doctrina mathesis universalis ...) / in vulgus editae ... a Davide Algöwero / [Verfasser: Sturm, Johann Christoph. Weiterer Verfasser: Algoewer, David]. - Francofurti et Lipsiae : Bartholomaeus, **1722**. - 207 S. ; 4°
= Augsburg SuStB

(16b) Praelectiones academicae, quarum I. astrologiae divinatricis vanitatem pro cathedra demonstratam ; altera doctrinam mathesis universalis ; tertia incomprehensibilia matheseos ; quarta denique arithmeticam sacram tractat / Jo. Christo. Sturm. Editae a Dav. Algöwero. [Verfasser: Sturm, Johann Christoph. Weiterer Verfasser: Algoewer, David]. - Francofurtum et Lipsia : 1722
= München BSB

(16c) Joh. Christophori Sturmii philosophi et mathematici post fata quoque celeberrimi, praelectiones academicae : quarum prima, astrologiae divinatricis vanitatem pro cathedra demonstratam; altera, doctrinam mathesis universalis; tertia, incomprehensibilia matheseos; quarta denique arithmeticam sacram tractat; olim in Academia Altdorffina auditoribus in calamum dictatae / nunc ad satisfaciendam multorum desideriis in vulgus editae, & studiosae praesertim iuventuti vindicatae a Davide Algöwero ... [Verfasser: Sturm, Johann Christoph. Weiterer Verfasser: Algoewer, David]. - Francofurti ; Lipsiae : Bartholomä, 1722. – [6] Bl., 207 S., [2] gef. Bl. : graph. Darst. - Sonstiger Titel: Praelectiones academicae
= München BSB   = München UB

(16d) [Praelectiones academicae] Joh. Christophori Sturmii ... Praelectiones academicae ... / Joh. Christophorus Sturmius. David Algöwer [Hrsg.] - Nunc ad satisfaciendum multorum desideriis in vulgus ed., et studiosae praesertim juventuti vindicatae ... - Francofurti ; Lipsiae ; [Ulm] : Bartholomaeus, 1722. - 207 S. ; 8°
= Braunschweig UB   = Kiel UB
= Jena ULB   = Wolfenbüttel HAB

112

Anhänge

(16e) [Praelectiones academicae] Joh. Christophori Sturmii ... Prælectiones academicæ : Quarum Prima, Astrologiæ Divinatricis vanitatem pro cathedra demonstratam; Altera, Doctrinam Mathesis Universalis; Tertia, Incomprehensibilia Matheseos; Quarta denique Arithmeticam Sacram Tractat ; Olim in Academia Altdorffina auditoribus in calamum dictatæ, Nunc ad satisfaciendum multorum desideriis in vulgus editæ, & studiosæ præsertim juventuti vindicatæ à Davide Algöwero ... / [Verfasser: Sturm, Johann Christoph. - Sonst. Personen: Algoewer, David]. - Francofurti ; Lipsiæ : Bartholomæus ; Wagnerus, 1722
= Göttingen SUB

(17) **Lämmer-Weyde bey der Heerde Jesu**, oder hartzliche und beichtväterliche Anweisung, der sich junge Leuthe, die das erste mal bey der _. Communion erscheinen ... erinnern sollen ... ; Von David Algöwer / [Verfasser: Algöwer, David. - Sonst. Personen: Jesus Christus]. - Ulm: Wagner, **1723**. - 39 S. 8°
= Berlin SB

(18) **Programma, Quo Ad Collegium Privatum Examinatorio-Disputatorium** in B. D. J. Fr. Koenigii Theologiam Positivam Acroamaticam, Studiosos Gymnasii Ulmesis Invitat, Et Simul De Nova Romano-Catholicorum ... Salutandi Formula: Gelobet sey Jesus Christus / Paucis ... Disserit David Algöwer. - Ulmae : Wagner, [**1728**]. - 2 S. - Sonstiger Titel: Programma, ... De Novo Romano-Catholicorum ... Formula: Gelobet sey Jesus Christus
= Augsburg SuStB   = München BSB   = München UB

7.1.2   Ausgaben von Gesangbüchern

Gesangbücher sind in Bibliotheken überwiegend unikal nachgewiesen.

Andächtige und auserlesene Gesänger, Welche zu Auffmunterung der zarten Gemüther, und Vermehrung deß Lobs Gottes und Mariae seiner werthen Mutter, Mit schönen, anmüthigen und nunmehro verbesserten Melodeyen, auch anderen neuen Gesängern vermehret. - Allen Christlichen Liebhaberen zu Gefallen auffs new, und zum drittenmahl in Druck gegeben. - Würtzburg : Kleyer, **1705**. - 187 S., [2] Bl. : Noten
= Würzburg UB

Anhänge

Geishreiches Gesang- Büchlein, Darinne, Morgen, Abend, Sonntags ... Lieder enthalten sind, Mit Fleiss aus D. Mart Luthers, Schriften zusammen getragen / von H. Müllern). - Chamnitz, (1716). - in: Müller Meier : Hausen _
= Berlin SB

7.1.3 Ausgaben von Georg Gottlieb Balemann

Die 8 Ausgaben sind in mehreren Bibliotheken nachgewiesen, einzig die Gelegenheitsschrift aus dem Jahr 1755 ist nur in einer Bibliothek vorhanden. Der Verfasser ist teilweise nicht ermittelt.

Bey der beglückten Geburtstags-Feyer ... des Herrn Hofraths Richters am 4ten des Hornungs im Jahre 1755, suchte seine schuldigste Hochachtung darzuthun ... Georg Gottlob Balemann. - Eutin : Struve, **1755**. - [2] Bl.
= Regensburg SB

Etwas Vorläufiges von den gesetzlichen persönlichen Eigenschaften eines Reichsständischen Visitators des Kaiserlichen und Reichs-Cammer-Gerichts / Balemann, Georg Gottlieb. - [S.l.], **1774**
= Göttingen SUB   = Frankfurt UB
= Augsburg UB   = Tübingen UB

Die Rechte der Todt-Theilung in ihrer Würkung auf das jüngsthin erledigte Herzogthum Nieder-Bayern / In einem Sendschreiben eines deutschen Rechtsgelehrten an seinen Freund, entworfen sub dato 16. Mart. 1778. - Frankfurt ; Leipzig, **1778**. - 55 S.
Mutmaßl. Verf.: Hieronymus Heinrich von Hinkeldey und Georg G. Balemann
= Berlin SB   = Schwerin UB   = Leipzig UB
= Göttingen SUB   = Dresden SLUB   = Tübingen UB
= Rostock UB   = Freiburg UB
= Jena ULB   = Heidelberg UB
(Nachweis nur unter dem Sachtitel:)
= Augsburg StuSB   = Eichstätt UB   = München UB
= Augsburg UB   = München BSB   = Passau UB

Zwcytes Sendschreiben eines deutschen Rechtsgelehrten an seinen Freund von den Rechten der Todt-Theilung in ihrer Würkung auf das jüngsthin crlcdigte Herzogthum Nieder-Bayern, de dato 30. Octobr. 1778. - Frankfurt ; Leipzig, **1779**. - 136 S.

Anmerkung: Mutmaßl. Verf.: Hieronymus Heinrich von Hinkeldey und Georg G. **Balemann**
= Göttingen SUB
(Nachweis nur unter dem Sachtitel:)
= München BSB   = Regensburg SB   = Eichstätt UB
= München UB   = Augsburg UB

Drittes Sendschreiben eines deutschen Rechtsgelehrten an seinen Freund von den Rechten der Todt-Theilung in ihrer Würkung auf das jüngsthin erledigte Herzogthum Nieder-Bayern, de dato 16. Januar 1779. - Frankfurt ; Leipzig, **1779**. - 220 S.
Anmerkung: Mutmaßl. Verf.: Hieronymus Heinrich von **Hinkeldey** und Georg G. **Balemann**
= Göttingen SUB
(Nachweis nur unter dem Sachtitel:)
= München BSB   = München UB   = Regensburg SB

Drittes Sendschreiben eines Deutschen Rechtsgelehrten an seinen Freund von den Rechten der Todt-Theilung in ihrer Würkung auf des jüngsthin erledigte Herzogthum Nieder-Bayern de date 16. Januar **1779** / Von Christian Jacob von **Zwierlein**. - Frankfurt ; Leipzig, 1779. - 200 S.
= Schwerin LB   = Berlin SB

Viertes Sendschreiben eines deutschen Rechtsgelehrten an seinen Freund von den Rechten der Todt-Theilung in ihrer Würkung auf das jüngsthin erledigte Herzogthum Nieder-Bayern, de dato 15. Maji 1780. - Frankfurt ; Leipzig, **1780**. - 126 S.
Anmerkung: Mutmaßl. Verf.: Hieronymus Heinrich von **Hinkeldey** und Georg G. **Balemann**
= Göttingen SUB
(Nachweis nur unter dem Sachtitel:)
= München BSB   = München UB

Viertes ... 15. Mayi 1780 / [Verfasser: Christian Jakob von Zwierlein]. - Frankf. ; Lpz., 1788. - 8 u. 126 S., 18 S. ; 4"
Gesamttitel: Die Rechte der Todt-Theilung in ihrer Würkung auf das jüngsthin erledigte Herzogthum Nieder-Bayern in einem Sendschreiben eines deutschen Rechtsgelehrten an seinen Freund, entworfen sub dato 16. Mart. **1778** / (Christian Jakob von **Zwierlein**) ; Bd. 4
= Berlin SB

Beiträge zur Revision, und Verbesserung der fünf ersten Titeln des Concepts der Kaiserlichen Kammergerichtsordnung / Balemann, Georg Gottlieb. - Lemgo, **1778**

= Hannover LB	= Heidelberg UB	= Dortmund ULB
= Berlin SB	= Leipzig UB	= Augsburg UB
= Göttingen SUB	= Tübingen UB	= München BSB
= Rostock UB	= Trier StB	
= Dresden SLUB	= Detmold LB	

Visitations-Schlüsse die Verbesserung des kaiserlichen reichskammergerichtlichen Justizwesens betreffend / [Balemann, Georg Gottlieb]. - Lemgo. - 1 (**1779**) - 2(**1780**)

= Augsburg UB	= Göttingen SUB	= Regensburg SB
= Augsburg UB	= Greifswald UB	= Regensburg SB
= Bayreuth UB	= Hamburg UB	= Rostock UB
= Berlin SB	= Jena UB	= Schwäbisch Hall RatsB
= Bielefeld UB	= Kiel UB	= Trier StB
= Detmold LB	= München UB	= Tübingen UB
= Erfurt-Gotha UFB	= München UB	= Wiesbaden HLB

7.1.4 Ausgaben von Johann Friedrich Batz

Die 3 Aufnahmen zeigen die Schwierigkeit, verschiedene Ausgaben aufgrund der bibliografischen Angaben zu unterscheiden. In diesem Fall schafft nur die Kollation und der Fingerprint die notwendige Klarheit.

Predigten über verschiedene Gegenstände / Den guten Bürgern Bambergs gewidmet von Johann Friderich Batz, Präses der Bürgersodalität. - Bamberg ; Wirzburg : Göbhardt, **1797**. - VIII, 367 S.

= München BSB   = Bamberg MetroBibl   = Eichstätt UB

Predigten über verschiedene Gegenstände : Den guten Bürgern Bambergs gewidmet / von Johann Friderich Batz, Präses der Bürgersodalität. - Bamberg und Wirzburg : bey Tobias Göbhardts sel. Wittwe, 1797. Drucker: Gertner, Michael; Göbhardt, Maria Philippine. - VIII, 367 S. ; 8°
Fingerprint: ***ernd ssn, n!uf deHi 1797A***. - Kolophon: "Gedruckt, bey Michael Gertner, Hof- und Domkapitulschen Buchdrucker". - Fingerprint nach dem Ex. der FB Gotha
= Erfurt-Gotha UFB

Predigten über verschiedene Gegenstände : Den guten Bürgern Bambergs gewidmet / von Johann Friderich Batz, Präses der Bürgersodalität. - Bamberg und Wirzburg : bey Tobias Göbhardts sel. Wittwe, 1797. Drucker: Gertner, Michael; Göbhardt, Maria Philippine. - [2] Bl., 367, [1] S. ; 8°
Fingerprint: *8061 nden n!uf deHi 3 1797A*. - Kolophon: "Gedruckt, bey Michael Gertner, Hof- und Domkapitulschen Buchdrucker". - Fingerprint nach Ex. der SUB Göttingen
= Göttingen SUB

7.1.5 Ausgabe eines Werkes von Fanny de Beauharnais

Die Ausgabe ist in 2 Bibliotheken nachweisbar. Die Mikrofiche-Ausgabe besitzen jedoch 43 Bibliotheken.

Launen des Schicksals oder die bezauberten Knoten : eine Feengeschichte aus der neuern Zeit / [Fanny Beauharnais]. - Rom [i.e. Berlin] : Päpstl. Druckerei [i.e. Unger], [**1799**]. - 237 S. ; 8°. - Einheitssachtitel: Les Noeuds enchantés <dt.>. - Aus dem Franz. übers. - Verf. erm.
= Greifswald UB

Launen des Schicksals oder die bezauberten Knoten : e. Feengeschichte aus d. neuern Zeit / [Fanny Comtesse de Beauharnais]. Rom [d.i. Berlin] : in d. päbstl. Druckerei (d.i. Unger), 1799. – [4] Bl., 237 S. - In Fraktur. - Verf., Verl., Erscheinungsort u. -jahr ermittelt. - EST: Les noeuds enchantés, ou la bizarrerie des destinées «dt.»
= München UB

7.1.6 Ausgaben, die in Bozen erschienen sind

Die Suche nach in Bozen erschienenen Ausgaben zeigt, dass solche Drucke in deutschen Bibliotheken vertreten sind, die Aufnahmen aus dem EHB-Projekt ein sehr hohes bibliografisches Niveau haben, einige Drucke aber nur in deutschen Bibliotheken teilweise unikal nachweisbar sind.

Physiognomisch-physikalisches Handbuch der Natur : oder von den Menschen beyderley Geschlechts, ihren Arten, ihrer Zucht und Fortpflanzung ; aus d. Engl. übers. - Bozen u.a., 1788
= München BSB   *Kein Nachweis in EHB*

Heylsambe Früchten der unter den Schutz des glorwürdigen Heiligen Aloysii von Gonzaga auß der Gesellschaft Jesu ... angestellten Versamblung des Geists. - Bozen : Gaßmayr, [ca. 1735]
= München BSB   *Kein Nachweis in EHB*

Privilegia, Und Freyheiten Von der Röm. Kayserl. Majestät, etc. Leopoldo I. Regierenden Lands-Fürsten und Herrn, etc. etc. in Tyrol, Dem Marckt und Gericht **Caltern** bey Annemmung allgemeiner Tyrolischer Lands-Rechten, Hingegen begebener, alldorten vorhero üblich geweßter Trientnerischer Statuten, unter dem ersten September 1681 allergnädigist ertheilt. - [Nachdruck der Ausgabe Yhnsprugg 1683]. - Bozen : Weiß, 1766. - 14 S.
= München BSB   *Kein Nachweis in EHB (nur Ausgabe von 1683)*

Kais. Kön. privilegirter Lehenbrief für die zehen Particular-Familien von Sacco
Untertitel d. d. Insbruck 4. Dec. 1744. - Bozen, 1744
= München BSB   *Kein Nachweis in EHB*

¬**Das Von dem Heil. Bischoff Vigilio angezündte** ... Wahre Glaubens-Liecht / vorgestellet an dem 26. Junii, als am hochen Fest des ... Vigilii ... / von Benedicto von Reitte Capuciner [Benedikt <von Reitte>, Vigilius <Stams, Abt>]. - Bozen : Weiß, 1766. - 24 S.
= München BSB   = Augsburg UB
= München UB   = Augsburg SuStB

EHB: Das Von dem heil. Bischoff Vigilio angezündte, Von nachkommend-Hochwürdiger Geistlichkeit erhaltene ... Glaubens-Liecht / Vorgestellet ... am hochen Fest des Trientnerischen heil. Bischoffs ... Vigili ... des hohen Namens-Fest ... Vigilii Würdigist regierenden Abbten/ und Prälaten des ... Stift und Closter Stambs, Von ... Benedicto von Reitte Capuciner ... - Bozen : Weiß, 1766. - 24 S.
Fingerprint: N.nd d.n, u-or reso 3 1766A
= Brixen PriesterSem

Siben wolgeschmidte Discurs von den Siben Politischen Werck-Nägeln / [Von Dominicus Urban Graf Fieger]. - Bozen, 1704
= München BSB   *(Verfasser sonst nicht nachweisbar)*

EHB: Siben wolgeschmidte Discurs, Von den Siben Politischen Merck-Näglen/ Oder In der Rath-Stube/ abgedroschnen Frag-Stucken/ So die Fürstlich, und Bistumbische Herren Herren Gesandte/ Wie auch Die verordnete zum vollen Außschuß der vier Stände ... : Innwendig vier

und dreyßig Tägen außgearbeitet/ Als von Sechs und zwaintzigisten Hornung/ biß zu Ende deß Mertz ; In der Landesfürstlichen Residenz-Statt Ynßprugg. - Botzen : Khuen, 1704. - [6] Bl., 92 S. - Fingerprint: n.r- t.ri u.s, VeSi 3 1704A
= Meran StMus

Diploma der Allergnädigsten Privilegien so R. K. K. Maj. Carl VI denen Botzner-*Märktenn* ertheilet ... : Nebst der ital. Ausg. die angebunden ist. - Botzen, **1719**

= München BSB *(Unklar, um welche der in EHB nachgewiesenen Ausgaben es sich handelt)*

EHB: Diploma Der Allergnädigsten Privilegien, So Ihro Römisch-Kayser- und Königl. Catholische Majestät/ [et]c. [et]c. Carl der Sechste/ Denen Botzner-Märckten ertheilet : Samt Denen gleichfalls allergnädigst bestättigten und vermehrten Capiteln/ Reglen und Ordnungen, Welchen auff das allergenaueste nach zuleben / [Personen: Karl <Römisch-Deutsches Reich, Kaiser, VI.>; Sinzendorff, Philipp Ludwig von; Buel, Johann Georg von]. - Botzen : Gaßmayr, 1719. - [29] Bl. : Ill.

Fingerprint: c.n, inil n,ff figl 3 1719A

= Meran StMus

EHB: Diploma Der Allergnädigsten Privilegien, So Ihro Römisch-Kayser- und Königl. Catholische Majestät/ [et]c. [et]c. Carl der Sechste/ Denen Botzner-Märckten ertheilet : Samt Denen gleichfalls allergnädigst bestättigten und vermehrten Capiteln/ Reglen und Ordnungen, Welchen auff das allergenaueste nachzuleben / [Personen: Karl <Römisch-Deutsches Reich, Kaiser, VI.>; Sinzendorff, Philipp Ludwig von; Buel, Johann Georg von]. - Botzen : Gaßmayr, 1719. - [1] Bl., 53 S., [2] Bl. : Ill.

Fingerprint: c.n, inil n.st Madi 3 1719A

= Bozen FranzBibl

Kaiserlich-königliche Satzungen und freyheiten für die freyen Märkte der Stadt Botzen. - Botzen : Weiß, **1793**

= München BSB   = Berlin SB   = Weimar HAAB

EHB: Kaiserlich-Königliche Satzungen und Freyheiten für die freyen Märkte, der Stadt Botzen / [Personen: Franz <Römisch-Deutsches Reich, Kaiser, II.>]. Botzen : Weiß, 1793. - [5] Bl., 77 S., [1] Bl. - Fingerprint: teen e.en les- Paun 3 1793A

= Bozen FranzBibl   = Meran StMus

Lob- und Ehren-Rede des ... Lehrers S. Thomae Aquinatis / [Johannes Ziegler]. - Botzen, 1754
= München BSB   *Kein Nachweis in EHB*

Wir Maria Theresia von Gottes Gnaden Römische Kaiserin ... Entbieten allen und jeden Landes-Inwohnern und Unterthanen ... Unsere Kaiserlich- und Königliche Gnad; Und geben denenselben ... zu vernehmen, daß durch die sowohl inner Landes befindliche, noch mehr aber durch die auswärtige ... in unsere Erb-Länder kommende Bothen Unserem Post-Regali mit entziehung der **Brief-Correspondenz** empfindlicher Schaden beschehe ... [Maria Theresia <Römisch-Deutsches Reich, Kaiserin>]. - Botzen, **1748**. - [4] Bl.
= München BSB
EHB: *Nur ähnliche Drucke von 1769, 1772 und 1777 nachweisbar.*

Unterweisungssätze aus den schönen Wissenschaften, worüber die zween jungen Herren v. Franzin, Aloysius im eilften und Antonius im achten Jahre ihres Alters, den 23ten in der deutschen, den 25ten in der lateinischen, und den 27ten Weinmondes in der französischen Sprache unter der Anleitung des Hrn. Joseph Kraus, ihren dermaligen Lehrers in ihrem väterlichen Hause öffentlich werden geprüfet werden / [Joseph Kraus]. - Botzen : Weiß, **1775**. - [4] Bl.
= München BSB   *Kein Nachweis in EHB*

Diploma der Allergnädigsten Privilegien So Ihro Königliche Majestät zu Hungarn und Böheim, Ertz-Herzogin zu Österreich ... Maria Theresia, Denen Botzner-Märckten ertheilet, Samt Denen gleichfalls Allergnädigst-bestättigten und vermehrten Capitlen, Reglen und Ordnungen / [Maria Theresia <Römisch-Deutsches Reich, Kaiserin>]. - Botzen, **1744**. - 54 S. : 1 Ill.
= München BSB   = Jena ULB

EHB: Diploma Der Allergnädigsten Privilegien So Ihro Königliche Majestät zu Hungarn und Böheim, Ertz-Herzogin zu Österreich, [et]c. [et]c. Maria Theresia, Denen Botzner-Märckten ertheilet : Samt Denen gleichfalls allergnädigst- bestättigten und vermehrten Capiteln, Reglen und Ordnungen, Welchen auf das allergenaueste nachzuleben / [Maria Theresia <Römisch-Deutsches Reich, Kaiserin>]. - Botzen, 1744. - [1] Bl., 54 S., [3] Bl. : Frontisp. - Fingerprint: a.o- ktr, n.zu sile 3 1744A
= Meran StMus und 5 weitere Bibliotheken

Valentins des Rhätier Apostels Reisen, Aufenthalt und Grabstätte / Roger Schranzhofer. – Botzen, 1794
= München BSB   = Göttingen SUB   = Aachen ÖB

EHB: Valentins des Rhätier Apostels Reisen, Aufenthalt und Grabstätte : theils aus bewährten Urkunden, theils aus Wahrscheinlichkeitsgründen gesammelt, und vorgetragen in dem von ihm erbauten Bethhause zu Mays, Am Tage, wo sein Andenken gefeyert wurde / [Roger Schranzhofer aus dem Cisterzienser Stifte Stams, ehemaliger Kommende Abt in Gries, d.Z. Capellan zu St. Valentin]. - Botzen : Weiß, 1794. - [1] Bl., 73 S., 43 S. gef. [1] Bl. : Frontisp., Ill.
Fingerprint: r.nd a-a- ."o- "p"V 7 1794A
= Meran StMus und 5 weitere Bibliotheken

Privilegium über diejenigen Capitul, Regl und Ordnungen, so durch die Fürstl. Durchl. Herzogin Claudia zu Oesterreich ... denen auff die Botzner Märckt negocierenden Teutsch- und Welschen Kauff- und Handelsleuthen ... zu halten gnedigste bewilligt ... worden. - Botzen, **1707**
= München BSB   *Kein Nachweis in EHB*

Kurzer Inhalt dessen was bey uns nach dem Todt des glorwürdigen Heil. Francisci von Assisi sich zugetragen. Nebst einer Verzeichnuß deren Reliquien und Heiligthümer in der Sac. Basilica des h. Francisci zu Assisi / Paul Hintze. - Botzen, **1725**
= Jena ULB *(Ansetzung des Verfassers: Hintze, Paul)*
= München BSB   *(Ansetzung des Verfassers: Hinze, Anton P.) - Kein Nachweis in EHB*

Weise und Art mit erwünschten Nuzen zu der Schmertzhaften Ganden-Mutter [Gnadenmutter] nacher Weissenstein zu wallfahrten : als ein unauslöschliches Zeichen der schuldigsten Danckbarkeit für die viele und grosse Gutthaten der hoch-edlen und weitberühmten Handels-Stadt Bozen zugeeignet von dem Kloster zu Weissenstein. - 2. Aufl. - [S.l.] : Bozen : Weiß, **1771**. - S. A - K7
= Münster ULB

EHB: Weise, und Art Mit erwünschten Nuzen zu der Schmerzhaften Ganden-Mutter [!] nacher Weissenstein zu wallfahrten : als Ein unauslöschliches Zeichen der schuldigsten Danckbarkeit für Die viele und grosse Gutthaten Der Hoch- Edlen und weitberühmten Handels-Stadt Bozen zugeeignet Von dem Closter zu Weissenstein. - Zweyte Auflag. - Bozen : Weiß, 1771. - [13] Bl., 228 S., [5] Bl. : Ill.
Fingerprint: c.en uze, erso wage 3 1771A
= Bozen FranzBibl   = Meran StMus

7.1.7 Ausgaben von Johann Jakob Breitinger

Die 18 Ausgaben sind mit über 100 Exemplaren in über 50 Bibliotheken nachgewiesen. Die von Breitinger herausgegebene Zeitschrift „Die Discourse der Mahlern" bleibt dabei unberücksichtigt. Allein die Ausgabe seines Hauptwerkes „Critische Dichtkunst" (1740) ist in 28 Bibliotheken vorhanden. Von 5 in Zürich erschienenen und in deutschen Bibliotheken vorhandenen Ausgaben sind jedoch 3 in der Schweiz nicht nachweisbar.

Nur einmal nachweisbar ist:
Artis cogitandi principia (Zürich, 1751)
= Göttingen SUB
Kein Nachweis in der Schweiz

Nur zweimal nachweisbar sind:
In versus obscurissimos a Persio Sat. 1. citatos diatribe historico- litteraria (Zürich, 1723)
= Freiburg UB   = München BSB
Kein Nachweis in der Schweiz

Examen des lettres sur la religion essentielle (Zürich, 1741). - Originalausgabe: De principiis in examinanda et definienda religionis essentia
= Freiburg UB   = München BSB
Kein Nachweis in der Schweiz

De principiis in examinanda & definienda religionis essentia ex mente nuperi scriptoris Galli adhibendis amica disputatio. - Tiguri, 1741
= Fulda HLB   = Halle ULB   = *Basel UB, Zürich ZB*

Orationes IIII. solennes (Zürich, 1776)
= Freiburg UB   = Überlingen LeopSophB
= Leipzig UB   = *Zürich ZB*

7.1.8 Ausgaben von Totenschriften (Halle, 1707)

Die 18 Totenschriften sind in Halle erschienen. 5 Ausgaben sind an 2 Bibliotheken, 8 bzw. 2 Ausgaben jeweils nur an einer der beiden Bibliotheken.

Als Das Weyland Hoch-Wohlgebohrne Fräulein Fraeulejn **Magdalena Sophia** Brum[m]erin von Bährenfeldt, Des Weyland Hoch-Wohlgebohrnen

Anhänge

Herrn Herrn Benedict Brummers von Bährenfeldt ... Hinterlassene Jüngste Fräulein Tochter ... beygesetzet wurde ... - Halle : Salfeld, [1707]. - [2] Bl.
= Halle FranckeStift   = Tübingen UB

M. G. **Als Die Wohlgebohrne Fräulein** Fraeulejn **Magdalena Sybilla** [!] Brummerin von Bährenfeld, Des Weyl. Wohlgebohrnen Herrn Herrn Benedict Brummers von Bährenfeld ... Jüngere Fräulein Tochter ... zur Erde bestattet wurde, Solten hierbey ihr hertzl. Mitleyden zu erkennen geben Jhr. Excellenz des Herrn Rath **Hoffmanns** Sämtliche Tisch-Compagnie. - Halle : Orban, [1707]. - [2] Bl.
= Tübingen UB

Als Die Wohlgebohrne Fräulein ... Magdalena Sybilla [!] ... : [Trauerschrift auf Magdalena Sophia Brummer von Bährenfeldt, +25.09.1707] / [Rath Hoffmanns Tisch-Compagnie]. - Halle, Druckts Stephanus Orban, [1707]. - [2] Bl. ; 30 cm
= Halle FranckeStift

Als Das Weyland Hoch-Wohlgebohrne Fräulein ... : [Trauerschrift auf **Magdalena Sophia** Brummer von Bährenfeldt, +25.09.1707] / [Tisch-Compagnie D. **Haspergens**]. - Halle, Gedruckt bey Christoph Salfelds Wittwe, [1707]. - [2] Bl. ; 30 cm
= Halle FranckeStift

Als Die Wohlgebohrne Fräulein, Fräulein **Magdalena Sophia** Brummerin von Bährenfeld, Des Weyland Wohlgebohrnen Herrn Herrn Benedict Brummers von Bährenfeld ... jüngere Fräulein Tochter ... zur Erden bestattet wurde / / Stryk, Johann Samuel. - Halle <Saale>, [1707]
= Tübingen UB

Als Die Wohlgebohrne Fräulein ... : [Trauerschrift auf **Magdalena Sophia** Brummer von Bährenfeldt, +25.09.1707] / Johann Samuel Stryk. - Halle, gedruckt bey Johann Montag ..., [1707]. - [2] Bl. ; 30 cm
= Halle FranckeStift

Als Die Wohlgebohrne Fräulein, Frl. **Magdalena Sophia** Brum[m]erin von Bährenfeldt, Des weyland Wohlgebohrnen Herrn Herrn Benedict Brum[m]ers von Bährenfeldt ... Jüngere Fräulein Tochter ... beerdiget ward, Wolten Zu einigem Trost Der Hochbetrübten Leidtragenden Gegenwärtiges übergeben Jnnen-Genannte getreue Freunde. - Halle : Salfeld, [1707]. - [2] Bl.
= Tübingen UB

Als Die Wohlgebohrne Fräulein, Fräulein **Magdalena Sophia** Brummerin von Bährenfeld, Des Weyland Wohlgebohrnen Herrn Herrn Benedict Brummers von Bährenfeld ... jüngere Fräulein Tochter ... zur Erden bestattet wurde ... - Halle : Montag, [1707]. - [2] Bl.
= Tübingen UB

Als Die Wohlgebohrne Fräulein Frl. **Magdalena Sophia** Brummerin von Bährenfeldt, Des Wohlgebohrnen Hrn. Benedict Brum[m]ers von Bährenfeldt ... Hinterlassene jüngste Fräulein Tochter ... Zu Jhrer Ruhe-Stätte gebracht ward. - Halle <Saale>, [1707]
= Tübingen UB

Als Die Wohlgebohrne Fräulein Frl. **Magdalena Sophia** Brummerin von Bährenfeldt, Des Wohlgebohrnen Hrn. Benedict Brum[m]ers von Bährenfeldt ... Hinterlassene jüngste Fräulein Tochter ... - Halle : Salfeld, [1707]. - [6] Bl.
= Tübingen UB

Die im Creutz durch den Glauben Besiegte Vernunfft / Wolte Bey Christlicher Beerdigung Der weyland Wohlgebohrnen Fräulein Frl. **Magdalenä Sophiä** Brummerin von Bährenfeldt, Des weyland Wohlgebohrnen Herrn, Herrn Benedict Brummers von Bährenfeldt ... Jüngere Fräulein Tochter ... vorstellen M. Joh. Frid. Ruopp. - Halle : Salfeld, [1707]. - [2] Bl.
= Halle FranckeStift   = Tübingen UB

Einige Gedächtnüß Zeilen Wollte Am Tage der Beerdigung Der Wohlgebohrnen Fräulein Fräulein **Magdalena Sophia** Brummerin von Bährenfeld, Des Wohlgebohrnen Herrn Herrn Benedict Brummers von Bährenfeld ... - Halle : Henckel, [1707]. - [2] Bl.
= Tübingen UB

Kurtzer, Doch wohlgeführter und recht seelig geendigter Lebens-Lauff Der Wohlgebohrnen Fräulein, Fraeulejn **Magdalenen Sophien** Brum[m]erin von Bährenfeldt, Weyland Hrn. Benedict Brum[m]ers von Bährenfeldt ... Hinterbliebenen Fräulein Tochter. - Halle : Salfeld, [1707]. - 16 S.
= Tübingen UB

Abdanckungs-Rede, Welche Bey Beerdigung Der Wohlgebohrnen Fräulein Frl. **Magdalenä Sophiä** Brum[m]erin von Bährenfeldt, Des Weyland Wohlgebohrnen Herrn, Herrn Benedict Brum[m]ers von Bährenfeldt ... Jüngeren Fräulein Tochter ... Gehalten worden / Von Nicolao von **Gerßdorff**. - Halle : Salfeld, [1707]. - 12 S.   = Tübingen UB

Abdanckungsrede, Welche Bey Beerdigung Der Wohlgebohrnen Fräulein ... : [Leichenpredigt auf **Magdalena Sophia** Brummer von Bährenfeldt, +25.09.1707] / gehalten von Nicol. Freyherr von Gerßdorff. - Halle, Gedruckt bey Christoph Salfelds Witwe, [1707]. - 11, 16 S., [8] Bl. ; 32 cm. - Enth. Lebenslauf und Epicedia
= Halle FranckeStift

Als Die Wohlgebohrne Fräulein, Fraeulejn **Sibylla Eleonora** Brum[m]erin von Bährenfeldt, Wie auch Die Wohlgebohrne Fräulein Fraeulejn **Magdalena Sophia** Brum[m]erin von Bährenfeldt, Des Wohlgebohrnen Herrn, Herrn Benedict Brummers von Bährenfeldt ... Nachgelassene Fräulein Töchter ... gantz frölich in Jhrem Erlöser entschlieffen, Haben dieses auf gegebene Nachricht Aus Christlichem Mitleiden zu einigem Trost Denen Hochbetrübten Hinterlassenen übersenden wollen Nachgesetzte nahe Anverwantinnen - Halle : Salfeld, [1707]. - [2] Bl.
= Tübingen UB   = Halle FranckeStift

Abdanckungs-Rede, Welche Der Wohlgebohrnen Fräulein, Fräulein **Sybillä Eleonorä** Brummerin von Bährenfeldt, Des ... Benedict Brum[m]ers von Bährenfeldt ... Aeltesten Fräulein Tochter ... gehalten / Nicol. von **Gerßdorff**. - Halle : Salfeld, [1707]. - [4] Bl.
= Tübingen UB

Als Die Wohlgebohrne Fräulein, Fräulein **Sybilla Eleonora** Brummerin von Bährenfeldt, Des wohlgebohrnen Hrn. Benedict Brum[m]ers von Bährenfeldt ... Hinterlassene Aelteste Fräulein Tochter ... zu ihrer Ruhe-Stadt gebracht ward, Wolten ihre Schludigkeit [!] zu einigen Trost Der Hochbetrübten Hinterbliebenen Hiermit bezeugen Jnnen Genannte. - Halle <Saale>, [1707]
= Tübingen UB

Als Die Weyland Hoch-Wohlgebohrne Fräulein Sybilla Eleonora Brummerin von Bärenfeld, Des Weyland Hoch-Wohlgebohrnen Herrn Hrn. Benedict Brum[m]ers von Bärenfeld ... älteste Fräulein Tochter ... beerdiget wurde, Wolte ihre schuldigste Condolenz hierdurch gehorsamst an den Tag legen Des Herrn D. **Haspergens** sämtliche Tisch-Compagnie. - Halle <Saale>, [1707]
= Tübingen UB

Als Die Weyland Hoch-Wohlgebohrne Fräulein Fräulein **Sybille Eleonore** Brummerin von Bärenfeld, Des Weyland Hoch-Wohlgebohrnen Herrn Hrn. Benedict Brum[m]ers von Bärenfeld ... Hinterlassenes Aeltestes Fräulein

Tochter ... beerdiget wurde, Wolten hiermit ihr schuldigstes Mitleiden gehorsamst bezeugen: Des Herrn UniversitätsSyndici D. **Knorrens** sämtliche Tischgenossen. - Halle <Saale>, [1707]
= Tübingen UB

7.1.9 Ausgaben von Rudolph Jacob Camerer

Die 7 Ausgaben sind mit einer Ausnahme nur an einer Bibliothek nachweisbar.

De investigatione existentiae et essentiae Divinae per viam causalitatis, eminentiae atque negationis recte instituenda / [Praes.:] Io. Adam Osiander. [Resp.:] Rud. Iac. Camerer [e.a.]. - Tubingae, **1749**. - 106 S. - Tübingen, Univ., Diss., 1749
= Tübingen UB

De eo, quod iustum ... est circa tribunalia fori. I. Cor. VI,7 / Israel Gottlieb Canz. [Resp.:] Karl Wilhelm Wippermann, Rudolf Jakob Camerer. - Tubingae, **1752**. - 32 S. - Tübingen, Univ., Diss., 1752
= Tübingen UB

Grundriss einer neuen Theorie des Lichts in Absicht auf die Geister-Lehre / von Rudolph Jacob Camerer. - Tübingen, **1758**
= Tübingen UB

Die Wunder des Lichts / von Rudolph Jacob Camerer. - Heilbronn u. Tübingen, **1763**
= Tübingen UB

Die Unsterblichkeit der Seele : [eine Ode] / [von Rudolph Jacob Camerer]. - [S.l.], **1766**
= Tübingen UB

Die Majestät Gottes : [eine Ode] / [von Rudolph Jacob Camerer]. - [S.l.], **1766**
= Tübingen UB

Der Bau der Welt : eine Ode / [von Rudolf Jacob Camerer]. - Stuttgart, **1766**
= Stuttgart WLB   = Tübingen UB

7.1.10 Ausgabe eines Trauergedichtes von Georg Caspari

Der seeligst getroffene Wechsel ... [Trauergedicht für Christian Michael Stever, Bürgermeister zu Rostock +5. Febr. 1722] ... zu einigen soulagement hat zeigen wollen / Georg Caspari. - Rostock : Schwiegerau, [**um 1722**]
= Schwerin LB

7.1.11 Ausgaben eines Catechismus

Die 5 Ausgaben sind in 6 Bibliotheken nachgewiesen. 4 Ausgaben sind unikal vorhanden.

Catechismus, Das ist: Christliche zu Erhaltung der ewigen Seeligkeit nothwendige Glaub- und Lebens-Lehr : des Stiffts Münster Unterthanen zum Besten, in kurtzen Fragen verfasset. - Münster in Westphalen : Nagel, **1713**. - 132 S. ; 8°
= Weimar HAAB

Catechismus : Das ist: Christliche zu Erhaltung der ewigen Seeligkeit nothwendige Glaub- und Lebens-Lehr, vormahlen im Stifft Münster ausgegeben nachdem aber, ... mit vielen Fragen verm. ... - [S.l.], [**nach 1713**]. - 144 S. ; 8°
= Berlin SB

Catechismus, das ist Christliche zu Erhaltung der ewigen Seeligkeit nothwendige Glaub- und Lebens-Lehr : allen Seel-Sorger- und Kinder-Lehrern des Erz-Stiffts Coelln zum Besten. -Coellen, **1736**. - 238 S. ; 8-o
= Köln DomB

Catechismus Das ist Christliche Zu Erhaltung der ewigen Seeligkeit nothwendige Glaub- und Lebens-Lehr : Allen Seel-Sorgern- und Kinder-Lehrern des Erz-Stiffts Cölln zum Besten in kurtzen Fragen verfasset, Und In drey Theil und so viel Absätz abgetheilet, damit das gantze Jahr hindurch alle Wochen eine neue Materie vorgenohmen, und Sonn- und Feyer-Tags in der Kirchen kan auffgesagt werden. - Coelln : Huisch, **1745**. - 192 S. ; 12-o
= Köln, USB   = Hürth (NRW), Alte PfarrB

Catechismus, das ist Christliche zu Erhaltung der ewigen Seeligkeit nothwendige Glaub- und Lebens-Lehr : des Stiffts Münster Unterthanen zum Besten ; in kurtzen Fragen verfasset. - Münster i. Westph. : W. Aschendorff, [**ca. 1780**]. -   110 S. ; 8-o
= Essen StB

7.1.12 Ausgaben von Ludwig Doetsch

Die 12 Ausgaben sind nur in einer Bibliothek (Köln USB) nachgewiesen.

Theses ex universa philosophia / Ludovicus Doetsch. [Resp.:] Franciscus Ignatius Micheroux [u.a.]. - Coloniae : Hilden, [**1728**]. - [2] Bl. ; 8-o
Hochschulschr. Köln, Dreikönigsgymnasium, Disp., Jan. 1728

Theses ex universa logica / Ludovicus Doetsch. [Resp.:] Abraham Lindenlauff [u.a.] - Coloniae : Aldenkirchen, [**1727**]. - [2] Bl. ; 8-o
Hochschulschr. Köln, Dreikönigsgymnasium, Disp., 18. Sept. 1723

Assertiones Ex Physica Quas S. Ludovico Gonzagae Studiosae Juventutis Patrono Devotissimè inscriptas / Praeside R. P. Ludovico Doetsch S.J. ... In celeberrimo trium Coronarum Gymnasio defendent ... Andreas Schmitz ex Mertzenich ; Henricus Sontgerath ex Neunkirchen ; Joannes Henricus Simonis ex Giesekirchen ; Joannes Theodorus Mâurer ex Kônigswinter ... - [Köln] : Aldenkirchen, **1727**. - [11] Bl. ; 4-o [i.e. 8-o]

Assertiones ex physica / Praeside R. P. Ludovico Doetsch S.J. [Resp.:] Andreas Schmitz [u.a.]. - [Köln] : Aldenkirchen, **1727**. - [11] Bl. ; 8-o (4-o)
Hochschulschr. Köln, Dreikönigsgymnasium, Disp., Sept. 1727

Assertiones Ex Physica Quas S. Ludovico Gonzagae Studiosae Juventutis Patrono Devotissimè inscriptas / Praeside R. P. Ludovico Doetsch S.J. ... In celeberrimo trium Coronarum Gymnasio defendent ... Andreas Schmitz ex Mertzenich ; Henricus Sontgerath ex Neunkirchen ; Joannes Henricus Simonis ex Giesekirchen ; Joannes Theodorus Mâurer ex Kônigswinter ... - [Köln] : Aldenkirchen, **1727**
Umfangsang. [11] Bl. ; 4-o [i.e. 8-o]

Assertiones ex universa logica / Praeside R. P. Ludovico Doetsch S.J. [Resp.:] Casimirus Franciscus Antonius de Leerodt. - Coloniae : Aldenkirchen, **1726**. - [2] Bl. ; 8-o
Hochschulschr. Köln, Dreikönigsgymnasium, Disp., 9. Sept. 1726

Assertiones ex universa logica / Praeside R. P. Ludovico Doetsch S.J. [Resp.:] Guilielmus Heiming [u.a.] - [Köln] : Aldenkirchen, **1726**. - [2] Bl. ; 8-o
Hochschulschr. Köln, Dreikönigsgymnasium, Disp., 17. Sept. 1726

Assertiones ex universa logica / Praeside R. P. Ludovico Doetsch S.J. [Resp.:] Franc. Joseph, L.B. Wolff-Mtternich dictus Elmpt de Burgau. - Coloniae : Aldenkirchen, **1726**
Umfangsang. [2] Bl. ; 8-o
Hochschulschr.Köln, Dreikönigsgymnasium, Disp., 11. Sept. 1726

Admodum Reverendis, Eximiis, Doctissimisque In Christo Patribus P. Danieli Ramus, P. Josepho Hartzheim, P. Ludovico Doetsch, Societatis Jesu Sacerdotibus, Dum A ... D. Joanne Sütgen ... Almae Universitatis Generalis Studii Coloniensis Rectore perquam Magnifico ... SS. Theologiae Doctores crearentur, Plaudebant Joannes Petrus Josephus Doetsch Agrippinensis, Gymnasii Tricoronati Societatis Jesu Syntaxista, Balthasar Hartzheim Agrippinensis Infimista, Patrum Josephi, & Ludovici respective Nepotes, VII. Idus Februarias MDCCXXX. - Coloniae : Hilden, **1730**. - [12] Bl. ; 4-o (2-o)
Impressum Vorlageform des Erscheinungsvermerks: Coloniae, Typis Haeredum Petri Theodori Hilden, Anno 1730

Assertiones ex universa philosophia / Praeside R. P. Ludovico Doetsch S.J. [Resp.:] Gerardus Josephus Scholten [u.a.] - Coloniae Agrippinae : Hilden, **1725**. - [2] Bl. ; 8-o
Hochschulschr. Köln, Dreikönigsgymnasium, Disp., 25. Jan. 1725

Assertiones ex philosophia naturali / Praeside R. P. Ludovico Doetsch S.J. [Resp.:] Franciscus Josephus Khrening [u.a.] - [Köln] : Aldenkirchen, **1724**. - [4] Bl. ; 8-o (4-o)
Hochschulschr. Köln, Dreikönigsgymnasium, Disp., 18. Sept. 1724

7.1.13 Nachweis einer anonymen Ausgabe (Wahrmünde, 175x)

Die beiden Aufnahmen betreffen mit hoher Wahrscheinlichkeit dieselbe Ausgabe. Die Unterschiede sind ein verschieden ermitteltes Erscheinungsjahr und ein verschieden gekürzter Sachtitel. Der wirkliche Erscheinungsort ist in beiden Aufnahmen nicht ermittelt.

Extraordinair remarquables Gespräche zweier Kaufleute, nemlich eines Kaufmanns aus Holland, welcher sich der guten Zeit rühmet und eines Kaufmanns aus Sachsen, welcher über die schlimme Zeit klaget, von den erwünschten Früchten des edlen Friedens ... mit ... Berichten die sächsischen und böhmischen Kriegsunruhen betreffend ... - Wahrmünde, [**1757**]. - 24 S. ; 8°

= Berlin SB = Jena ULB = Weimar HAAB

Extraordinair remarquables Gespräche zweier Kaufleute, nemlich eines Kaufmanns aus Holland ... und eines Kaufmanns aus Sachsen ... von den erwünschten Früchten des edlen Friedens ... - Wahrmünde, [*circa 1750*]. - 24 S.
= Dresden SLUB

7.1.14 Ausgaben eines Werkes von Johann Fecht

Die in Rostock erschienene Dissertation ist in 4 regional fernen Bibliotheken nachgewiesen.

Dissertatio Theologica **De Descensu Christi Ad Inferos** : Ad Illustrandum Oraculum I. Petr. III. Commat. 18. 19. 20. / Qvam ... Praeside ... Joanne Fechtio ... P. P. Georgius Caspari, Rigensis, Auctor. *Recusa.* - Rostochii : *Schwiegerovus*, **1710**. - 114 S., [1] Bl. ; 4°
Rostock, Univ., Diss., 1704
= Augsburg SuStB

[De Descensu Christi Ad Infernos] ... Dissertatio Theologica De Descensu Christi Ad Inferos / ... Qvam Ex Consensu ... Præside ... Dn. Joanne Fechtio ... Ad Diem XXII. Martii Anni MDCCIV. ... Georgius Caspari, Rigensis, Auctor. - *Recusa.* - Rostochii, Typis Nicolai *Schwiegerovi* ..., 1710. - 114 S., [1] Bl. ; 4°. - Zugl.: Rostock, Univ., theol. Diss., 1704
= Halle MarienBibl

De descensu Christi ad inferos, ad illustrandum oraculum I. Petr. III. Commat 18, 19, 20 / [Praes.:] Johann Fecht. [Resp.:] Georg Caspari. - 2. *ed.* - Rostochii : *Schwiegerau*, 1710. - 114 S. - Zugl.: Rostock, Univ., Diss., 1704
= Freiburg UB

¬Diss. theol.¬ de descensu Christi ad inferos : ad illustrandum oraculum I. Petr. III. commat. 18. 19. 20. / Johann. Fecht. Def. Ge. Caspari, aut. - *Recusa.* - Rostochium, 1710
= München BSB

7.1.15 Ausgabe eines Werkes von Alexander Christian Gakenholz

Die in Helmstedt erschienene Dissertation ist nur in einer Bibliothek nachgewiesen. Andere Ausgaben des Verfassers sind mehrfach in mehreren Bibliotheken vorhanden.

Dissertatio sistens aegrum asthmate stomachali laborantem / [Praes.:] Alexander C. Gakenholz. [Resp.:] Johann H. Dencker. - Helmstad., **1720**
Helmstedt, Univ., Diss., 1720
= Leipzig UB

7.1.16 Ausgaben eines Werkes von Johann Joseph Gassner

Das mehrfach erschienene Werk „Weise, fromm und gesund zu leben, auch ruhig und gottseelig zu sterben oder nützlicher Unterricht wider den Teufel zu streiten" ist mit 28 Exemplaren in 16 Bibliotheken nachgewiesen. Drei Ausgaben sind in zwei Bibliotheken unikal vorhanden: Freiburg UB (1 Ausgabe), München UB (2 Ausgaben). Von der 11. Auflage ist ein Volldigitalisat erstellt (München BSB).

Nach der kemptischen Aufl. - [S.l.], 1774
   = Freiburg UB
Ellwangen. - 1775
   = Augsburg UB, Würzburg UB, München UB, Fulda HLB
Nachgedruckt. - Sulzbach, 1775. - Anmerkung: Erstlich gedruckt zu Ellwangen
   = Berlin SB, München UB
[Ohne Auflagebezeichnung]. - Augsburg, 1775
   = Freiburg UB, Tübingen UB
Zweyte verbesserte Auflage, und vermehrt von Herrn Verfasser selbsten. - Augsburg, [ca. 1775]
   = München BSB, Augsburg UB, Augsburg SuStB, Bamberg MetroB
Dritte verbesserte Auflage, und vermehrt von Herrn Verfasser selbsten. - Augsburg, 1775
   = Regensburg SB, Augsburg SuStB, München BSB, Göttingen SUB
4. verbesserte Auflage, und vermehrt vom Verfasser selbst. - Augsburg, 1775
   = München UB
5. Auflage
   Kein Nachweis

Sechste verbesserte Auflage, und vermehrt von dem Herrn Verfasser selbsten. - Augsburg, 1775
= München BSB, München UB,
7. Auflage. - Augsburg, 1775
= München UB
8. verbesserte Auflage, und vermehrt von Herrn Verfasser selbsten. - Augsburg, 1775
= Würzburg DiözB, Halle ULB, Freiburg UB, Stuttgart WLB, Münster InstEthik
9. Auflage
Kein Nachweis
10. Auflage
Kein Nachweis
Eilfte verbesserte Auflage und vermehrt von Herrn Verfasser selbsten. - Augsburg, 1775
= München BSB + **Digitalisat**, Weimar HAAB

7.1.17 Ausgaben von Johann Nikolaus Götz

Die 6 Ausgaben sind mit 55 Exemplaren in 39 Bibliotheken nachweisbar. 3 Ausgaben sind teilweise nicht unter dem Namen des Verfassers nachgewiesen: Der Tempel zu Gnid (1748), Die Mädcheninsel (1773), Papperle (1760) und Papperle (1772). Die 6 Ausgaben können von vier Bibliotheken erschlossen werden: Berlin SB, Göttingen SUB, Heidelberg UB oder Leipzig UB, München BSB oder Hamburg SUB oder Passau UB oder Weimar HAAB oder Köln DomB.

Die Oden Anakreons in reimlosen Versen : nebst einigen andern Gedichten / Anakreon. - Franckfurt, **1746**

= Aurich OstfriesB
= Berlin SB
= Weimar HAAB
= Wolfenbüttel HAB

Die Gedichte Anacreons und der Sappho Oden / aus dem Griech. übers. und mit Anmerkungen begleitet [von Johann Nikolaus Götz]. - Carlsruhe : Macklot, **1760**. - 228 S.

= Detmold LB
= Dresden SLUB
= Frankfurt UB
= Freiburg UB
= Göttingen SUB
= Köln USB
= München BSB
= München UB
= Oldenburg LB
= Saarbrücken ULB
= Tübingen UB

Vermischte Gedichte / von Johann Nikolas Götz. Herausgegeben von Karl Wilhelm Ramler. - Mannheim : Schwan. - Theil 1 - 3 (**1785**)

= Augsburg UB	= Greifswald UB	= Saarbrücken ULB
= Berlin SB	= Halle ULB	= Schwerin LB
= Braunschweig StB	= Hamburg UB	= Speyer PLB
= Dessau LB	= Jena ULB	= Stuttgart WLB
= Detmold LB	= Kiel UB	= Trier UB
= Dresden SLUB	= Koblenz RheinLB	= Tübingen UB
= Eutin LB	= Mainz StB	= Weimar HAAB
= Frankfurt UB (Retro)	= München BSB	= Wolfenbüttel HAB
= Freiburg UB	= Münster ULB	= Worms StB
= Göttingen SUB	= Regensburg UB	

Der Tempel zu Gnid : [Prosa-Dichtung in 7 Gesängen] / [nach Charles Secondat Baron de la Brede et Montesquieu. Von Johann Nikolaus Götz]. - Franckfurt u. Leipzig, **1748**. - 55 S. : Ill.
Freie Bearb. von: Le temple de Gnide / Charles L. de Montesquieu
= Heidelberg UB = Leipzig UB

Der Tempel zu Gnid. - Frankfurt und Leipzig : 1748. - [4] Bl., 55 S.
= Erlangen-Nürnberg UB *(Nachweis nur unter Sachtitel)*

Der Tempel zu Gnid / [Verf.: Nicolas Germain Léonard]. - Frankfurt & Leipzig, 1748. - 55 S.
= Wiesbaden HLB (HEBIS-Retro) *(Verfasser nicht korrekt ermittelt?)*

Die Maedcheninsel, eine Elegie / [von Johann Nikolaus Goetz]. - [Potsdam], **1773**. - 15 S. ; 8°
= Berlin SB

Papperle : in vier Gesängen / Gresset. Aus d. Franz. ins Deutsche von Johann Nikolaus Götz. - Frankfurt & Leipzig : Maklot, **1760**. - 53 S. - Einheitssacht.: Vert-Vert <dt. = Köln DomB
= München BSB = Passau SB

Papperle : in vier Gesängen / aus d. Franz. des Greßet. - Frankfurt ; Leipzig : Maklot, **1760**. - 53 S. ; 8°. - Einheitssachtitel: Vert-Vert <dt.> *(Kein Nachweis unter J. N. Götz)*
= Hamburg SUB = Weimar HAAB

Anhänge

Papperle : in vier Gesängen ; Der Frau von *** Aebtißinn zu ** zugeeignet / Aus dem Französischen des Herrn Greßet, Mitglieds der Akademie der Innschriften und schönen Wissenschaften zu Paris. - Breslau : [s.n.], **1772**. - 54 S. ; 8°
Fingerprint: n-e, n.n- t.ie scüb 3 1772A. - Einheitssachtitel: Vert-Vert <dt.>. - Anmerkung: Autopsie nach Ex. der SUB Göttingen *(Kein Nachweis unter J. N. Götz)*
= Göttingen SUB

7.1.18 Nachweise für eine Ausgabe von Damian Ferdinand Haas

Der in Wetzlar erschienene Druck ist nicht regionalnah nachgewiesen. Bei zwei Aufnahmen ist der Verfasser nicht ermittelt. Die bibliografische Qualität der Aufnahmen ist sehr verschieden.

Wie hat sich endlich die Geschichte des Leinclaufens entwickelt? / [von Damian Ferdinand Haas]. - Wetzlar, **1787**. - 60 S.
= Tübingen UB

Wie hat sich endlich die Geschichte des Leinelaufens entwickelt? - Wetzlar : 1787
= München BSB *(Verfasser nicht ermittelt)*

Wie hat sich endlich die Geschichte des Leinelaufens entwickelt? : Zur Nachricht des Theilnehmenden Publikums, nebst einer weitern Defension, *um* auch von der Hauptanklage und Strafe ex Capite *Justitia absolvirt* zu werden / [Danian Fredinand Haas]. - Wetzlar, 1787. - 60 S. : 4-o
= Bottrop StB

Kurze Entwicklung der Geschichte des Leinelaufens, wie sie jetzt daliegt; und Erörterung der Fragen: 1. wer sind die Urheber des davon gegen den jüngern Kammergerichtsassessor von Albini schon 1782 sich verbreiteten Rufs, ehe 1784 das Haasische Etwas etc. und noch Etwas etc. existirten? 2. ist die Wahrheit des Rufs erwiesen? ist sie nicht erwiesen? 3. Wer muß im letzten Fall allein dafür haften?
Angeb 1: Wie hat sich endlich die Geschichte des Leinelaufens entwickelt? Zur Nachricht des theilnehmenden Publicums, nebst einer weiteren Defension, *nun* auch von der Hauptklage und Strafe ex capite *iustitiae absolviert* zu werden. - Wetzlar, 1787
= Göttingen SUB *(Verfasser nicht ermittelt)*

7.1.19 Ausgabe eines Werkes von Albrecht von Haller

Die 6 Ausgaben sind in 24 Bibliotheken mit 24 Exemplaren nachgewiesen. Die Kollation ist in jeder Aufnahmen verschieden; in einer Aufnahme fehlt der Kollationsvermerk.

Albrechts von Haller **Versuch Schweizerischer Gedichte**. - 9., rechtmäßige, verm. u. veränd. Aufl. - Göttingen : Vandenhoek, **1762**. - ***284 S.*** **: *Kupfer***
= Magdeburg StB

[Versuch schweizerischer Gedichte] D. Albrechts von Haller Versuch Schweizerischer Gedichte. - 9., rechtmäßige, verm. und veränd. Aufl. - Göttingen : Vandenhoek, 1762. - ***284 S.***
= Dresden SLUB = Leipzig UB = Stuttgart UB
= Heidelberg UB = Saarland UB

[Versuch schweizerischer Gedichte] Albrechts von Haller, ... Versuch Schweizerischer Gedichte. - 9., rechtmäßige, verm. u. veränd. Aufl. - Göttingen : Vandenhoek, 1762. - *[9] Bl., 284 S. : Ill.* ; 8°
= Berlin SB = Greifswald UB = Hamburg SUB
= Braunschweig UB/TU = Halle ULB = Jena ULB
= Göttingen SUB = Halle FranckeStift = Wolfenbüttel HAB

D. Albrechts von Haller, Versuch Schweizerischer Gedichte. - 9., rechtmäßige, verm. u. veränd. Aufl. - Göttingen : Vandenhoek, 1762. - *[14], 284, [4] S.* ; 8-o. - Bibliogr. Nachweis: NUC
= Bonn UB = Münster ULB = Essen StB
= Detmold LB = Aachen Karls-Gymn

Versuch schweizerischer Gedichte / Verfasser: Haller, Albrecht ¬von¬. - Göttingen : 1762
= München BSB   *(Kein Kollationvermerk)*

Albrechts von Haller Versuch Schweizerischer Gedichte. - 9., rechtmäßige, verm. u. veränd. Aufl. - Göttingen : Vandenhoek, 1762. - *[8] Bl., 284 S., [2] Bl. : Ill.* - In Fraktur
= Aschaffenburg SB = München UB = Regensburg UB

7.1.20 Ausgaben von Hochzeitsschriften (Jauer und Hirschberg, 1755)

Die 8 in Jauer und Hirschberg erschienenen Ausgaben sind nur in einer Bibliothek nachweisbar (Dresden SLUB).

Wie Berg und Thal zusammen kommen wurde bey dem ... HochbergFürstenstein- und Hochberg Rohnstockischen hohen Beylager, so den 28. Apr. 1755 ... celebriret ward, vorgestellet / von G. C. H. - Jauer : gedruckt bey Heinrich Christoph Müllern, [1755]. - [2] Bl.

Bey der hohen Vermählung des ... Heinrich Ludewig Carl, des Heil. Röm. Reichs Grafen von Hochberg ... mit der ... Louise Henriette Caroline Elisabeth ... von Hochberg ..., welche in Rohnstock den 28. April 1755 vollzogen wurde, wolten ihre Freude ... an den Tag legen / die Wirthschafts-Beamten von Rojnstock ... - Jauer : Müller, [1755]. - [2] Bl.

Bey dem hohen Vermählungs-Fest des Heinrich Ludwig Carl, des Heil. Röm. Reichs Graf von Hochberg ..., und der ... Louise Henriette Carol. Elisab. ... von Hochberg ..., welches den 28. April im Jahr 1755 ... vollzogen wurde, suchte seine ... Ehrfurcht ... zu bezeigen / Gottfried Peto. - Hirschberg : gedruckt bey Immanuel Krahn, [1755]. - [2] Bl.

Bey der ... Vermählung, welche den 28. April 1755 zu Rohnstock feyerlich vollzogen wurde zwischen ... Heinrich Ludewig Carl ... von Hochberg ... und der ... Louise Henriette Caroline Elisabeth ... von Hochberg ..., wollte seine ... Hochachtung ... an den Tag legen / Gottlieb Mohaupt. - Striegau : gedruckt bey Johann Siegismund Webern, [1755]. – [2] Bl.

Das hohe Vermählungs-Fest, welches zwischen dem ... Heinrich Ludewig Carl des Heil. Röm. Reichs Grafen von Hochberg ... und der ... Louise Henriette Caroline Elisabeth ... von Hochberg ... den 28. April Ao. 1755 ... celebriret wurde, segneten ... / George Petzold, Gottlieb Wolff und Philipp George Sezbold[!]. - Jauer : Müller, 1755. - [4] Bl.

Die Freude über der nähern Verbindung der hohen Fürstenstein- und Rohnstockischen Häuser : den 28. April 1755 / suchte ... auszudrücken George Daniel Petzold. - Jauer : gedruckt bey Heinrich Christoph Müllern, 1755. - [2] Bl.

Die herrlichste Verbindung der ... Macht und Weisheit Gottes bemühte sich bey der ... Verbindung zweyer ... Hochbergischen ... Häuser, Fürstenstein und Rohnstock, welche den 28. April 1755 ... vollzogen wurde, ... in nachgesetzter Ode zu schildern / Christian Emmanuel Ulber. - Jauer : gedruckt bey Heinrich Christoph Müllern, 1755. - [4] Bl.

Da Grafe und Comteß von Hochberg sich vermählen, ließ seinen Wunsch dabey ein Gottesknecht nicht fehlen : den 28. April Anno 1755 / W. W. - Hirschberg : gedruckt bey J. Krahn, 1755. - [4] Bl.

7.1.21 Ausgabe eines Werkes von Johann Kaspar Lavater (1799)
Antwort auf das Wort eines freyen Schweizers an die große Nation : Sammt der Gegenantwort von J. C. Lavater. - S.l. : **1799**
= München BSB
Kein Nachweis in der Schweiz

7.1.22 Ausgabe eines Werkes von Johann Kaspar Lavater (1769)
Die Ausgabe ist teilweise nur dem Verfasser „Grebel" oder „Lavater" nachgewiesen. In zwei Aufnahmen ist der Sachtitel gekürzt oder verschrieben. In einer Aufnahme ist der fingierte Erscheinungsort ermittelt. - Die in 6 deutschen Bibliotheken nachgewiesene Ausgabe ist in der Schweiz nicht nachweisbar.

Der von Johann Caspar Lavater glücklich besiegte Landvogt Felix Grebel / Johann Kaspar Lavater. - Arnheim, **1769**. - 1 Bl., 44 S. *(Kein Nachweis unter „Grebel, Felix")*
= Halle ULB   = Wolfenbüttel HAB

Der von *Joh*. Caspar Lavater glücklich *besingte* Landvogt / Felix Grebel. - Arnheim, 1769. - 2 Bl., 44 S. ; 8° *(Kein Nachweis unter „Lavater, Johann Caspar")*
= Berlin SB   = Dessau LBü

¬Der¬ von Johann Caspar Lavater glücklich besiegte Landvogt Felix Grebel / [Grebel, Felix]. - Arnheim [i. e. Zürich] : 1769
= München BSB   *(Kein Nachweis unter „Lavater, Johann Caspar")*

¬Der¬ von *Jo*. Caspar Lavater glücklich besiegte Landvogt Felix Grebel / [Verfasser: Lavater, Johann Caspar ; Grebel, Felix]. - Arnheim : 1769. - 44 S.
= Augsburg UB

7.1.23 Ausgaben eines Werkes von Johann Carl May

Die 3 Ausgaben sind mit 8 Exemplaren in 7 Bibliotheken nachgewiesen. Alle Ausgaben sind durch 2 Bibliotheken zu erschließen (Bamberg, Jena). 1 Ausgabe ist unikal vorhanden.

Lettres Marchandes / par Jean Charles May. - Altona : Iversen, **1769**
= Jena ULB   = München BSB   = Regensburg SB

Lettres marchandes / Verfasser: May, Johann Carl. - Altona : Iversen, 1769. - 244 S.
Einheitssachtitel: Versuch in Handlungsbriefen und grössern kaufmännischen Aufsätzen nach den Gellert'schen Regeln <franz.>
= Stuttgart WLB

Lettres Marchandes : Non seulement Fort Propres A S'Exercer Dans Le Stile Epistolaire Du Negociant, mais aussi A S'Instruire Dans Toutes Les Parties Relatives Tant Au Commerce De Terre Qu'a Celui De Mer / Par Mr. Jean Charles May. - Seconde Edition, revüe & corrigée. - Altona : Chez David Iversen, Libraire Privilegie Du Roi, **1778**. - [2] Bl., 244 S. ; 8°
Fingerprint: e,n- h.te e.ai frIl 3 1778A
= Göttingen SUB   = Jena ULB

Lettres Marchandes : Non seulement Fort Propres A S'Exercer Dans Le Stile Epistolaire Du Negociant, mois aussi A S'Instruire Dans-Toutes Les Parties Relatives Tant Au Commerce De Terre Qu A Celui De Mer / Par Mr. Jean Charles May. - Seconde Edition, revu☐e & corrigée. - Altona : Iversen, **1778**. - [2] Bl., 244 S. ; 8-o
Vorlageform des Erscheinungsvermerks: Chez David Iversen, Libraire Privilegie Du Roi
= Bottrop StB

Lettres Marchandes / Verfasser: May, Johann Carl. - Altona : **1794**
= Bamberg SB

7.1.24 Ausgabe eines Werkes von Justus Möser

Der Erscheinungsort ist in den Aufnahmen nicht oder verschieden aufgelöst.

Harlekin, oder Vertheidigung des Groteske-Komischen / [erm. Verf.: Justus Möser]. - [*S.l.*], **1761**. - 80 S. ; 8°
= Berlin SB   = Eutin LB

Harlekin, oder Vertheidigung des Groteske-Komischen / [J. M.]. - *O[snabrück]*, 1761. - 80 S. - Verf. ermittelt
= Göttingen SUB   = Halle ULB   = Weimar HAAB

Harlekin oder Vertheidigung des Groteske-Komischen / [J. M. = Möser, Justus]. -*[Hannover]*. - 1761. - 80 S. ; 8-o
= Dortmund StuLB

Harlekin, oder Vertheidigung des Groteske-Komischen / [von Justus Möser]. - *S.l.* : 1761. - 80 S. - In Fraktur
= München TheaterMus

7.1.25 Ausgabe eines Gesangbuches von Wilhelm Nakatenus

Die 9 mit einer Ausnahme in Köln erschienenen Ausgaben des „Coeleste Palmetum" sind mit 11 Exemplaren in 6 Bibliotheken nachgewiesen. Lediglich die Ausgaben 1768 und 1799 sind jeweils in zwei Exemplaren nachgewiesen. Alle anderen Ausgaben sind unikal vorhanden. Alle Ausgaben sind durch 5 Bibliotheken zu erschließen.

(1) Kurzer Begriff des himmlischen Palm-Gärtleins / Verfasser: Nakatenus, Wilhelm. - Cölln : **1701**
= München BSB

(2) Kurtzer Begriff des himmlischen Palm-Gärtleins in grossem Druck R. P. Wilh. Nakateni ... : darin andächtige und anmüthige Morgens- und Abends-, Meß-, Beicht- und Communion-Gebetter ... / Nakatenus, Wilhelm. - Anjetzo zum 5. mahl mercklich aber verm. und verb. ans Licht gebracht. - Cölln : Noethen, **1748**. - [20], 608, [8] S. : Ill. - Ausz.
= Köln DomB

(3) [Kurtzer Begriff des Himmlischen Palm-Gärtleins] Kurtzer Begriff des Himmlischen Palm-Gärtleins in grossem Druck R. P. Wilh. *Nekateni* aus der Gesellschaft Jesu : Darin andächtige ... Morgens- und Abends- .... Communion-Gebetter; Die sieben Buß-Psalmen ... Mit Zufügung sonderbahrer Ubungen der Andacht zu der H. Hertzens-Wund Christi .... ; Auff vieler Antrieb in diese Form und Ordnung gebracht, auch mit unterschiedlichen neuen Kupffer-Stichen geziert / [Verfasser: Nacatenus, Wilhelm. Sonst. Personen: Bouttats, Balthasar]. - Cölln und Franckfurt, Bey Servatii Noethen seel. Erben unter gülden Waagen, **1751** (Drucker: Noethen, Heinrich). - [12] Bl., 706 S., [5], [1] Bl. : Frontisp., 1 Ill. (Kupferst.), Ill. (Kupferst.). ; 12°. - Fingerprint: ppm. u,92 h-n. DuFe 3 1751A. - Einheitssachtitel: Coeleste palmetum <dt.>. - Titelbl. in Rot- und Schwarzdr. - Fingerprint nach Ex. der FB Gotha. - Schlüsselseiten aus dem Exemplar der FB Gotha: Theol 8° 00691/07
= Erfurt-Gotha UFB

(4) Kurtzer Begrif des himmlischen Palm-Gärtleins in grossem Druck R. P. Wilh. Nakateni ... : darin andächtige und anmüthige Morgens- und Abends- ... und Communion-Gebeter ... / [Nakatenus, Wilhelm]. - Anjetzo zum 5. mahl mercklich verm. und verb. ans Licht gebracht. - Cölln : Metternich, **1764**. - 598 S. : Ill. - Ausz.
= Köln DomB

(5a) Kurzer Begriff des himmlischen Palm-Gärtleins : mit Zufügung sonderb. Andachten bey etl. *Bildern* ... ; samt d. 9 dienstägigen Andacht zum Hl. Antonio von Padua / [Nakatenus, Wilhelm]. - Cölln : Metternich, **1768**. - 571 S. : 8 Kupferdr.
= Wuppertal StB

(5b) Kurzer Begriff des himmlischen Palm-Gärtleins / Wilhelm Nakateni. Auf vieler Antrieb von dem Author selbst in diese Form gebracht. Mit Zufügung sonderbarer Andachten bey etlichen *Bilderen*, so unterschiedliche H. H. Reliquien berühret haben. - Cöln : Metternich, **1768**. - 11 Bl., 571 S.
= Mainz StB

(6) [Kurzer Begriff des himmlischen Palm-Gärtleins] Kurzer Begrif des himmlischen Palm-Gärtleins ... R. P. Wilh. Nakateni aus der Gesellschaft Jesu : Darinn andächtige und anmüthige Morgens- Abends- Meß- Beicht- und Communion-Gebether, Die sieben Bußpsalmen, mit zugesetzten Gebethern ... Mit Zufügung sonderbarer Uebungen der Andacht ... ; Auf vieles Verlangen in diese Form und Ordnung gebracht, auch mit ... neuen Kupferstichen gezieret / [Verfasser: Nacatenus, Wilhelm]. - in grossem Druck ... merklich vermehret, verbessert. - Paderborn ... Gedruckt und zu finden bey Herman

Leopold Wittueven [vielm.: Wittneven], **1776** (Drucker: Wittneven, Hermann Leopold). - [9] Bl., 584 S., [4] Bl. : Frontisp. - Fingerprint: i.y. 5600 t.e- Vase 3 1776A. - Einheitssachtitel: Coeleste palmetum <dt.>. - Titelbl. in Rot- und Schwarzdr. - Fingerprint nach dem Ex. der FB Gotha
= Erfurt-Gotha UFB

(**7**) Kurzer Begriff des himmlischen Palm-Gärtleins : darin andächtige u. anmüthige Morgens- u. Abends-, Meß-, Beicht- u. Communion-Gebeter ... / in grossem Dr. Wilh. Nakateni. - Anjetzo zum 6. Mal merkl. verm. u. verb. - Köln : Metternich, **1789**. - 613 S. ; 8-o
= Köln USB

(**8**) Kurzer Begriff des Himmlischen Palm-Gärtleins in grossem Druck Wilh. Nakateni : darin andächtige und anmüthige Morgens- und Abends-, Meß-, Beicht- und Communin-Gebetter ... / [Nakatenus, Wilhelm]. - Anjetzo zum 7.mal merkl. verm. u. verb. ans Licht gebracht. - Köln : Metternich, **1794**. - 611 S. ; 8-o
= Köln USB

(**9a**) Kurzer Begrif des himmlischen Palm-Gärtleins R. P. Wilhelmi Nakateni Societatis Jesu : auf vieler Antrieb von dem Author selbst in diese Form und Ordnung gebracht ; mit Zufügung sonderbahrer Andachten, samt der neun diensttägigen Andacht zum heil. Antonio von Padua / [Nakatenus, Wilhelm]. - Kölln : Metternich, **1799**. - 535 S., [1] Bl. : Ill. - Ausz.
= Köln DomB

(**9b**) Kurzer Begriff des himmlischen Palm-Gärtleins Wilhelmi Nakateni : auf vieler Antrieb von d. Author selbst in diese Form u. Ordnung gebr. ; mit Zufügung sonderbarer Andachten ... - Kölln, Metternich, **1799**. - 535 S. ; 8-o
= Trier StB

7.1.26 Ausgabe eines anonymen Werkes (London?, 1787/1790)

Der fingierte Erscheinungsort ist in den Aufnahmen deutscher Bibliotheken entweder nur als Anmerkung angegeben (und damit über das entsprechende Datenfeld nicht suchbar) oder nicht aufgelöst.

Offenherzige Schilderung der Müssiggänger und Taugenichts in London zur Warnung für deutsche Müssiggänger und Taugenichts. - London, ... bey Wilhelm Adlard ...

Theil 1 (1787)
Theil 2 (1788)
Anmerkung: Druckort ist Berlin
= Halle ULB

Offenherzige Schilderung der Müssiggänger und Taugenichts in London zur Warnung für deutsche Müssiggänger und Taugenichts. - London: Adlard, 1787-90
Anmerkung: *Th. 1.-3.*
= Berlin SB

ESTC: **Offenherzige Schilderung der Müssiggänger** und Taugenichts in London zur Warnung für deutsche Müssiggänger und Taugenichts. ... - London [Berlin] : bey Wilhelm Adlard, **1787-90**. - *3v.*,plates ; 8°. - The three volumes are dated 1787, 1788 and 1790 respectively. The imprint is false; printed in Berlin. - Microfilm. Woodbridge, CT Research Publications, Inc., 1986. 1 reel ; 35mm. (The Eighteenth Century ; reel 1813, no. 02).
Copies - Brit.Isles: British Library, Copies - Europe: Bibliotheca Bodmeriana

7.1.27 Ausgaben von Georg Daniel Pezold

Die 6 in Glogau, Jauer und Liegnitz erschienenen Ausgaben sind mit 9 Exemplaren in 4 Bibliotheken nachgewiesen. Alle Drucke sind von 2 Bibliotheken zu erschließen: Dresden SLUB (2 Ausgaben unikal), Leipzig UB oder München UB.

Der Christus Gottes : nach dem Begriffe der heiligen Schriften / nebst einer Vorrede Christian August Crusius, wie die, welche die Religion in die Tugend setzen, auf die Erkenntniß Christi richtig zurück zu weisen sind / Pezold, Georg Daniel. - Glogau
1 (1774) - 2 (1775)
= Dresden SLUB   = Halle ULB

Das hohe Vermählungs-Fest, welches zwischen dem ... Heinrich Ludewig Carl des Heil. Röm. Reichs Grafen von Hochberg ... und der ... Louise Henriette Caroline Elisabeth ... von Hochberg ... den 28. April Ao. 1755 ... celebriret wurde, segneten ... / George Petzold, Gottlieb Wolff und Philipp

George Sezbold[!] [Verfasser: Pezold, Georg Daniel ; Wolf, Gottlieb ; Seybold, Philipp Gottfried]. - Jauer : Müller, 1755. - [4] Bl.
= Dresden SLUB

Das Geheimniß des Evangelii oder das Geheimniß Christi : aus deutlichen Stellen der Heiligen Schrift angezeiget / von George Daniel Pezold. - Liegniz, 1783
= Leipzig UB   = München UB

Die Freude über der nähern Verbindung der hohen Fürstenstein- und Rohnstockischen Häuser : den 28. April1755 / suchte ... auszudrücken George Daniel Petzold. - Jauer : gedruckt bey Heinrich Christoph Müllern, 1755. - [2] Bl.
= Dresden SLUB

Die Verbindung der Gläubigen mit Jesu ... an dem ... Beyspiele der ... Louise Friederique, ... des Heil. Röm. Reichs Gräfin von Hochberg ..., suchten ... zu entwerffen / George Pezold, Gottlieb Wolf, Philipp Gottfr. Seybold. - Jauer : gedruckt bey Heinrich Christoph Müllern, [1757]. - [2] Bl. - Trauergedicht ...
= Dresden SLUB

Das immerwährende Leben der Gläubigen ... in dem ... Beyspiele des ... Hannß Heinrichs, des Heil. Röm. Reichs Grafens von Hochberg ... bey der den 4. May ... gehaltenen Gedächtniß-Predigt / George Pezold, Gottlieb Wolf, Philipp Gottfr. Seybold. - Jauer : gedruckt bey Heinrich Christoph Müllern, [1758]. - [2] Bl.
= Dresden SLUB

Das immerwährende Leben der Gläubigen ... : [Gedächtnisgedicht auf Hans Heinrich von Hochberg, Reichsgraf, +7. April 1758] / Georg Pezold; Gottlieb Wolff; Philipp Gottfried Seybold. - Jauer : Müller, [1758]. - [2] Bl.
= Halle ULB

7.1.28 Ausgabe eines Werkes von Johann Gabriel Recknagel

In einer Aufnahme ist weder der fingierte Erscheinungsort noch der Verfasser ermittelt.

Das Advocatennest oder Unterredung zweyer verhaften Advocaten namens Eckrensgall und Timmscher : wie sie zusammenkommen ... ; Aus dem Juristischen ins Deutsche / [Recknagel, Johann Gabriel]. - Hochburg b. Weinhausen [*i.e. Nürnberg*], 1782. - 32 S. ; 8-o. - Recknagel ermittelt
= Düsseldorf ULB

Das *Advokatennest* od. Unterredung zweyer verhaften Advocaten namens Eckrensgall und Timnischer ... Wie sie in Hochburg bey Weinhausen an. der Strase Abtritt *hugefehr* Zusammen gekommen u. daselbst ihre Fata einander erzehlt ; Aus d. Juristischen ins *Deutschr*. - Hochburg bey Weinhausen, 1782. - 32 S. 8°
= Berlin SB

7.1.29 Ausgabe eines Werkes von Christian Reuter

Die Ausgabe ist in 2 Bibliotheken nachweisbar. Mikrofiche-Ausgaben besitzen 58 Bibliotheken.

Des Harleqvins Hochzeit- und Kindtauffen-Schmauß Jn einem Singespiele vorgestellet / [Christian Reuter]. - Freywald, **1735**. - 52 S., [1] Bl. : 1 Ill. (Titelkupf.).
Fingerprint: t,t, r.l, .)nd MeAc 31735A. - Sekundärausg. - Die Vorlage enthält insgesamt 2 Werke. - Verf. erm., Quelle: KVK. - Fingerprint nach Ex. d. HAAB Weimar. - Vorlage des Erscheinungsvermerkes: Freywald, 1735
= Weimar HAAB

Des Harlequins Hochzeit- und Kindtauffen-Schmauß : in einem Singe-Spiele / [Verf.: Christian Reuter]. - Freywald : [s.n.] , 1735. - 52, [1] S. : Ill. (1 Kupferst.)
= Berlin HumboldtUB

7.1.30 Ausgabe eines anonymen Werkes (Frankfurt und Leipzig, 1750)

Die Ausgabe ist in 4 Bibliotheken nachweisbar. Die Mikrofiche-Ausgabe besitzen 58 Bibliotheken.

Vie, La Maladie Et La Mort De L'Honnete Femme : Das ist: Der ehrlichen Frau Schlampampe Leben, Kranckheit und Tod, in Zweyen Lust- und Trauer-Spielen vorgestellt / Aus dem Franzoesischen in das Teutsche übersetzt von *Schelmuffsky* Reisegefaehrten [Christian Reuter]. - Franckfurth ; Leipzig, 1750. - [1] Bl., 156 S. : Ill. (Kupferst.). ; 8°
Übers. ermittelt. - Vorlageform des Erscheinungsvermerks: Franckfurth und Leipzig, 1750. - Die Vorlage enth. insgesamt 2 Werke
= Berlin SB

Vie la Maladie et la mort de *l' honnete* Femme, das ist: Der ehrlichen Frau Schlampampe Leben, Krankheit und Tod / In zweyen Lust- und Trauerspielen vorgestellt, und aus dem Französischen in das Teutsche übersezt von *Schelmuffsky* Reisegefährten [i. e. Christian Reuter]. Franckfurth und Leipzig : [*S.l.*], 1750. - 158 S. : Kupferst. - Einheitssachteil: Vie la Maladie et la mort de l' honnete Femme <dt.>
= Berlin HumboldtUB

Vie la maladie et la mort de l'honnete femme : das ist der ehrlichen Frau Schlampampe Leben, Krankheit und Tod, in zweyen Lust- und Trauerspielen ... / Aus dem Franz. übers. von *Schelmuffsky's* Reisegefährten [i.e. Christian Reuter]. - Frankfurt ; Leipzig : 1750
= München UB   = Dillingen StudB

7.1.31 Ausgaben von Jacobus Schramm

Die 3 in Prenzlau erschienenen Ausgaben sind nur in einer Bibliothek (Halle ULB) nachgewiesen.

Das trostreiche Leiden und freudenvolle Ende der beharrlich Gläubigen : Wurde Aus ... Bey dem seligen Hintritt Der ... Frau Christiana Maria Freudin, gebohrnen Schmidtin, Des ... Herrn Johann Heinrich Freude, ... Hinterlassenen Frau Wittwe In einer Leichen-Predigt ... Am Tage Himmelfahrt Christi 1742 in der Kirche zu St. Jacobi in Prentzlau vorgetragen Und auf Verlagen dem dRuck übergeben / von Jacobus Schramm, Prediger zu St. Marien und

Heil. Geist. - Prentzlau, gedruckt bey Chr. Ragoczy, [1742]. - 112 S. - Die Vorlage enthält insgesamt ... Werke

Der reiche Trost Jesu Für seine Jünger und alle wahre Christen in ihrer Traurigkeit : Wurde, Als der ... Herr Johann Heinrich Freude, ... gewesener Con-Rektor bey der hiesigen grossen Stadt-Schule Den 16ten Jan. 1742 ... selig entschlafen, Und darauf Den 19ten zu seiner Ruhe-Camer gebracht war, in einer Leich- und Gedächtniß-Predigt ... Am Sonntage Septuagesima ... in der Marien-Kirche vorgetragen ; und auf Begehren dem Druck übergeben / von Jacobus Schramm, Diener des göttlichen Worts an der St. Marien- und Heil. geist-Kirche. - Prentzlau, gedruckt bey Chr. Ragoczy, [1742]. - 103 S. - Enth. ab Seite 80 Trauer- und Trostgedichte

Denckmahl der Liebe : welches Seiner am 19. Sept. 1742 im Herrn selig verstorbenen Ehe-Gattin Sophia Louise Schrammen, gebornen Manitien, aufgerichtet / Jacobus Schramm, Diener des Wortes Gottes in Prentzlau. - [S.l.], [ca. 1742]. - [8] Bl.

7.1.32 Nachweis einer Totenschrift von Johann Christoph Schwarz

Die Totenschrift für die mit vielen Exemplaren ihrer Werke in vielen Bibliotheken vertretene Verfasserin Luise Adelgunde Victoria Gottsched ist nur in Tübingen UB nachgewiesen.

Schuldiges Ehrenmahl bey der Gruft der Frauen Luise Adelgunda Victoria Gottschedinn / aufgerichtet von Johann Christoph Schwarz. - Mannheim, **1762**. - 4 Bl.

7.1.33 Ausgabe eines Werkes von Wilhelm Friedrich Karl von Schwerin

Die fingierten Erscheinungsorte sind in den Aufnahmen entweder nicht ermittelt oder verschieden aufgelöst. In einer Aufnahme ist der mutmaßliche Verfasser nicht ermittelt.

Philosophische Abendstunden vom Koche des Königes von Preussen : Zur Elektrisirung fanatischer Köpfe / aus dem Franz. [des Grafen von Schwerin] von einem Illuminaten in Bayern [Übers.: Friedrich Heinrich Bispink. Beteiligt: Schwerin, Wilhelm Friedrich Karl von ; Bispink, Friedrich Heinrich ; Schwerin, Heinrich Bogislav Detlev von]. - *Boston und München [i.e. Leip-*

zig] : [im Verl. Weygand], **1786.** - Einheitssachtitel: Les soirées philosophiques du cuisinier du roi de Prusse <dt.>. - Angebl. Verf.: Wilhelm Friedrich Karl von Schwerin oder Heinrich Bogislav Detlev von Schwerin
= Dresden SLUB   = Leipzig UB

Philosophische Abendstunden vom Koche des Königes von Preussen : zur Elektrisirung fanatischer Köpfe / aus dem Französischen ins Deutsche übersezt und mit Anmerkungen versehen von einem Illuminaten in Bayern [Mutmaßl. Verf.: Wilhelm F. von Schwerin. Übers.: Friedrich H. Bispink]. - *Boston ; München*, 1786. - [1] Bl., X, 335 S. : Frontisp. (Kupferst.). ; 8°. - Bibliogr. Zitate: ESTC N469408. - Einheitssachtitel: Les soirées philosophique du cuisinier du roi de Prusse <dt.> - Übers. erm. nach Holzmann/Bohatta VI, 89. - Impr. Fingiert. - Vorlageform des Erscheinungsvermerks: Boston und München, 1786
= Berlin SB

Philosophische Abendstunden : vom Koche des Königes von Preußen ; zur Elektrisierung fanatischer Köpfe / Aus d. Franz. von e. Illuminaten in Baiern. [Verf.: Wilhelm F. von Schwerin. Übers.: Friedrich H. Bispink]. - *Boston und München [i.e. Weißenfels]* : 1786
= München BSB

Philosophische Abendstunden vom Koche des Königes von Preussen / Zur Elektrisirung fanatischer Köpfe aus dem Französischen ins Deutsche übersezt und reichlich mit Anmerkungen versehen von einem Illuminaten in Bayern [i.e. Friedrich Heinrich Bispink]. - *Boston und München* : [s.n.], 1786. - X, 335, [1] S. : Frontispiz. ; 8°
Fingerprint: t'o- n.t, s.o. Auhö 3 1786A. - Einheitssachtitel: Les soirées philosophique du cuisinier du roi de Prusse <dt.> - [pi]6(-[pi]6) A8-X8. - Übers. erm. nach Holzmann/Bohatta VI, 89. - Impr. fingiert
(Kein Nachweis unter dem mutmaßl. Verfasser)
= Göttingen SUB   = Jena ULB

7.1.34 Ausgabe eines Werkes von Nicolas-Joseph Sélis

Die Aufnahme im ESTC nennt Nicolas-Joseph Sélis als ermittelten Verfasser und den Einheitssachtitel. Der fingierte Erscheinungsort London wird (mit einem Fragezeichen) aufgelöst. Der einzige Nachweis für die Exemplare in drei deutschen Bibliotheken nennt einen anderen Verfasser und behält den Erscheinungsort London bei.

¬Die¬ **Einpfropfung der gesunden Vernunft** : Aus dem Französischen übersetzt und mit dem zweiten Theil vermehret / [*G. J. Soret*]. - London : 1761. - 94 S.
Verf. ermittelt
= München BSB = Erlangen-Nürnberg UB = Bamberg SB

ESTC: Sélis, Nicolas-Joseph, 1737-1802. Uniform title: Inoculation du bon sens. German
Die Einpfropfung der gesunden Vernunft. Aus dem Französischen übersetzt und mit dem zweiten Theil vermehret. - London [i.e. Gotha?], 1761. - 94p. ; 8□. - A translation into German of Nicolas-Joseph Sélis's 'Inoculation du bon sens'. The imprint is false; probably printed in Germany (Weller).
Copies - N.America: University of Missouri

7.1.35 Ausgabe eines Werkes von Johann Anton Trinius

Die Ausgabe ist in 2 Bibliotheken nachweisbar. In einer Aufnahme ist der Verfasser ermittelt und der fingierte Erscheinungsort aufgelöst. In der anderen Aufnahme ist ein anderes Erscheinungsjahr angegeben. Es entstehen Zweifel, ob es sich um dieselbe Ausgabe handelt.

Schuzschrift für die Heirathen der Alten. In einem Sendschreiben an den ... Herrn Kaspar Abel, vohlverdienten Pastor zu Westdorf, als Derselbe im Jahr 1755. sich zum zweitenmahl in den Ehestand begab / ausgefertiget von einem Mitgliede der menschlichen Gesellschaft [d.i. Johann Anton Trinius]. - Deutschland [*d.i. Rostock*], [*1756*]. - 24 S. ; 4°. - Bibliogr. Nachweis: Holzmann/Bohatta: Deutsches Anonymen-Lexikon, Weimar 1928, Bd. VII, 9236. - Verf. ermittelt. - Vorlageform des Erscheinungsvermerks: Gedruckt in Deutschland
= Rostock UB

Schutzschrift für die Heirathen der Alten / Von einem Mitgliede der menschlichen Gesellschaft. - Deutschland, *1755*
= Dresden SLUB   *(Unter „Schuzschrift" und Verfasser nicht suchbar)*

7.1.36 Ausgaben von Christian Emmanuel Ulber

7 Ausgaben sind mit 9 Exemplaren in 6 Bibliotheken nachgewiesen, davon 5 Ausgaben unikal. Durch die Mikrofilme aus Polen (vgl. Abschnitt 6.7) sind Nachweise für 5 weitere Ausgaben hinzugekommen, die in deutschen Bibliotheken nicht nachweisbar sind.

Als die wohl-gebohrnen Herren ... : [Glückwunschgedicht zur Aufnahme in die Ritterakademie auf Andreas Ludwig Adolf von Winterfeld und Karl Bernhard von Winterfeld, 1735] / Christian Emmanuel Ulber. - [S.l.], **1735**. - [2] Bl.
= Halle ULB

Andächtiges Bethen wohlgefälliges _ / Chr. Emm. Ulber; M. e. Vorr. M. G. Minors. - Liegn., **1748**. - 8°
= Berlin SB

Andaechtiger Bether wohlgefaelliges Gespraeche des Hertzens fuer Gott in der Stille zu Zion : an denen ordentlichen Sonn- und Fest-Tagen des Jahres nach dem eigentlichen Inhalt derer evangel. Texe entworffen und... im Druck ausgefertiget / von Christian Emmanuel Ulber... Mit einer Vorrede... Melchior Gottl. Minors. - Liegnitz : bey David Siegert, 1748. - Zitiert in: Przed k.tyt. miedzioryt
= BSB (Mikrofilm)

Das erwürgte Lamm Gottes auf dem Stuhle seiner Herrlichkeit, Oder, Der Ganze Christus, in seiner wahren Grösse ... / gezeiget von Christian Emmanuel Ulber ... Mit ... Vorrede ... Herrn Johann Friedrich Burgs ... - Leipzig ; Liegnitz : Siegert, **1750**. - 326 S. : Ill.
= Halle ULB   = Tübingen UB

¬Das¬ erwuergte Lamm Gottes auf dem Stuhle seiner Herrlichkeit oder Der ganze Christus in seiner wahren Groesse... / gezeiget von Christian Emmanuel Ulber... Mit Censur und Vorrede... Johann Friedrich Burgs. - Leipzig und Liegnitz : verlegts David Siegert, Buchhaendler, 1750. - Zitiert in: Przed k.tyt. miedzioryt
= München BSB (Mikrofilm)

Christian Emmanuel Ulbers **Vorläufige Anzeige oder kurtzer Entwurf** aller Sonn- und Festtags-Predigten, welche in dem jetzt laufenden Kirchen-Jahre von 1751-1752 über die ordentlichen Evangelia und noch einige andere bibli-

sche Texte ... von ihm sollen gehalten werden ... - Jauer : Müller, [**ca. 1751**]. - 93 S. ; 8°
= Halle, FrankStift

Die herrlichste Verbindung der ... Macht und Weisheit Gottes bemühte sich bey der ... Verbindung zweyer ... Hochbergischen ... Häuser, Fürstenstein und Rohnstock, welche den 28. April 1755 ... vollzogen wurde, ... in nachgesetzter Ode zu schildern / Christian Emmanuel Ulber. - Jauer : gedruckt bey Heinrich Christoph Müllern, **1755**. - [4] Bl.
= Dresden SLUB

Glaube, Liebe, Hoffnung, in ihrer... Verbindung, statteten zusammen dem... Herr Christian Samuel Ulber... als derselbe auf... Vocation zu dem Haupt-Pastorat bey der Kirche zu St. Jacob in Hamburg... seine... Gemeine... in der Abschieds-Predigt am 12. Sonnt. nach Trinit. 1757... segnete / von Christian Emmanuel Ulber, Pastor zu Bolkenhayn. - Jauer : gedruckt bey Heinrich Christoph Muellern, [**1757**]
= München BSB (Mikrofilm)

¬Die¬ **Stimme der Sulamith unter dem Creuze** : an dem Tage (den 3. Junii 1765) der... Leichenbestattung des... Herrn George Wilhelm von Reibnitz... welcher... das Zeitliche mit dem ewigen Leben verwechselte den 11. May c.a. da besonders im Namen der hinterlassenen... Frau Gemahlin... dieses Begraebnis-Lied angestimmet und zugleich durch dessen Nachklang dem ganzen... Trauer-Hause die eigene Empfindung des aufrichtigsten Beyleids zu erkennen gegeben wurde / von... Christian Emmanuel Ulber. - Jauer : gedruckt bey Heinrich Christoph Muellern, [**1765**]
= München BSB (Mikrofilm)

Gedicht anl. der Abschieds-Predigt von Christian Samuel Ulber Anno 1757 / von Christian Emmanuel Ulber. - [**ca. 1757**]
= Hamburg StaatsArch

Die Thränen der Liebe mit welchem die Baare ... : [Gedächtnisgedicht auf Hans Heinrich von Hochberg, Reichsgraf,+ 7. April 1758] / Christian Emmanuel Ulber. - Jauer : Müller, [**1758**]. - Umfang: [2] Bl.
= Halle ULB   = Dresden SLUB

Pflichten der Ehrfurcht, Treu und Dankbarkeit bey dem Grabe... Johann Friedrich Burgs... welcher den 4ten Junii dieses 1766sten Jahres... zu den

Fuessen... Jesu Christi freudig niederlegte... / durch Christian Emmanuel Ulber. - Jauer : gedruckt bey Heinrich Christoph Muellern, [**1766**]
= München BSB (Mikrofilm)

Sanct Jacob klagt und Rahel weint. Mein Ulber stirbt... ! (... den 28. August, 1776.). Zu diesen trit auch hier die bruederliche Liebe... Bolkenhayn, den 16ten September ... - Jauer : gedruckt mit Muellerischen Schriften, [**1776**]. - Zitiert in: Aut. jest najprawdopodobniej brat zmarłego, pastor z Bolkowa, Christian Emmanuel Ulber
= München BSB (Mikrofilm)

An dem Tage der offentlichen solennen Leichenbestattung... der... Frau Sophie Friederike Erdmuth des Heil. Roem. Reichs Graefinn von Hochberg... gebohrnen des Heil. Roem. Reichs Graefinn und Herrinn von Schoenburg-Hartenstein... welche... den 22sten Maerz 1782... sanft und selig verschieden / wollte mit den... Thraenen des tiefgebeugtesten Herrn Grafens... seine wehmuetige Seufzer vereinigen Christian Emanuel Ulber. - Jauer : gedruckt bey H.C. Mueller, [**1782**]
= München BSB (Mikrofilm)

7.1.37 Ausgabe eines anoymen Werkes mit fingiertem Erscheinungsort (1792)

Die zwei fingierten Erscheinungsorte sind in einer Aufnahme nicht ermittelt; in einer anderen Aufnahme entsteht der Eindruck, nur der zweite Ort sei fingiert.

Wie hat man sich nach einem verdächtigen Beischlafe zu verhalten? : Ein Toilettenstück für galante Jünglinge und Mädchen ; Mit einem Kupfer. - *London und Paris [i.e. Breslau* : Korn], 1792. - [9] Bl., 110 S. : Frontisp. ; 8°. - Fingerprint: cko- enn- ree- gawe 3 1792A
Autopsie nach Ex. der SUB Göttingen. - Impr. erm. nach Weller I, S.153. - Drucker: Wilhelm Gottlieb Korn Verlag <Breslau>
= Göttingen SUB

Wie hat man sich nach einem verdächtigen Beischlafe zu verhalten? : ein Toilettenstück für galante Jünglinge und Mädchen. - *London ; Paris*, 1792. - 110 S.
= Dresden SLUB   = Leipzig UB
= Freiburg UB   = Tübingen UB

Wie hat man sich nach einem verdächtigen Beischlafe zu verhalten? : ein Toilettenstück für galante Jünglinge und Mädchen. - *London [u.a.] [i.e. Breslau]* : [Korn], 1792. - 110 S. : 1 Ill. (Kupf.) ; 8-o
= Köln USB   = Köln ZB Medizin   = Düsseldorf ULB

Wie hat man sich nach einem verdächtigen Beyschlafe zu verhalten? : ein Toiletenstück für galante Jünglinge *unf* Mädchen. - *London ; Paris [i.e. Breslau]* : [Korn], 1792. - [8] Bl., 110 S. : Ill.
= München UB   = Augsburg UB

ESTC: Wie hat man sich nach einem verdächtigen Beischlafe zu verhalten? Ein toilettenstück für galante jünglinge und mädchen. ... - London und Paris [i.e. Breslau], 1792. - [16],110p.,plate ; 8°. - The imprint is false; printed in Breslau (Weller). In this edition "Ein toilettstück" is printed on two lines.
Copies - N.America: U.S. National Library of Medicine
Wie hat man sich nach einem verdächtigen Beischlafe zu verhalten? Ein toilettenstück für galante jünglinge und mädchen. ... - London und Paris [i.e. Breslau], 1792. - [4],110,[12]p.,plate ; 8°. - The imprint is false; printed in Breslau (Weller). In this edition "Ein toilettenstück" is printed on a single line.
Copies - Europe: Jagiellonien Library, Polish Academy of Sciences, Cracow
Copies - N.America: U.S. National Library of Medicine

Anhänge

7.2 Bestandszahlen für Drucke des 18. Jahrhunderts im „Handbuch der historischen Buchbestände" und in den elektronischen Katalogen

Im Folgenden sind alle Bibliotheken aus Deutschland und Österreich zusammengestellt, für die im „Handbuch der historischen Buchbestände" mindestens 5.000 Titel (Bände, Werke) für das 18. Jahrhundert angegeben sind. Der Information wegen sind auch einige ausgewählte Bibliotheken aufgenommen, deren Bestand unter 5.000 Titeln bzw. Bänden liegt, darunter die Fürstliche Bibliothek Corvey, das Kunstmuseum Magdeburg, das Deutsche Museum München, die Historische Bibliothek Quedlinburg, die Pfälzische Landesbibliothek Speyer, die Ratsschulbibliothek Zwickau. Aus der Schweiz sind Basel, Bern, Fribourg, Luzern und Zürich, aus dem Elsass Straßburg, aus England London, aus Italien Bozen, aus Ungarn Budapest, aus Kroatien Zagreb (Agram) und aus Slowenien Lubljana (Laibach) einbezogen.

Handbuch der historischen Buchbestände in Deutschland. - Hildesheim [u.a.]
Bd. 1 (1996) - 27 (2000)
Handbuch der historischen Buchbestände in Österreich. - Hildesheim [u.a.]
Bd. 1 (1994) - 4 (1997)
Handbuch deutscher historischer Buchbestände in Europa. - Hildesheim [u.a.]
Bd. 1,1 (1999) - 12 (2001)

7.2.1 Vorbemerkung zu den Zahlen im Handbuch

Im „Handbuch der historischen Buchbestände" werden die Bestände der Bibliotheken unterschiedlich nach Titeln, Bänden, Drucken oder Bestandseinheiten gezählt. Die Begriffe Titel, Werke und Bände werden im Allgemeinen in unterschiedlicher Bedeutung (je nach Meldung der betreffenden Bibliothek) verwendet. In der folgenden Liste steht hinter der Zahl die Bezeichnung aus dem Handbuch. Manche Bibliotheken geben den Anteil an deutschen Drucken an, was ein deutlicher Hinweis auf VD-18-Drucke ist (z. B. Aachen ÖB, Frankfurt Senckenberg-Bibliothek, Halle Franckesche Stiftungen, Wien ÖNB). Nach einigen Stichproben liegt der Anteil der VD-18-relevanten Drucke je nach Art und Größe der Bibliothek bei 55 bis 80 Prozent.

Für die Bestandsangaben aus dem „Handbuch" wurde der Zeitraum des 18. Jahrhunderts begrifflich mit den Erscheinungsjahren von 1700 bis 1799 zugrunde gelegt. Für das VD 18 ist jedoch nach der Tradition des VD 16 (1501 bis 1600, weil Drucke aus dem Jahr 1500 noch als Inkunabeln gelten) und des VD 17 (1601 bis 1700) der Zeitraum von 1701 bis 1800 anzusetzen. Der zahlenmäßige Unterschied ist jedoch unerheblich.

7.2.2 Vorbemerkung zu den Zahlen in den elektronischen Katalogen

Die Treffermenge gibt nur Auskunft über die bereits in elektronischer Form nachgewiesenen Bestände in den elektronischen Publikumskatalogen. Bei den im ABE-Projekt von der DFG geförderten Bibliotheken ist davon auszugehen, dass alle Aufnahmen der Drucke des 18. Jahrhunderts in elektronischer Form vorliegen. Diese Bibliotheken sind durch den Zusatz „DFG-Konversion" oder (soweit über den Zentralkatalog Köln konvertiert wurde) „DFG-Konversion über HBZ" gekennzeichnet. Hinzu kommen Göttingen SUB und Berlin SB, die ihre Kataloge ohne DFG-Förderung konvertiert haben. Die im HBZ konvertierten Aufnahmen des Zentralkatalogs im Rahmen des DFG-Konversionsprojekts beruhen auf verhältnismäßig gut redigierten konventionellen Aufnahmen nach den Preußischen Instruktionen, allerdings haben noch nicht alle Bibliotheken ihre Signaturen eingebracht (z. B. Aachen TH, Aachen ÖB, Paderborn ErzbB).

Die Treffermenge in den elektronischen Katalogen gibt im Allgemeinen nicht die genaue Anzahl der Drucke des 18. Jahrhunderts wieder, weil auch Ausgaben von Nachdrucken, Faksimiles, Notendrucken, Landkarten, Grafik und Mikroformen (z. B. „Bibliothek der deutschen Literatur" des Verlages Saur; „Deutsche Zeitschriften des 18. und 19. Jahrhunderts" des Verlages Olms; eigene Verfilmungen) sowie Einzelbände mehrbändiger begrenzter Werke (u-Sätze) darunter sein können.

Die primäre Suche nach Erscheinungsjahr oder Erscheinungszeitraum wird in vielen der untersuchten elektronischen Kataloge nicht angeboten. Für einige Bibliotheken, in deren elektronischem Publikumskatalog nur einzelne Erscheinungsjahre suchbar sind, wurde eine Hochrechnung mit ausgesuchten Jahrzehnten oder Jahren erstellt (z. B. Berlin FU, Freiburg UB, Stuttgart WLB, Basel/Bern UB, Luzern UB) bzw. die Verbundzentrale des GBV um Zahlen gebeten. Für einige Bibliotheken wurde durch eine Stichprobe der prozentuale Anteil der VD-18-Drucke ermittelt (vgl. Augsburg SuStB, Corvey Fürstliche Bibliothek, Freiburg UB, Köln USB, Tübingen UB).

Bibliotheken, die im Handbuch mit Bestandszahlen genannt werden, für die jedoch keine elektronischen Datensätze nachweisbar waren, sind in der Liste mit „OPAC –" markiert. Für Bibliotheken, die ihre älteren Bestände ganz oder überwiegend in einem Image-Katalog anbieten, konnten keine Zahlen ermittelt werden (z. B. Darmstadt ULB, Gießen UB, Innsbruck UB, Kassel GHB, Marburg UB, Wien ÖNB).

7.2.3 Bestandszahlen aus Deutschland

Aachen TH
  Handbuch   24.910   Bände (und 1.840 Reprints)
  OPAC   1.105   Treffer (DFG-Konversion über HBZ. Die Zahl der Treffer ist noch gering, weil noch nicht für alle Datensätze Lokalsätzen angelegt sind.)
Aachen ÖB
  Handbuch   10.000   Bände, davon 3.500 dt., 3.100 frz., 1.800 lat., 720 ital.
  OPAC   0   (DFG-Konversion über HBZ. Für die Datensätze sind noch Lokalsätze anzulegen.)
Amberg SB
  Handbuch   12.570   Titel (= 14.940 Bände)
  OPAC   1.104   Treffer
Ansbach SB
  Handbuch   5.344   Titel
  OPAC   2.653   Treffer
Aschaffenburg HofB
  Handbuch   12.785   Titel
  OPAC   1.079   Treffer
Augsburg SuStB
  Handbuch   33.057   Titel
  OPAC   48.120   Treffer (DFG-Konversion)
                        VD-18-Stichprobe (ausgezählt 1700, 1750, 1799): 80 %
Augsburg UB
  Handbuch   65.000   Titel
                        Schwerpunkt: Bibliothek Öttingen-Wallerstein
  OPAC   80.362   Treffer
Aurich OstfriesB
  Handbuch   5.972   Titel
  OPAC   Suche nach Erscheinungsjahr nicht möglich
Bamberg SB
  Handbuch   16.678   Titel
  OPAC   37.289   Treffer im Bamberger OPAC für SB, UB und MetropolitanB. Anteil der SB ca. 25.500

Bamberg MetropolitanB
Handbuch   5.710   Titel
OPAC   Anteil im Bamberger OPAC nicht zu ermitteln
Bamberg UB
Handbuch   Keine Angaben
OPAC   Anteil im Bamberger OPAC nicht zu ermitteln
Bautzen StB
Handbuch   9.000   Titel
OPAC –
Bergisch Gladbach BGrätz
Handbuch   10.344   Titel
OPAC –
Berlin SB
Handbuch   108.296   Drucke
                         Aktuelle Schätzung: 262.000 Titel, davon VD 18:
                         120.000 bis 130.000 Titel
OPAC   Suche nach Erscheinungsjahr nicht möglich
Berlin HumboldtUB
Handbuch   14.717   Werke
OPAC   7.141   Treffer
Berlin StB
Handbuch   8.500   Titel
OPAC   Suche nach Erscheinungsjahr nicht möglich
Berlin FU
Handbuch   Keine zusammenfassenden Angaben
OPAC   12.530   Hochrechnung aus 2 Jahrzehnten (1700/09,
                         1790/99)
Beuron ErzabteiB
Handbuch   6.323   Titel, davon 2.607 dt.
OPAC –
Bochum UB
Handbuch   Vor 1800 ca. 13.500 Bände, davon 7.400 jurist.
                         Diss.
OPAC   8.154   Treffer (DFG-Konversion über HBZ)
Bonn ULB
Handbuch   wenig; schwer feststellbar
OPAC   16.535   Treffer (DFG-Konversion über HBZ)
Braunschweig StB
Handbuch   7.151   Titel
OPAC   Suche nach Erscheinungsjahr nicht möglich

Anhänge

Bremen UB
Handbuch   Historischer Bestand 23.541 Titel, davon ca. 400
                            Titel aus dem 18. Jahrhundert und 19.800 Titel
                            aus dem 19. Jahrhundert. Bremer Drucke 1511-
                            1799: 2.821 Titel, davon 1.255 Titel aus dem 18.
                            Jahrhundert
OPAC   Suche nach Erscheinungsjahr nicht möglich
Bückeburg HofB
Handbuch   17.800   Bände
OPAC –
Coburg LB
Handbuch   31.000   Titel
OPAC   5.251   Treffer
Corvey
Handbuch   3.380   33.800 Titel in 67.000 Bänden
                            „Von den 67.000 Titeln sind ca. 32.000 deutsch-
                            sprachig"; 18. Jahrhundert ca. 10 %
OPAC   4.400   Treffer
                            Stichprobe (ausgezählt 20 Jahre: 1700, 1705,
                            1710 ...): 4.400 Nachweise für Drucke des
                            18. Jahrhunderts.
                            VD-18-Stichprobe (ausgezählt 20 Jahre: 1700,
                            1705, 1710 ...): 860 Nachweise
Darmstadt ULB
Handbuch   35.452   Titel
OPAC –   Image-Katalog; wenige Titel im OPAC
Detmold LB
Handbuch   5.200   Titel
OPAC   7.807   Treffer (DFG-Konversion über HBZ)
Dresden SLUB
Handbuch   138.807   Werke/Bände (einschl. 978 in Zweigbibliothe-
                            ken)
OPAC   (DFG-Konversion)
                            Suche nach Erscheinungsjahr nicht möglich
Düsseldorf ULB
Handbuch   11.600   Werke („und mehr als 6.600 Bände periodische
                            Veröffentlichungen aus dem 18. Jahrhundert")
OPAC   17.747   Treffer
                            (DFG-Konversion über HBZ)

Eichstätt UB
Handbuch 25.000 Titel
Aktuelle Schätzung: ca. 60.000 Drucke (Übernahme der Bestände von Klosterbibliotheken)
Schwerpunkt: Katholisches religiöses Schrifttum
OPAC 44.125 Treffer
Erfurt-Gotha UFB
Handbuch 18.081 Titel (StB)
66.500 Titel (Gotha FB)
Aktuelle Zählung: 114.276 Titel, davon VD 18: 72.054
OPAC Suche nach Erscheinungsjahr nicht möglich
Erfragt: 43.536 Titel, davon VD 18: 19.572
Erlangen UB
Handbuch 53.000 Bände
OPAC 28.877 Treffer (noch nicht vollständig konvertiert)
Eutin LB
Handbuch 10.680 davon 1.361 Dissertationen und Disputationen
OPAC –
Frankfurt/Main UB
Handbuch 8.178 Titel (SenckenbergB), davon 60 % dt.
30.000 Titel (StUB) nicht enthalten Erwerbungen seit 1942
OPAC – Image-Katalog
Frankfurt/Main Goethehaus
Handbuch 7.193 Titel
OPAC Suche nach Erscheinungsjahr nicht möglich
Frankfurt/Main MPI Rechtsgeschichte
Handbuch 6.513 Titel
OPAC 50.674 Treffer
Frankfurt/Main HS St. Georgen
Handbuch 23.449 Bände
OPAC Suche nach Erscheinungsjahr nicht möglich
Freiburg/Breisgau UB
Handbuch 24.000 Titel
OPAC 50.800 Hochrechnung aus 20 Jahren (1700, 1705, 1710 …)
VD-18-Stichprobe (1710 und 1795): 80 %; eine aktuelle Stichprobe der UB in 2006: 28.000 Drucke Alleinbesitz im Südwestverbund. Schwerpunkte: Katholisches Schrifttum aus dem deutschen Südwesten, Schweiz, Habsburg

Freiberg/Sachsen UB
  Handbuch   8.250   Titel
  OPAC   Suche nach Erscheinungsjahr nicht möglich
Freising DomB
  Handbuch   11.372   Titel
  OPAC –
Fulda LB
  Handbuch   7.841   Bände
  OPAC   Suche nach Erscheinungsjahr nicht möglich
Gießen UB
  Handbuch   11.689   Bände (einschl. 389 in Zweigbibliotheken)
                          Schwerpunkt: Gesangbuchsammlung
  OPAC –   Imagekatalog
Görlitz OberlausB
  Handbuch   28.260   Titel
  OPAC –
Göttingen SUB
  Handbuch   Keine genaueren Angaben
                          Schätzung (Mai 2005): 160.000 Titel
                          VD-18-Schätzung: 120.000 bis 140.000 Titel
  OPAC   Suche nach Erscheinungsjahr nicht möglich
Gotha → Erfurt
Greifswald UB
  Handbuch   27.525   Titel (einschl. 234 FachB Theologie)
  OPAC   44.774   (DFG-Konversion)
                          Suche nach Erscheinungsjahr im OPAC nicht
                          möglich. Zahl der Monographien, mehrbändigen
                          Werke (ohne Einzelbände) und Zeitschriften wur-
                          de von der Verbundzentrale ermittelt.
Greiz Bücher- und KupferstichSlg
  Handbuch   8.454   Titel
  OPAC –
Halberstadt GleimB
  Handbuch   8.500   Titel (grob geschätzt; überwiegend deutsch)
  OPAC –
Halle ULB
  Handbuch   104.500   Titel (einschl. 2.500 Titel in Zweigbibliotheken)
  OPAC   112.898   (DFG-Konversion)
                          Suche nach Erscheinungsjahr im OPAC nicht
                          möglich
                          Zahl der Monographien, mehrbändigen Werke
                          (ohne Einzelbände) und Zeitschriften wurde von
                          der Verbunddatenzentrale ermittelt.

Halle Franckesche Stiftungen
Handbuch   24.000   Titel, davon 11.400 dt., 10.000 lat.
OPAC   Alle Drucke des 18. Jahrhunderts sind erfasst. Suche nach Erscheinungsjahr nicht möglich
Hamburg UB
Handbuch   31.000   Bände
OPAC   22.076   Suche nach Erscheinungsjahr im OPAC nicht möglich
Zahl der Monographien, mehrbändigen Werke (ohne Einzelbände) und Zeitschriften wurde von der Verbundzentrale ermittelt.
Hamburg StaatsArchiv
Handbuch   5.753   Titel. Mehr als 90 % dt., im 18. Jahrhundert 7 % lat.
OPAC   Suche nach Erscheinungsjahr nicht möglich
Hannover LB
Handbuch   65.000   Titel
OPAC   Konversion der Altbestandsdaten hat in 2006 begonnen
Heidelberg UB
Handbuch   99.000   Titel
OPAC   62.606   Treffer
Helmstedt ehem. UB
Handbuch   5.600   Titel (Hochrechnung über die Stellfläche)
OPAC –
Hildesheim DomB
Handbuch   7.000   Bände
OPAC   Suche nach Erscheinungsjahr nicht möglich
Jena ULB
Handbuch   113.810   Bestandseinheiten (einschl. 2.343 in Zweigbibliotheken)
OPAC   (DFG-Konversion)
Suche nach Erscheinungsjahr im OPAC nicht möglich
74.324   Zahl der Monographien, mehrbändigen Werke (ohne Einzelbände) und Zeitschriften wurde von der Verbundzentrale ermittelt.
Jever GymnB
Handbuch   6.075   Bände
OPAC –
Karlsruhe LB
Handbuch   6.455   Titel, davon 67,1 % dt.
OPAC   1.022   Treffer

Kassel GHB
  Handbuch   15.000   Drucke („Hochrechnung")
  OPAC –   Imagekatalog
Kiel UB
  Handbuch   17.300   Drucke, davon 5.600 Titel Medizin, 3.890 Titel Theologie, 2.550 Titel Jura
  OPAC   31.246   Suche nach Erscheinungsjahr im OPAC nicht möglich
                            Zahl der Monographien, mehrbändigen Werke (ohne Einzelbände) und Zeitschriften wurde von der Verbundzentrale ermittelt.
Köln USB
  Handbuch   19.200   Titel (einschl. Zweigbibliotheken)
  OPAC   28.851   Treffer (DFG-Konversion über HBZ)
                            VD-18-Stichprobe (ausgezählt 1710, 1750, 1799): 55 %
Köln DomB
  Handbuch   15.300   Bände
  OPAC   6.732   Treffer
                            (DFG-Konversion)
Laubach Solms-LaubachB
  Handbuch   11.544   Titel
  OPAC –
Leipzig ULB
  Handbuch   102.318   Titel, davon 34.350 dt., 52.048 lat. (einschl. 1.060 in Zweigbibliotheken)
  OPAC   106.950   Titel (DFG-Konversion)
                            Suche nach Erscheinungsjahr nicht möglich. Anzahl der Titel nach Auskunft der Bibliothek Anfang 2007
Leipzig BVGBibl
  Handbuch –   Der Bestand reicht bis ins 16. Jahrhundert zurück. Gesamtbestand ca. 230.000 Bände und geht auf das Preußische Oberverwaltungsgericht zurück. Die Anzahl der Drucke aus dem 18. Jahrhundert ist nicht bekannt.
  OPAC
Lindau StB
  Handbuch   6.714   Titel
  OPAC –

Lübeck StB
Handbuch 15.223 Titel
OPAC 740 Hochrechnung aus 20 Jahren; gute Qualität
Lüneburg RatsB
Handbuch 5.413 Titel
OPAC –
Magdeburg UB
Handbuch 2.775 Titel (Bestand der früheren StB) in 4.626 Bänden
OPAC Suche nach Erscheinungsjahren nicht möglich
Magdeburg Kunstmuseum
Handbuch 4.945 Titel (= 2.700 Bände)
OPAC –
Mainz StB
Handbuch 38.000 davon 68 % lat., wegen vieler Diss; 25 % dt.
Schwerpunkt: Schriften der Mainzer Revolution
OPAC Suche nach Erscheinungsjahr nicht möglich.
Mainz UB
Handbuch 3.594 (1.639 lat., 812 dt.)
OPAC Suche nach Erscheinungsjahren nicht möglich
Mainz PriesterSemB
Handbuch 14.271 Titel, davon 6.168 lat., 5.978 dt.
OPAC –
Mannheim UB
Handbuch 16.000 Bände (ca. 13.600 Titel). Gut die Hälfte vor 1800 die Sammlung Desbillons, einer von polyhistorischem Ideal geprägte Bibliothek
OPAC 12.476 Treffer. Suche nach Erscheinungsjahr ergibt auch Treffer mit der Jahreszahl im Titel.
Marburg UB
Handbuch 38.100
OPAC – Imagekatalog
Metten StiftsB
Handbuch 15.200 Bände
OPAC –
München BSB
Handbuch 200.000 Titel
OPAC 231.228 Treffer (DFG-Konversion), darin enthalten ca. 30.000 Landkarten
München UB
Handbuch 110.250 Bände
OPAC 122.231 Treffer (DFG-Konversion)

München DtMuseum
Handbuch 2.598 Titel, davon 1.158 aus der zweiten Hälfte des 18. Jh.
OPAC 4.076 Treffer
Münster ULB
Handbuch 37.000 Bände für 15. bis 18. Jh.
OPAC 28.739 Treffer (DFG-Konversion über HBZ)
Neresheim AbteiB
Handbuch 5.330 Titel
OPAC –
Neuburg SB
Handbuch 9.780 Titel
OPAC Suche nach Erscheinungsjahr nicht möglich
Nürnberg GermNM
Handbuch „Aufschlüsselung nach Jahrhundert nicht möglich"
OPAC Suche nach Erscheinungsjahr nicht möglich
Nürnberg StB
Handbuch 30.000 Titel
OPAC Suche nach Erscheinungsjahren nicht möglich
Oldenburg LB
Handbuch 33.233 Bände
OPAC Suche nach Erscheinungsjahr nicht möglich
Ottobeuren AbteiB
Handbuch 14.000 Bände des 17. und 18. Jahrhunderts
OPAC –
Paderborn ErzbB
Handbuch 10.400 Bände
OPAC 3.249 Treffer (DFG-Konversion über HBZ)
Passau SB
Handbuch 16.315 Bände
OPAC 11.800 Treffer
Passau BischöflB
Handbuch 6.101 Bände
OPAC –
Potsdam StB
Handbuch 7.939 Titel
OPAC Suche nach Erscheinungsjahr nicht möglich
Quedlinburg HistorB
Handbuch 4.657 Titel, davon 75 % dt.
OPAC –

Regensburg SB
    Handbuch   21.400   Titel
    OPAC   31.038   Treffer
Regensburg BischöflZB
    Handbuch   8.549   Bände
    OPAC –
Regensburg Thurn- und Taxis
    Handbuch   36.000   Bände
    OPAC –
Regensburg UB
    Handbuch   10.830   Bände
    OPAC   19.067   Treffer
Rostock UB
    Handbuch   42.209   Titel
    OPAC   42.959   (DFG-Konversion)
                          Suche nach Erscheinungsjahren im OPAC nicht möglich
                          Zahl der Monographien, mehrbändigen Werke (ohne Einzelbände) und Zeitschriften wurde von der Verbunddatenzentrale ermittelt.
Rudolstadt StB
    Handbuch   34.514   Schriften/Titel, davon 21.196 dt.
    OPAC –
Schwerin LB
    Handbuch   29.000   Titel, davon 18.700 dt., 5.500 lat.
    OPAC   Suche nach Erscheinungsjahren nicht möglich
Sigmaringen HofB
    Handbuch   5.078   Titel
                          Schwerpunkt Belletristik
    OPAC –
Soest StB
    Handbuch   7.230   Bände
    OPAC   7.370   Treffer (Konversion über HBZ)
Speyer PLB
    Handbuch   4.700   Titel, davon 56 Periodica
    OPAC   9.727   Treffer
                          VD-18-Stichprobe: Unter den 235 Drucke aus dem Jahr 1790 sind 86 Drucke VD-18-relevant; sonst sind es überwiegend Mikroformen.
Stralsund ArchivB
    Handbuch   13.331   Titel, davon 5.256 dt.
    OPAC –

Stuttgart WLB
Handbuch		Keine genaueren Angaben nach Jahrhunderten
OPAC	80.590	Hochrechnung aus 5 Jahrzehnten (1700/09, 1725/34, 1750/59, 1775/84, 1790/99) (DFG-Konversion) Schwerpunkte: Bibelsammlung, Pietismus Noch nicht nachgewiesen: Leichenpredigten

Trier StB
Handbuch	18.921	Titel
OPAC	20.092	Treffer (DFG-Konversion über HBZ) Schwerpunkt: Schriften des katholischen Westens

Trier UB
Handbuch		Vor 1900 „ca. 33.000" Bände
OPAC	7.739	Treffer (DFG-Konversion über HBZ)

Trier Priesterseminar
Handbuch	7.199	Titel, davon 2.521 lat.
OPAC	7.675	Treffer (DFG-Konversion über HBZ)

Tübingen UB
Handbuch	80.520	Titel, davon 43.000 Dissertation. Schwerpunkte: Geschichte, Geografie (ca. 7.500 Titel)
OPAC	84.127	Treffer (DFG-Konversionsprogramm) VD-18-Stichprobe (1.000 Titel aus 1745 und 1799): 65 %

Tübingen EvangStift
Handbuch	13.290	Titel
OPAC –		

Ulm StB
Handbuch	12.000	Titel
OPAC –		

Weimar HAAB
Handbuch	68.000	Drucke
OPAC	58.308	Aktuelle Schätzung (Mai 2006): 57.000 (DFG-Konversion) Suche nach Erscheinungsjahr im OPAC nicht möglich Zahl der Monographien, mehrbändigen Werke (ohne Einzelbände) und Zeitschriften wurde in der Verbunddatenbank ermittelt.

Wiesbaden LB
Handbuch	13.824	Titel
OPAC		Suche nach Erscheinungsjahr nicht möglich

Wittenberg PredigerSemB
Handbuch	13.134	Titel (einschl. 840 Titel aus Heringen: 493 lat., 345 dt.)
OPAC –		

Wolfenbüttel HAB
Handbuch	87.000	Drucke
OPAC	75.496	(DFG-Konversionsprojekt) Suche nach Erscheinungsjahr im OPAC nicht möglich Zahl der Monographien, mehrbändigen Werke (ohne Einzelbände) und Zeitschriften wurde von der Verbundzentrale ermittelt.

Zerbst Franciceum
Handbuch	5.800	Titel (bis zu 75 % dt.)
OPAC –		

Zwickau RatsschulB
Handbuch	4.558	Drucke, davon 2.754 dt., 1.398 lat.
OPAC –		

7.2.4 Bestandszahlen aus Österreich

Fiecht/Tirol AbteiB
Handbuch	12.300	Bände
OPAC –		

Göttweig StiftsB
Handbuch	6.200	Titel
OPAC –		

Graz LB
Handbuch	10.928	Titel
OPAC		Suche nach Erscheinungsjahr nicht möglich

Graz UB
Handbuch	38.600	Bände
OPAC	5.855	

Heiligenkreuz/NÖ StiftsB
Handbuch	8.500	Titel
OPAC –		

Herzogenburg/NÖ StiftsB
Handbuch	10.600	Titel
OPAC –		

Innsbruck UB
Handbuch	14.586	Titel
OPAC –		Image-Katalog

Innsbruck JesuitenB
Handbuch 14.760 Titel
OPAC – Imagekatalog
Klosterneuburg StiftsB
Handbuch 12.715 Titel
OPAC –
Kremsmünster StiftsB
Handbuch 10.900 Werke
OPAC –
Lambach StiftsB
Handbuch 11.290 Titel
OPAC –
Linz StudienB/LB
Handbuch 9.268 Titel
OPAC unter 100 Treffer
Maria Luggau/KÄ ServitenB
Handbuch 13.000 Bände
OPAC –
Maria Enzersdorf/NÖ FranzikanerB
Handbuch 25.000 Bände
OPAC –
Melk StiftsB
Handbuch 16.000 Bände, davon 6.310 dt., 6.520 lat., 200 gr.
OPAC –
Salzburg UB
Handbuch 17.700 Bände
OPAC 3.614
Salzburg St. Peter
Handbuch 17.000 Titel
OPAC –
Sankt Paul/Lavanttal SiftsB
Handbuch 8.900 Bände
OPAC –
Seitenstetten/NÖ StiftsB
Handbuch 7.180 Bände
OPAC –
Wien ÖNB
Handbuch 114.000 Druckschriften, davon 41.400 dt., 40.000 lat.
OPAC Suche nach Erscheinungsjahr nicht möglich
Wien UB
Handbuch 54.899 Titel (einschl. 2.889 Titel in Zweigbibliotheken)
OPAC – Imagekatalog

Wien StB
    Handbuch   18.257   Titel
    OPAC –
Wien Schottenstift
    Handbuch   35.000   Bände
    OPAC –
Wien StaatsArchiv
    Handbuch   15.577   Bände (davon 54 % dt., 27 % frz.)
    OPAC –
Wien LiechtensteinB
    Handbuch   6.413   Bücher
    OPAC –
Wien Minoriten
    Handbuch   6.410   Bände
    OPAC –
Wien Serviten
    Handbuch   5.578   Titel
    OPAC –
Wien TheresianischeB
    Handbuch   Angaben unklar: 10.000 Titel (1650-1750),
                         20.000 (1750-1850)
    OPAC –

7.2.5 Bestandszahlen aus Italien (Südtirol)

Bozen LB
  (Handbuch –)   Eigene Angabe: 12.000 Tirolensien
  OPAC   Suche nur nach einzelnen Erscheinungsjahren möglich
                        (http://www.tessmann.it/)
Projekt EHB   Erschließung Historischer Bibliotheken
  (Handbuch –)   (http://www.ehb.it)
                        26 Bibliotheken. Größere Bestände in:
                        Bozen/Muri-Gries BenediktinerB
                        Brixen PhilosTheolHB
                        Brixen KapuzinerB
                        Bozen FranziskanerB
                        Neustift Augustiner-ChorherrenB
  OPAC   Suche nach Erscheinungsjahr im OPAC nicht möglich.
                        Die Drucke sind autoptisch in Anlehnung an die „Regeln für alte Drucke" erschlossen.

7.2.6 Bestandszahlen aus Frankreich (Elsass)

Straßburg UB
(Handbuch –)
OPAC   Suche nach Erscheinungsjahr im OPAC nicht möglich.
Zum Nachweis von Drucken des 18. Jahrhunderts im Catalogue Général vgl. Abschnitt 6.2.
Die Drucke vor 1920 sind vollständig in einem Image-Katalog nachgewiesen (http://www.bnu.fr/).

7.2.7 Bestandszahlen aus der Schweiz

Basel UB + Bern UB
(Handbuch –)
OPAC   65.733   IDS Basel/Bern; viele Nachdrucke, Mikroformen und Notendrucke
Hochrechnung aus 30 Jahren
Alte Dissertationen sind nur in einem Imagekatalog nachgewiesen.

Fribourg UB
(Handbuch –)
OPAC   Suche nach Erscheinungsjahr nicht möglich

Luzern UB
(Handbuch –)
OPAC   79.600   Suche nur nach einzelnen Erscheinungsjahren möglich Hochrechnung aus 30 Jahren

Zürich ZB
(Handbuch –)
OPAC   8.779   Sonstige Nachweise alter Drucke (noch?) im Image-Katalog

7.2.8 Bestandszahlen aus England

London British Library
Handbuch 80.000   „total numbers of German books … is extremely difficult. An informed guess suggests there may be some 80,000 editions of the 18th century"
„1701 to 1750 ca. 25,000 to 30,000 editions"

		„German books" bedeutet in deutscher Sprache oder in Deutschland erschienen.
OPAC	2.400	Hochrechnung aus 20 Jahren und „German" als Sprache

English Short Title Catalogue

OPAC	460.000	Drucke (items = Exemplare) aus der Zeit von 1473 bis 1800, vorwiegend in englischer Sprache (vgl. Abschnitt 6.4) Eine Hochrechnung aus zehn Jahren (1701, 1711, 1721 ... 1791) ergibt 204.610 Exemplare für das 18. Jahrhundert. Wird auch das Jahr 1800 (mit 11.015 Nachweisen berücksichtigt, ergibt die Hochrechnung 404.760 Exemplare für das 18. Jahrhundert, da die Zahlen für das letzte Jahrzehnt des 18. Jahrhunderts sich gegenüber früheren Jahrzehnten vervielfachen.

7.2.9 Bestandszahlen aus Polen

Es stehen nur Zahlen aus dem „Handbuch der historischen Buchbestände in Europa" zur Verfügung:

Breslau UB	18. Jahrhundert: keine genauen Angaben
Danzig AkadB	bis 1800 ca. 55.000 Bände
Krakau UB	16. - 18. Jahrhundert: ca. 15.000 Drucke
Posen UB	18. Jahrhundert: 75.000 Drucke, davon 55-60 % dt.
Warschau UB	17./18. Jahrhundert: ca. 118.000 Bände, davon ca. 20 % dt.

Zum Bestand von Mikrofilmen von Drucken aus polnischen Bibliotheken vgl. Abschnitt 6.7.

7.2.10 Bestandszahlen aus Ungarn

Budapest NB

Handbuch	17.131	Titel Vom historischen Bestand sind in dt. Sprache oder auf dt. Sprachgebiet 46.300 Titel erschienen, davon 37 Prozent im 18. Jahrhundert.
OPAC	?	

Budapest UB   2.350 Bände
              Vom historischen Bestand in dt. Sprache gibt es ca. 52.000 Bände, davon 2.350 aus dem 18. Jahrhundert.

7.2.11 Bestandszahlen aus Kroatien

Zagreb (Agram) NB
  Handbuch   5.042   Titel
                       Vom historischen Bestand gibt es 8.134 Titel aus dem 18. Jahrhundert, davon 5.042 dt., darunter 470 außerhalb des dt. Sprachgebietes gedruckt.
  OPAC   ?

7.2.12 Bestandszahlen aus Slowenien

Lubljana   2.793 Titel
(Laibach NUB)   Vom historischen Bestand gibt es 15.614 dt. Titel, davon aus dem 18. Jahrhundert 2.793 Titel.

7.2.13 Bestandszahlen aus der Tschechischen Republik

Prag NB
  Handbuch   26.406 Titel
                      Vom historischen Bestand gibt es 78.966 Titel aus dem 18. Jahrhundert, davon 34.737 lateinisch und 26.406 deutsch.
  OPAC   ?

7.3 VD-18-relevante Erscheinungsorte

Im Folgenden werden die VD-18-relevanten Erscheinungsorte aufgelistet, soweit sie in der Arbeitsdatenbank ermittelt werden konnten. Die Liste ist auch als Hilfe für die Zuteilung von bestimmten Druckorten vor allem in einer Pilotphase gedacht (vgl. Abschnitt 3.4.1,d).

Die Verbundzentrale des *SWB* hat eine Statistik über das Vorkommen der Erscheinungsorte im Erscheinungszeitraum von 1700 bis 1830 erstellt. Da in den Aufnahmen des SWB die Erscheinungsorte in der Regel normiert angesetzt sind, gibt diese Statistik eine angenäherte Rangfolge der Erscheinungsorte nach der Zahl der dort erschienenen Drucke. Im Erscheinungszeitraum von 1700 bis 1830 kommen 2.614 deutsche und nicht deutsche Orte mit mindestens 2 Drucken vor. Zum Vergleich sind Trefferzahlen für Nachweise aus der Bayerischen Staatsbibliothek angegeben; sie enthalten auch Mikroformen, Landkarten und Musiknoten. Da die Erscheinungsorte in der Regel nicht normiert angesetzt sind, wurde mit mehreren möglichen Namensformen gesucht werden.

	SWB 1700 - 1830	*München BSB* 1700 - 1830	*München BSB* 1701 - 1800
Leipzig	33.628	20.683	15.456
Berlin	10.108	8.785	6.198
Dresden	7.748		
Frankfurt, Main	7.667		
Frankfurt, Oder	837		
Frankfurt (?)	1.895		
Halle, Saale	6.114	7.527	
Wien	6.021	9.389	
Nürnberg	4.475	10.175	8.243
Stuttgart	4.432	1.249	
Jena	4.419	5.789	
Augsburg	3.932	11.647	
Tübingen	3.801	3.080	
Göttingen	3.626	3.709	
Hamburg	3.530	2.085	
Wittenberg	3.233		
München	2.055	9.443	
Köln	2.007		

Regensburg	1.884	2.348	
Helmstedt	1.496	1.951	
Heidelberg	1.423	1.599	
Ulm	1.403	810	
Erfurt	1.390	1.723	
Erlangen	1.262	2.009	
Braunschweig	1.226		
Hannover	1.217	761	
Karlsruhe	1.216	598	
Mannheim	1.114	819	
Gotha	1.111	821	
Würzburg	1.040	1.094	
Bonn	1.026	476	
Altdorf	461	1.358	

In den beiden folgenden Listen „Erscheinungsorte in Deutschland" und „Erscheinungsorte in nicht deutschen Staaten" geben die Zusätze mit Großbuchstaben die Lage des Ortes im betreffenden Bundesland oder nichtdeutschen Staat an. Den Ortsnamen sind teilweise charakterisierende Zusätze in runden Klammern beigegeben; die modernen Zusätze „Bad" und „Markt" sind jedoch weggelassen. Bei Eingemeindungen wird auf den heutigen Namen hingewiesen (z. B. Arnsfeld, heute: Mildenau). Fingierte und nicht ermittelte Orte (z. B. Angstburg, Billigstadt, Freystadt an der Linden, Im Elysium, Im Schlaraffenland, Knüttelhausen, Wahrhausen) sowie Landschaftsnamen anstelle von Erscheinungsorten (Anhalt, Im Lüneburgischen Niederelbe, Niederlausitz, Sachsen, Schweiz) sind nicht aufgenommen. Orte, bei denen es fraglich ist, ob es sich um die betreffenden Erscheinungsorte handelt, sind mit einem Fragezeichen versehen (z. B. Beringersdorf, Denkhofen, Hechendorf, Obernsees). Für diese Orte ist zur genaueren Bestimmung der Verleger einzubeziehen. Einge Orte, die nicht identifiziert werden konnten, sind mit Fragezeichen und ohne einen Zusatz versehen.

Gibt es mehrere Orte mit demselben Namen, von denen keiner mit Sicherheit als Erscheinungsort zu ermitteln war, wird entsprechend darauf hingewiesen (z. B. Berg, Brockhausen, Ebersberg, Lauterbach, Mühlhausen, Neuhaus, Neukirchen, Neumarkt, Neustadt, Ried, Zell). - Orte in nichtdeutschen Staaten werden unter ihrem deutschen Namen aufgeführt, da deutschsprachige Drucke im Allgemeinen den deutschen Namen führen (z. B. Breslau, nicht Wrocław; Mömpelgard, nicht Montbéliard; Großwardein, nicht Oradea).

Die Zahl der Erscheinungsorte im jeweiligen Bundesland oder nichtdeutschen Staat lässt nicht ohne weiteres auf die Anzahl der Drucke schließen. Zudem ist für manchen Orten nur ein einziger Druck nachweisbar.

BR	Brandenburg, einschließlich Berlin (23 Orte + 4 Orte fraglich)
BW	Baden-Württemberg (127 Orte + 10 Orte fraglich)
BY	Bayern (144 Orte + 19 Orte fraglich)
HB	Hansestadt Bremen (2 Orte)
HH	Hansestadt Hamburg (8 Orte)
HE	Hessen (48 Orte + 7 Orte fraglich)
MV	Mecklenburg-Vorpommern (27 Orte + 2 Orte fraglich)
NDS	Niedersachsen (68 Orte + 8 Orte fraglich)
NRW	Nordrhein-Westfalen (70 Orte + 6 Orte fraglich)
RP	Rheinland-Pfalz (50 Orte + 6 Orte fraglich)
SA	Sachsen-Anhalt (55 Orte + 5 Orte fraglich)
SH	Schleswig-Holstein (27 Orte + 2 Orte fraglich)
SL	Saarland (7 Orte)
SN	Sachsen (84 Orte + 7 Orte fraglich)
TH	Thüringen (75 Orte + 4 Orte fraglich)
A	Österreich (30 Orte + 4 Orte fraglich)
CH	Schweiz (36 Orte + 1 Ort fraglich)
CZ	Tschechische Republik (21 Orte)
DK	Dänemark (2 Orte)
EST	Estland (3 Orte)
F	Frankreich (9 Orte + 1 Ort fraglich)
H	Ungarn (6 Orte)
HR	Kroatien (3 Orte)
I	Italien (3 Orte)
LV	Lettland (2 Orte)
NL	Niederlande (5 Orte)
PL	Polen (61 Orte + 12 Orte fraglich)
RO	Rumänien (8 Orte + 1 Ort fraglich)
RUS	Russland (3 Orte)
SK	Slowakische Republik (4 Orte)
SLO	Slowenien (4 Orte)
UA	Ukraine (1 Ort)

7.3.1 Erscheinungsorte in Deutschland

Aachen NRW
Aalen BW
Abensberg BY
Adelmannsfelden BW
Aderstedt SA
Ahaus NRW
Alberthofen RP
Albingen
Aldersbach BY
Allendorf NRW
Allstedt (Halle) SA
? Altstadt RP
Alsfeld HE
Altdorf (Nürnberg) BY
Altena (Märkischer Kreis) NRW
Altenberg (Dresden) SN
Altenburg TH
Altenhof (gemeint: München, Alter Hof) BY
Altona (heute: Hamburg) HH
Amberg BY
Amelinghausen NDS
Amorbach BY
Andechs BY
Andernach RP
Anholt (heute: Isselburg) NRW
Anklam (Peene) MV
Annaberg SN, auch PL
Ansbach BY
Ahrensburg SH
Arnsberg NRW
Arnsfeld (heute: Mildenau) SN
Arnstadt TH
Aschaffenburg BY
Aschersleben (Halle) SA
Auerbach (Göltzsch) SN
Aurich NDS
Augsburg BY
Augustusburg SN
Bacharach RP

Baden-Baden BW
Balingen BW
Bahrendorf (Magdeburg) SA
Ballenstedt (Halle) SA
Bamberg BY
Banz BY
Barby (Elbe) SA
Barmen (heute: Wuppertal) NRW
Bautzen SN
Bayrdießen → Dießen am Ammersee BY
Bayreuth BY
Bebenhausen BW
Beddingen (heute: Salzgitter) NDS
Beiertheim (heute: Karlsruhe) BW
Benediktbeuern BY
Berchtesgaden BY
Berg (Orte in A, BW, BY, CH, RP)
Bergedorf (heute: Hamburg) HH
Bergen NDS
Bergisch Gladbach NRW
? Behringersdorf (heute: Schwaig bei Nürnberg) BY
Berleburg NRW
Berlin
Bernburg SA
Bettbrunn (Altmühltal) BY
Biberach BW
Biburg BY
Biedenkopf (Lahn) HE
Bielefeld NRW
Bingen RP
Birkenfeld RP
Bischofswerda SN
Bitterfeld SA
Blankenburg (Wernigerrode) SA
Blankenburg (Saalfeld-Rudolstadt) TH
Blankenese (heute: Hamburg) HH
Blankenhain (Weimar) TH

Blaubeuren BW
Blieskastel SL
Bochum NRW
Bockau (Chemnitz) SN
Bodenwerder NDS
Böblingen BW
Boizenburg (Elbe) MV
Bonn NRW
Bonndorf BW
Borna (Leipzig) SN
Bottendorf (heute: Roßleben) TH
? Brand (Tirschenreuth) BY
Brandenburg (Havel) BR
Braunfels HE
Braunschweig NDS
Braunshorn RP
Brauweiler NRW
Breitungen (Werra) TH
Breisgau BW
Bremen HB
Bremerhaven (Bremen) HB
Briesnitz (heute: Dresden) SN
Brockhausen (mehrere Orte in NDS, NRW)
Bronnbach (Kloster im Taubertal) BY
Bruchsal BW
Bruckberg (Ansbach) BY
Brühl NRW
Buchau BW
Buchloe BY
Bückeburg NDS
Büdingen HE
Bützow MV
Burgau (Mindel) BY, auch A
Burgdorf (Hannover) NDS
Burghausen BY
Burgpreppach BY
Burgsteinfurt NRW
Burgthal (Bad Dürkheim) RP
Buttstädt TH
Buxtehude NDS
Calenberg NDS

Calw BW
Camburg (Saale) TH
Cannstatt (heute: Stuttgart) BW
Celle NDS
Charlottenburg (heute: Berlin)
Chemnitz SN
Clarholz NRW
Clausthal NDS
Clemenswerth NDS
Coburg BY
Coelln an der Spree (heute: Berlin)
Coesfeld NRW
Colditz SN
Cossen SN
Cottbus BR
Crailsheim BW
Creuzburg (Werra) TH
Crimmitschau (Pleiße) SN
Crinitz BR
Croppenstedt (Halberstadt) SA
Crossen TH, auch PL
Cuba (heute: Gera) TH
Dahlen SN
Dahlenberg SN
Dannenberg (Elbe) NDS
Dardesheim SN
Darmstadt HE
Deggendorf BY
Deggingen BY
Delitzsch SN
Delmenhorst NDS
? Denkhofen NDS
Denzlingen BW
Dessau SA
Detmold NRW
Deutz (heute: Köln) NRW
Diedelkopf (Kusel) RP
Dierdorf RP
Diesbach SWB
Diessen BY
Dietfurt (Altmühl) BY
Dietramszell BY
Dietrichsdorf SWB

Dillenburg HE
Dillingen (Donau) BY
Dinkelsbühl BY
? Ditfurt (Quedlinburg) SA
Dittelsdorf (heute: Zittau) SN
Dittenburg HE
Doberan MV
Döbeln SN
Döhlen (heute: Freital) SN
Döhlen (heute: Neustadt, Orla) TH
Dölitz (heute: Leipzig) SN
Döllingen BR
Dömitz MV
Dörna TH
Donaueschingen BW
Donauwörth BY
Dorfen BY
Dornburg (Saale) TH
Dornick (heute: Emmerich) NRW
Dortmund NRW
Dresden SN
Driburg (Höxter) NRW
Duderstadt NDS
Dürkheim (Haardt) RP
Düsseldorf NRW
Duisburg NRW
Durlach (heute: Karlsruhe) BW
Ebersdorf (heute: Saalburg-Ebersdorf) TH
Ebersberg (Orte in BY, NDS, SN, PL)
Ehingen (Donau) BW
Ehrenbreitstein (heute: Koblenz) RP
Eibenstock SN
Eichstätt BY
Eilenburg (Mulde) SN
Einbeck NDS
Einersheim (Kitzingen) BY
Eisenach TH
Eisenberg (Allgäu) BY
Eisenberg TH
Eisfeld (Hildburghausen) TH

Eisleben SA
Elberfeld (heute: Wuppertal) NRW
Elchingen BY
Ellingen BY
Ellrich TH
Ellwangen (Jagst) BW
Elminghausen NRW
Emden NDS
Emmendingen BW
Emmerich (Rhein) NRW
Ems (Lahn) RP
? Engelthal BY
Erbach (Orte in BW, HE, NRW und RP)
Erding BY
Erdingen (Köln) NRW
Erfurt TH
Erlangen BY
Eschborn HE
Eschwege HE
Eschweiler NRW
Essen NRW
Esslingen (Neckar) BW
Ettenheim BW
Eutin SH
Feuchtwangen BY
Flensburg SH
Franckenau (Kassel) HE
Frankenberg (Warta) SN
Frankenberg (Eder) HE
Frankenthal RP
Frankenhausen TH
? Frankenstein SN
? Frankenstein (Kaiserslautern) RP
Frankfurt (Main) HE
Frankfurt (Oder) BR
Freiberg SN
Freiburg (Breisgau) BW
Freising BY
? Freistadt am Bodensee oder fingiert
? Freistadt am Rhein oder fingiert
Freudenstadt BW

Freyburg (Unstrut) SA
? Freystadt (Neumarkt) BY
Frickingen BW
? Friedberg (Darmstadt) HE
Friedberg (Augsburg) BY
Friedensburg (bei Lobenstein) TH
Friedrichstadt SH
Friedrichswerder (heute: Berlin)
Frohburg SN
Fürstenzell (Kloster) BY
Fürth BY
Füssen BY
Fulda HE
Gablenberg (heute: Stuttgart) BM
Gandersheim NDS
Ganslosen (heute: Ditzenbach) BW
Gardelegen SA
Gedern HE
Geisenhausen (Landshut) BY
Geißlingen (heute: Klettgau) BW
Gera TH
Germendorf (heute: Oranienburg) BR
Gernrode (Harz) SA
Gernrode (Eichsfeld) TH
Gernsbach (Rastatt) BW
Gerolstein (Eifel) RP
Gertrudenberg (Kloster, Osnabrück) NDS
Gesmold (heute: Melle) NDS
Giebichenstein (heute: Halle) SN
Gießen HE
Glan-Münchweiler RP
Glashütten (Taunus) HE
Glauchau SN
Glücksburg (Ostsee) SH oder fingiert
Glücksburg (heute: Seysa) SA
Glückstadt SH
Gnadau SA
Godesberg (heute: Bonn) NRW
Göhrde NDS
Göppingen BW

Görlitz SN
Göttingen NDS
Goldbach (Aschaffenburg) BY
Goldberg MV
Goslar NDS
Gotha TH
Graben (heute: Graben-Neudorf) BW
Grauhof (Kloster, Goslar) NDS
Greifswald MV
Greiz TH
? Griesbach (Rottal) BY
? Griesbach (heute: Bad Peterstal-Griesbach) BW
Grimma SN
Großenhain SN
Großhartmannsdorf (Freiberger Mulde) SN
Großhennersdorf SN
Großrudestedt TH
Großwerther (Nordhausen) TH
Grünberg (Gießen) HE
? Grüningen (heute: Donaueschingen) BW
Grünstadt RP
Guben BR, auch PL
Günterstal (heute: Freiburg im Breisgau) BW
Günzburg BY
Güstrow MV
Gütersloh NRW
Guntersblum RP
Haag BY
Harburg (heute: Hamburg) HH
Hachenburg (Westerwald) RP
Hagen NRW
Haidhausen (heute: München) BY
Harburg BY
Halberstadt SA
Haldensleben SA
Halle (Saale) SA
? Halle (Westfalen) NRW
? Halle (Bodenwehr) NDS

Hamburg HH
Hameln NDS
Hamm NRW
Hammelburg BY
Hanau HE
Hannover NDS
Hanschia BVB
Hardenburg (Schloss, Bad Dürkheim) RP
Harzburg NDS
Harzgerode SA
Hattorf (Osterode) NDS
Hechendorf (heute: Wiehe) TH
? Hechendorf (heute: Seefeld) BY
Hechingen BW
Heide SH
Heidelberg BW
Heidenheim (Brenz) BW
Heidesheim (Rhein) RP
Heilbrunn BY
Heilbronn BW
Heiligenberg (Salem) BW
Heiligenstadt (Eichsfeld) TH
Heinrichstadt (heute: Wolfenbüttel) NDS
Heldrungen TH
Helmstedt NDS
Hemstadt SA
Hensted (heute: Henstedt-Ulzburg) SH
Herborn HE
Herford NRW
Hermannsburg (Celle) NDS
Herrenhausen (heute: Hannover) NDS
Herrnhut SN
Hersfeld (Fulda) HS
Herzberg (Elster) BR
Herzberg (Harz) NDS
Herzhorn SH
Herwigsdorf SN
Hildburghausen TH
Hildesheim NDS

Himmelkron (Kulmbach) BY
Hirschau (heute: Tübingen) BW
Hirschberg (heute: Warstein) NRW, auch PL
Hirschberg (Saale) TH
Hirschfeld (Greiz) TH
? Hirschfeld BR
? Hirschfeld (Chemnitz) SN
Höchst (heute: Frankfurt-Höchst) HE
Höchstadt (Aisch) BY
Höxter NRW
Hof (Saale) BY
Hofgeismar (Kassel) HE
Hohen-Ahlsdorf BR
Hohenasperg BW
Hohenheim (heute: Stuttgart) BW
Hohenstein (heute: Hohenstein-Ernstthal) SN
Hohenzollern (Burg) BW
Holzminden NDS
Homberg (Saar) SL
Homburg (vor der Höhe) HE
Hommerich (heute: Lindlar, Köln) NRW
Horn (heute: Horn-Bad Meinberg) NRW
Hornbach RP
Huglfing (Murnau) BY
Husum SH
Idstein HE
Ilfeld (Nordhausen) TH
Ilmenau TH
Ingelfingen BW
Ingolstadt BY
Isen (Erding) BY
Iserlohn NRW
Isny (Allgäu) BW
Itzehoe SH
Jagsthausen (Heilbronn) BW
Jena TH
Jeßnitz (Mulde) SA
Jever NDS

Joachimsthal (Barnim) BR
Jülich NRW
Jüterbog BR
Juliusburg SH (auch PL?)
Justingen (heute: Schelklingen) BW
Kahla (Saale) TH
Kaiserslautern → Lautern
Kaiserswerth (heute: Düsseldorf) NRW
Kalbe (Milde) SA
Kamenz SN
Karlshafen (Weser) HE
Karlsruhe BW
Kassel HE
Katzenellenbogen BY
Kaufbeuern BY
Kehl BW
Kelkheim (Taunus) HE
Kemnitz (heute: Dresden) SN
Kempen NRW
Kempten BY
Kiel SH
Kirchberg (Jagst) BW
Kirchhausen (heute: Heilbronn) BW
Kirchheim (Teck) BW
Kirn (Nahe) RP
Kitzingen BY
Kleinvoigtsberg (heute: Großschirma) SN
Kleve NRW
Klingenthal (Vogtland) SN
Knittlingen BW
Koblenz RP
Kochendorf (heute: Friedrichshall) BW
Köln (Rhein) NRW
Königsbrück SN
? Königsburg (Burg, Elbingerode) SA
Königslutter (Elm) NDS
Königstein SN

Königs Wusterhausen → Wusterhausen
Köthen SA
Kohren (heute: Kohren-Sahlis) SN
Konstanz BW
Korbach HE
Korpitz (bei Dresden) SN
Kranenburg NRW
Krefeld NRW
Krempe SH
Kreuznach (Nahe) RP
Kuba → Cuba (heute: Gera)
Kürnbach (Karlsruhe) BW
Kufstein BY
Kulmbach BY
Kusel RP
Laage MV
Ladenburg (Neckar) BW
Lahr (Schwarzwald) BW
Landau (Pfalz) RP
Landau (Isar) BY
Landsberg (Lech) BY, auch
Landsberg (Warthe) PL
? Landsberg SA
Landshut BY
Langen HE
? Langen (Emsland) NDS
Langenberg (heute: Gera) TH
Langen-Schwalbach (heute: Schwalbach) HE
Langensalza TH
Langheim (Kloster, Lichtenfels) BY
Laubach (Eifel) RP
Laubach (Hunsrück) RP
Laubach (Wetterau) HE
Laublingen SA
Lauchstädt SA
Lauenburg (Elbe) SH
Lauf (Pegnitz) BY
Lauf (heute: Baden) BW
Lauffen (Neckar) BW
Lauingen (Donau) BY

Lauterbach (Orte in BW, BY, HE, SN, TH)
Lautern (heute: Kaiserslautern) RP
Leer NDS
Leichlingen NRW
Leipzig SN
Leisnig (Freiberger Mulde) SN
Lemgo NRW
Leutenberg TH
Leutkirch (Allgäu) BW
Lichtenau NRW
Lichtenberg (heute: Berlin)
Lichtenstein SN
Lilienthal NDS
Limburg (Lahn) HE
Lindau (Bodensee) BY
Lingen (Ems) NDS
Lippstadt NRW
Löbau SN
Lörrach BW
Lößnitz SN
? Löwenburg BR
Lobenstein TH
Löwenstein BW
Luckau BR
Lübben (Spreewald) BR
Lübeck SH
Ludwigsburg BW
Ludwigslust MV
? Lüdingen (Rotenburg) NDS
Lüneburg NDS
Lützow MV
Magdeburg SA
Magstadt (Böblingen) BW
Mainz RP
Malchin MV
Mannheim BW
Mansfeld SA
Marburg (Lahn) HE
Marchthal (Kloster, Obermarchtal) BW
? Maria Einsiedel (heute: Gernsheim) HE
Marienborn SA
Marienborn (heute: Mainz) RP
Marienberg SN
Marktbreit (Kitzingen) BY
Marktheidenfeld BY
Meersburg (Bodensee) BW
Meiningen TH
Meisenheim RP
Meißen SN
Meldorf SH
Melle NDS
Memmingen BY
Mengeringhausen (heute: Arolsen) HE
Mergentheim (Tauber) BW
Meschede NRW
Merseburg SA
Michaelstein (Kloster, Blankenburg) SA
Michelstadt (Odenwald) HE
Mindelheim BY
Minden (Weser) NRW
Moringen (Northeim) NDS
Moritzburg (Schloss, Zeitz) SA
Moßbach TH
Mühlberg (Gotha) TH
Mühlburg TH
Mühldorf (Inn) BY
Mühlhausen TH
Mühlhausen (Kraichgau) BW
Mühlhausen (Orte in D, CZ, PL)
Mühlheim (Donau) BW
Mühlheim (Rhein)
Mülheim (Ruhr) NRW
? Müllheim BW
Münchberg (Hof) BY
München BY
Münnerstadt BY
Münster NRW
Murg (Waldshut) BW
Murnau BY
Naumburg SN
Naumburg HE

Neila (Hof) BY
Neresheim BW
Neubrandenburg MV
Neuburg (Donau) BY
Neudeck in der Au BY
Neudietendorf TH
Neuenstein (Hohenlohe) BW
Neuhaus (Orte in BW, BY, MV, NDS, NRW, RP, SH, TH)
Neuhofen RP
Neukirchen (Orte in A, BY, HE, MV, NRW, SN, SA, SH, TH, Pl, CZ)
Neukölln (heute: Berlin)
Neumarkt (Orte in A, BY, CZ, PL, RO)
Neumünster SH
? Neuried BY
Neuruppin BR
Neuss NRW
Neustadt (Orla) TH
Neustadt (Aisch) BY
Neustadt (Weinstraße) RP
? Neustadt (sehr häufiger Ortsname)
Neustrelitz MV
Neuwied (Rhein) RP
Niederröblingen (Helme) SA
Niederschönhausen (heute: Berlin)
Niederwalluf HE
Niederwesel (heute Wesel) NRW
Niederwiera SN
Nienburg (Saale) SN
? Nienburg (Weser) NDS
Nördlingen BY
Norden (Aurich) NDS
Nordhausen TH
Nürnberg BY
Nürtingen BW
Oberammergau BY
Oberhausen NRW
Obermarchtal BW
? Obernsees BY

Obernzenn BY
Oberschwabach (heute Schwabach) BY
Obersontheim BW
Obertheres (heute: Theres) BY
Ochsenfurt BY
Ochsenhausen BW
Oderberg BR
Oehringen BW
Oelsnitz SN
Oettingen BY
Offenbach (Main) HE
Offenburg BW
Offenheim RP
Ohrdruf (Gotha) TH
Oldenburg NDS
Oldesloh (Trave) SH
Olpe NRW
Oppenheim RP
Oranienburg BR
? Orts am Kocher BW
Oschatz SN
Osnabrück NDS
Osterburg (Altmark) SA
Osterode (Harz) NDS
Ostheim vor der Rhön BY
Osterwieck SA
Ottensen (heute: Hamburg) HH
Otterndorf (Cuxhaven) NDS
Ottobeuren BY
Ottweiler (Neunkirchen) SL
Paderborn NRW
Pappenheim BY
Parchim MV
Pasewalk MV
Passau BY
Pegau SN
Peine NDS
Penig SN
Perleberg (Prignitz) BR
? Pfaffenhausen (Allgäu) BY oder fingiert
Pfedelbach BW

Pforzheim BW
Pirmasens RP
Pirna SN
Plauen SN
Plittersdorf (heute: Rastatt) BW
Plochingen BW
Plön SH
Polling BY
Potsdam BR
Pratau (heute: Wittenberg) SA
Prenzlau BR
Pretzsch (Elbe) SA
? Priefling BY
Pyrmont NDS
Quedlinburg SA
Querfurt SA
Radebeul SN
Radolfzell BW
Raitenbuch BY
Ranstädt (heute: Markranstädt) SN
Rastatt BW
Rathenau (= Rathenow?) BR
Rathmannsdorf SN
Ratzeburg SH
Ravensburg BW
Regensburg BY
Reichenbach (Orte in BW, BY; HE, RP, SN, TH)
Reinsdorf SN
Reinstedt (heute: Falkenstein, Harz) SN
Remagen RP
Remlingen (Wolfenbüttel) NDS
Remscheid NRW
Rendsburg SH
? Renghausen NRW
Rötz (Cham) BY
Reutlingen BW
Rheine NRW
Riedlingen (Donau) BW
? Rindlingen (heute: Kandern) BW
Ringelheim (heute: Salzgitter-Ringelheim) NDS
Rinteln NDS
Rochlitz SN
Rödelheim (heute: Frankfurt, Main) HE
Römhild (Hildburghausen) TH
Rötz BY
Roggenburg (Kloster, Neu-Ulm) BY
Rommerskirchen NRW
Ronneburg (Greiz) TH
Ronneburg HE
? Rosbach HE
Rostock MV
Rotenburg (Wümme) NDS
Roth (Nürnberg) BY
Rothenburg (Tauber) BY
Rothenburg (Fulda) HE
Rottenburg (Neckar) BW
Rottweil BW
Rudolstadt TH
Rüdesheim (Rhein) HE
Rügen (Insel) MV
Runneburg (Burg, Weißensee) TH
Ruppin → Neuruppin
Saalfeld TH
Saarbrücken SL
Saarlouis SL
Sachsenfeld (heute: Schwarzenberg) SN
Salem BW
Salzdahlum (Wolfenbüttel) NDS
Salzgitter NDS
Salzungen TH
Salzwedel SA
Sangerhausen SA
Sankt Blasien BW
? Sankt Hubert (heute: Kempen-St. Hubert) NRW
Sankt Wendel SL
Schiffbek (heute: Hamburg) HH
? Schilda BR oder fingiert
Schillingsfürst (Ansbach) BY
Schkeuditz SN

Schleusingen (Hildburghausen) TH
Schleiz TH
Schleswig SH
Schleusingen TH
Schlieben BR
Schlierbach (Göppingen) BW
Schmalkalden TH
Schmiedberg SN
Schmiedeberg (Wittenberg) SA
Schneeberg SN
Schnepfenthal TH
? Schöneberg (heute: Berlin)
Schöningen NDS
Schönstadt (heute: Cölbe) HE
? Schönwald (Schwarzwald) SWB
Schöppenstedt NDS
Schorndorf (Ammersee) BY
Schrobenhausen BY
Schussenried BW
Schuttern (heute: Friesenheim) BW
Schwabach BY
Schwabing (heute: München) BY
Schwabsoien BY
Schwäbisch Gmünd BW
Schwäbisch Hall BW
Schwalbach HE
Schwanenburg (Burg in Kleve) NRW
Schwartau SH
Schwarzach (Kulmbach) BY
Schwedt (Oder) BR
Schweinfurt BY
Schwelm NRW
Schwerin MV
Schwetzingen BW
Seehausen (Börde) SA
Seehausen (Altmark) SA
Seelbach (Schutter) BW
Seesen NDS
Segnitz (Kitzingen) BY
Seifersdorf (Orte in TH, SA, PL)
Seyda SA
Siegburg NRW

Sigmaringen BW
Soest NRW
Sohland (Spree) SN
Solingen NRW
? Sommerfeld (heute: Leipzig) SN
Sommerhausen (Main) BY
Sondershausen TH
Spaichingen (Primtal) BW
Speldorf (Mühlheim an der Ruhr) NRW
Speyer RP
Stade NDS
Stadtamhof BY
Stadthagen NDS
Stadtoldendorf NDS
Staucha (Kloster, Stauchitz) SN
Steinfurt NRW
Stendal SA
Sternberg MV
Stockach BW
Stolberg (Harz) SA
Stolpe (Usedom) MV
Stolzenau (Weser) NDS
Stralsund MV
Straubing BY
Stuttgart BW
Suhl TH
Sulz (Neckar) BW
Sulzbach (heute: Sulzbach-Rosenberg) BY
Sulzburg BW
Tannroda (heute: Berka) TH
Tecklenburg NRW
Tegernsee BY
Tennstedt TH
Teutschental SA
Tharandt SN
Theres BY
Thurnau (Kulmbach) BY
Tölz BY
Tönning SH
Torgau SN
Treis (heute: Treis-Karden) RP

Trendelburg (Kassel) HE
Treuenbriezen BR
Tribsees MV
Triefenstein BY
Trier RP
Trostberg BY
Tübingen BW
Tuttlingen BW
Überlingen BW
Uelzen NDS
Uffenheim BY
Ulm BW
Unna NRW
Unterammergau BY
Urach BW
Ursberg (Günzburg) BY
Veitshöchheim BY
Verden NDS
Vielau (heute: Reinsdorf) SN
Villingen (heute: Villingen-Schwenningen) BW
Vilsbiburg BY
Vohburg (Donau) BY
Volkach BY
Wadern SL
Wahlheim RP
Wahrenberg (Stendal) SA
Waiblingen (Stuttgart) BW
Waldenburg SN
Waldshut (heute: Waldshut-Tiengen) BW
Waldsassen BY
Wallerstein BY
Walluf HE
? Wankheim (heute: Kusterdingen?) BW
Waltersdorf TH
Waltersdorf (Steiermark) A
Waltersdorf (Orte in D, CZ, PL, RO)
Waltershausen TH
Wandsbek (heute: Hamburg) HH

Wangen (Allgäu) BW
Warburg (Höxter) NRW
Wahren (heute Leipzig) SN
Waren (Müritz) MV
Warendorf (Ems) NRW
Warstein (Soest) NRW
Wasserburg BY
Wassertrüdingen (Ansbach) BY
Wedel (Pinnenberg) SH
Wedinghausen (Stift, Arnsberg) NRW
Weida (Greiz) TH
Weihenstephan (heute: Freising) BY
Weikersheim BW
Weilburg HE
Weiler (Allgäu) BY
Weilheim (Oberbayern) BY
Weilheim (Waldshut) BW
Weilheim (Teck) BW
Weimar TH
Weingarten BW
Weinheim (Bergstraße) BW
Weißenau (Ravensburg) BW
Weißenburg BY
Weißenfels SA
Weisweiler (heute: Eschweiler) NRW
Welzheim BW
Wenden (Sauerland) NRW
Wendisch Wusterhausen → Wusterhausen
Wernigerode SA
Wertheim BW
Wesel NRW
Wesenberg MV
Westerburg RP
Westheim (Pfalz) RP
Wetzlar HE
Weyarn (Miesbach) BY
Wiblingen (Kloster, heute: Ulm) BW
Wiesbaden HE

Wildbad (Schwarzwald) BW
Wildberg MV
Wilhermsdorf (Fürth) BY
Wilhelmsdorf TH
Wilmersdorf (heute: Berlin)
Wimpfen (Neckar) BW
Windehausen TH
Windsheim (Aisch) BY
Winsberg (heute: Pirmasens) RP
Wismar MV
Wissen (Sieg) RP
Wittenberg SA
Wöhrden (Dithmarschen) SH
? Wörth (Main) BY
? Wörth (Donau) BY
? Wörth (Rhein) RP
Wolfenbüttel NDS
Wolkenstein SN
? Wohnfurt in Franken BY oder fingiert
Worms RP
Würzburg BY
Wulfsode (heute: Wriedel) NDS
Wunsiedel BY

Wupperfeld NRW
Wurzen (Mulde) SN
Wusterhausen BR
Xanten NRW
Zavelstein (heute: Bad Teinach-Zavelstein) BW
Zeitz TH
Zell (Harmersbach) BW
Zell (Wiesental) BW
Zell (mehrere Orte)
Zellerfeld (heute: Clausthal-Zellerfeld) NDS
Zerbst SA
Zeulenroda (heute: Zeulenrode-Triebes) TH
Ziegenhain (Westerwald) RP
Ziegenrück TH
Zittau SN
Zweibrücken RP
Zweickau GBV
Zwickau SN
Zwönitz SN

7.3.2   Erscheinungsorte in nicht deutschen Staaten

Dänemark
Hadersleben DK
Odense (auch Ottensee) DK

Estland
Dorpat EST
Oberpahlen EST
Pernau EST

Frankreich
Bischweiler F
Buchsweiler F
Dünkirchen F
Colmar F

Hagenau F
Mömpelgard F
Oberbronn (Hagenau) F
Schlettstadt F
Straßburg F
? Thann F

Italien
Bozen I
Brixen I
Sterzing I

Kroatien
Agram (= Zagreb) HR

Esseg HR
Warasdin HR

Lettland
Libau
Mitau LV

Niederlande
Arnheim NL
Breda NL
Franeker NL
Herzogenbusch NL
Ostende NL

Österreich
Bregenz A
Burgau A, auch BY
Feldkirch A
Furth A
? Gmünden A
Gurk A
Hohensalzburg (heute: Salzburg) A
Innsbruck A
Judenburg A
Klagenfurt A
Korneuburg A
Krems A
Landeck (Tirol) A
Laxenburg A
Leopoldsberg (heute: Wien) A
Linz A
Mariazell A
? Mühlheim (Inn) A
Ried A
Retz A
Rottenmann (Steiermark) A
Salzburg A
Sankt Pölten A
Schärding A
Seefeld A
? Sighartstein A
Stein (heute: Krems) A
Steyr A

? Thann (heute: Hargelsberg) A, auch F
Seekirchen (Wallersee) A
Weer (Schwaz) A
Wien A
Wiener Neustadt A
Wildberg A, auch MV

Polen
Annaberg PL, auch SN
Bärwalde PL
Bartenstein PL
Beuthen (Oder) PL
Bischofswerda PL
Braunsberg PL
Breslau PL
Brieg PL
Bunzlau PL
Cosel PL
Crossen PL, auch TH
Culm (Weichsel) PL
? Dirschau
Dyherrnfurth PL
? Ebersdorf (mehrere Orte) PL
Elbing PL
Falkenburg PL
? Frankenstein PL
Fraustadt (= Wschowa) PL
Freystadt PL
Glatz PL
Glogau PL
? Gorau PL
Großglogau PL
Grottkau PL
Grünheyde PL
Grunwald PL
Guben PL, auch D
? Heilsberg PL
? Herrnstadt PL
Hirschberg (Riesengebirge) PL
? Hundsfeld (heute: Breslau) PL
Jauer PL
Kalisch PL

? Königsberg PL, auch RUS
Köslin PL
Kolberg PL
Krakau PL
Küstrin PL
Landeshut PL
Landsberg (Warthe) PL
Langfuhr PL
Lauban PL
Liebau PL
Liegnitz PL
Lissa (= Deutsch Lissa) PL
? Löwenberg PL
Marienburg PL
Marienwerder PL
Memel PL
Neiße PL
Oberglogau → Glogau PL
Oels PL
Oliva PL
? Osterode PL
Pförten PL
Posen PL
Pyritz PL
Rawitsch PL
Sagan PL
Schlichtingsheim PL
Schweidnitz PL
? Seifersdorf PL
Sorau PL
Stargard PL
Stettin PL
? Stolzenberg PL
Striegau PL
Tannenberg PL
Thorn PL
Wengrow PL
Wigandsthal PL
Züllichau PL

Rumänien
Bistritz RO
? Blasenburg RO

Großwardein RO
Hermannstadt RO
Hulpe RO
Karlsburg RO
Klausenburg RO
Kronstadt RO
Temeswar RO

Russland
Königsberg RUS
Sankt Petersburg RUS
Wiburg RUS

Schweiz
Aarau CH
Baden CH
Basel CH
Berau (bei Schaffhausen) CH
Bern CH
Bischofszell CH
Biel CH
Brig (Wallis) CH
Brügg (Bern) CH
Burgdorf CH
Chur CH
Diessenhofen (Thurgau) CH
Disentis CH
Einsiedeln CH
Freiburg (= Fribourg) CH
Genf CH
Glarus CH
Herisau CH
Kreuzlingen (Thurgau) CH
Küritz CH
Luzern CH
? Mönchaltorf CH
Muri CH
Neuenburg CH
Nidau (Bern) CH
Pruntrut (= Porrentruy) CH
Rapperswil CH
Sankt Gallen CH
Solothurn CH

Schaffhausen CH
Staad CH
Stafa (Zürichsee) CH
Trogen CH
Winterthur CH
Wettingen (Aargau) CH
Zizers CH
Zürich CH

Slowakische Republik
Leutschau SK
Nikolsburg SK
Pressburg SK
Tyrnau SK

Slowenien
Cilli SLO
Görz SLO
Laibach SLO
Kaschau SLO

Tschechische Republik
Austerlitz CZ
Böhmisch Budweis CZ
Brünn CZ
Brüx CZ
Caslau CZ

Eger CZ
Iglau CZ
Jungbunzlau CZ
Karlsbad CZ
Königsgrätz CZ
Kuttenberg CZ
Leitmeritz CZ
Leitomischl CZ
Mährich Trübau CZ
Marienbad CZ
Olmütz CZ
Pilsen CZ
Prag CZ
Teplitz CZ
Troppau CZ
Znaim CZ

Ukraine
Lemberg UA

Ungarn
Buda (heute: Budapest) H
Fünfkirchen (heute: Pécs) H
Oedenburg (= Sopron) H
Ofen (heute: Budapest) H
Pest H (heute: Budapest) H
Raab H

7.4 Gattungsbegriffe

Die Liste enthält die Gattungsbegriffe auf dem Stand Juli 2003, wie sie im VD 17 zugrunde gelegt wird.

Akademieschrift siehe:
  Gesellschaftsschrift
Akustik
Alchemie
Almanach siehe: Kalender
Altertumskunde
Amtsdruckschrift
Anatomie

Annalen siehe: Chronik
Anzeige
Apophthegma siehe: Zitatensammlung
Archäologie
Architektur
Ars moriendi
Arzneibuch

Astrologie
Astronomie
Atlas
Auktionskatalog
Autobiographie
Beichtspiegel
Bergbau
Bibel
Bibliographie
Bibliothekskatalog
Bilderlyrik siehe: Figurengedicht
Bio-Bibliographie siehe: Biographie Bibliographie
Biographie
Botanik
Brief
Briefsammlung
Briefsteller
Buchhandelskatalog
Bücheranzeige
Büchersammlung
Chemie
Chiromantie
Chirurgie
Chronik
Disputation siehe: Dissertation
Dissertation:
- *theol.*
- *phil.*
- *jur.*
- *med.*

Dissertationensammlung
Drama
Einblattdruck
Emblembuch
Enzyklopädie
Erbauungsliteratur
Erzählsammlung
Festbeschreibung
Festungsbau
Fibel
Figurengedicht
Flugblatt siehe: Einblattdruck

Flugschrift
Frauenliteratur
Fürstenspiegel
Gartenbau
Gebet
Gebetbuch
Gedicht
Gedichtsammlung (mehr als zwei Gedichte)
Geldwesen
Gelegenheitsschrift:
- *Abschied*
- *Amtsantritt*
- *Begrüßung*
- *Einladung*
- *Einweihung*
- *Fest*
- *Friedensschluss*
- *Geburt*
- *Geburtstag*
- *Gedenken*
- *Hochzeit*
- *Jubiläum*
- *Konversion*
- *Krönung*
- *Namenstag*
- *Neujahr*
- *Promotion*
- *Sieg*
- *Taufe*
- *Tod (für Drucke ohne Leichenpredigt)*
- *Visitation*

Genealogie
Geographie
Geologie
Geometrie
Gesangbuch
Gesellschaftsschrift
Gesetzessammlung
Grammatik
Gynäkologie
Hausväterliteratur

Hochschulschrift
Intelligenzblatt
Itinerar
Jagdliteratur
Jesuitendrama siehe: Drama Ordensliteratur: Jesuiten
Judaicum
Jugendbuch
Kalender
Katechismus
Kinderbuch siehe: Jugendbuch
Kirchenlied
Kochbuch
Komödie siehe: Drama
Kommentar:
- *hist.*
- *jur.*
- *pol.*
- *theol.*

Kräuterbuch siehe: Pflanzenbuch
Kriegskunde
Kunstsammlung
Landeskunde siehe: Topographie
Landwirtschaft
Lebensbeschreibung siehe: Biographie
Legende
Leichenpredigt
Leichenpredigtensammlung
Lexikon
Libretto
Lied
Liedersammlung
Märtyrerdrama siehe: Drama
Magnetismus
Mathematik
Matrikel
Mechanik
Medizin
Memoiren siehe: Autobiographie
Messkatalog
Messrelation
Mineralogie

Musikbuch
Musterbuch
Oper siehe: Libretto
Optik
Oratorium siehe: Libretto
Ordensliteratur:
- *Alcantariner s. Franziskaner*
- *Augustiner*
- *Augustiner-Barfüßer*
- *Augustiner-Chorherren*
- *Augustiner-Eremiten*
- *Barnabiten*
- *Benediktiner*
- *Chorherren*
- *Dominikaner*
- *Franziskaner (ggf. weitere Zusätze)*
- *Jesuiten*
- *Kapuziner*
- *Karmeliter*
- *Kartäuser*
- *Konventualen s. Minoriten*
- *Minimen*
- *Minoriten*
- *Norbertiner s. Prämonstratenser*
- *Oratorianer*
- *Paulaner s. Barnabiten*
- *Paulaner-Minimen s. Minimen*
- *Prämonstratenser*
- *Terziaren*
- *Theatiner*
- *Unbeschuhte Karmeliter*
- *Zisterzienser*

Pädagogik
Perioche
Pflanzenbuch
Pharmakopöe siehe: Arzneibuch
Physik
Physiognomie
Poetik
Porträtwerk
Praktik
Predigt

Predigtsammlung (mehr als zwei
Predigten)
Prognostikon siehe: Praktik
Programmschrift
Ratgeber
Rechenbuch
Rede
Regesten
Reisebeschreibung
Rhetorik
Roman
Sage
Satire
Schäferdichtung
Schauspiel siehe: Drama
Schreibmeisterbuch
Schulbuch
Schwank
Singspiel siehe: Libretto
Spiel
Sprachführer
Sprichwortsammlung
Streitschrift:
- polit.
- jur.
- theol.

Textbuch siehe: Libretto
Theaterzettel
Tierbuch
Tiermedizin
Tischzucht
Topographie
Totentanz
Tragödie siehe: Drama
Trauerspiel siehe: Drama
Urkundenbuch
Verordnung
Verserzählung
Vertrag
Volksbuch
Vorlesung
Vorlesungsverzeichnis
Wappenbuch
Wörterbuch
Zeitschrift
Zeitung
Zitatensammlung
Zoologie

8 Protokolle der Beiratssitzungen

Ergebnisprotokoll der 1. Sitzung des Projektbeirats „Machbarkeitsstudie VD 18"

Ort: Halle, Universitäts- und Landesbibliothek Sachsen-Anhalt
Zeit: Freitag, 28.04.2006, 9.00 bis 12.30 Uhr
Teilnehmer: Bötte (SBB Berlin), Dr. Burch (Universität Trier), Dr. Fabian (BSB München), Dr. Fischer (DLA Marbach), Dr. Goebel (DFG), Dr. Haller (München), Dr. Knoche (HAAB Weimar), Dr. Merstens (Olms Verlag Hildesheim), Dr. Migl (SUB Göttingen), Dr. Paasch (UFB Erfurt-Gotha), Dr. Schnelling (ULB Halle), Prof. Dr. Siegert (Universität Freiburg), Dr. Sommer (ULB Halle), Dr. Stäcker (HAB Wolfenbüttel), Prof. Dr. Thaller (Universität Köln), Dr. Worch (ULB Halle)
Entschuldigt: Prof. Dr. Gersmann (Universität Köln)
Protokoll: Andrea Richter, Dr. Dorothea Sommer (ULB Halle)

TOP 1 Begrüßung, Vorstellung

Herr Dr. Schnelling als Gastgeber begrüßt alle Anwesenden in Halle. Die Teilnehmer der Sitzung stellen sich kurz vor. Die Tagesordnung wird in der vorgelegten Form gebilligt.

TOP 2 Sachstandsbericht Machbarkeitsstudie

Am 1. März 2006 hat Herr Dr. Haller seine Arbeit an der Machbarkeitsstudie aufgenommen. Die Arbeiten an der Studie sind bis Ende Februar 2007 terminiert. Herr Dr. Haller informiert über seine bisherigen Recherchen. Er erläutert einleitend, dass die Ermittlung eines zuverlässigen Mengengerüstes von vorrangiger Bedeutung ist, da alle weiteren Bearbeitungs-schwerpunkte davon abhängen. Das DFG-Schreiben mit den Gutachterhinweisen wurde zu Beginn der Sitzung ausgeteilt; es soll in der nächsten Beiratssitzung besprochen werden.

1. Menge der Drucke

Herr Dr. Haller stellt fest, dass durch die Konversionsprojekte große Titelmengen, die für ein VD 18 relevant sind, als elektronische Daten in den einzelnen Bibliotheksverbünden vorhanden sind. Gleichzeitig gibt es eine Reihe von durchaus unikalen Beständen kleinerer Bibliotheken, die nicht durch das Retrokonversionsprojekt erfasst werden konnten, bzw. noch in Zettelkatalogen nachgewiesen sind. Der Umfang dieser Bestände wird nur durch intellektuelle Prüfung zu ermitteln sein. Es wird eingeschätzt, dass für die großen Bibliotheken wiederum eine ähnliche Überschneidungsquote der Bestände zur erwarten ist, wie sie momentan das VD 17 aufweist.

Für die Erstellung der Studie wäre es wünschenswert, die VD-18-relevanten Daten aus den Bibliotheks-verbünden in eine gesonderte Arbeitsdatenbank zu konvertieren, um exaktere Recherchen bzw. Ergebnisse zu Mengengerüst und Schnittmenge zu erreichen.

Herr Dr. Schnelling wird gebeten, ein entsprechendes Schreiben an die Verbünde zu senden, in dem um Prüfung der Möglichkeiten von Datenabzügen der VD-18-Daten gebeten wird. Herr Prof. Thaller unterstützt den Gedanken der Einrichtung einer Arbeitsdatenbank durch einen Gesamtauszug der Verbünde, äußert aber den Wunsch, dass vollständige MAB-Daten geliefert werden. Des Weiteren ist eine Anfrage an die DDB als zuständigen Datenlieferanten zu richten, um zu klären, ob die PND genutzt werden kann. Für die Ortsnamen wurde die Nutzung des vorhandenen Thesaurus von CERL vorgeschlagen. Die Arbeitsdatenbank soll durch den Lehrstuhl von Prof. Thaller eingerichtet werden. Problematisch für die Ermittlung eines Mengengerüstes durch ein maschinelles Verfahren ist der zu erwartende Anteil an VD-18-relevanten sine-loco-Beständen sowie die Zählung mehrbändiger Werke. Da auch die maschinell erstellte Datenbank nur einen Näherungswert für das Mengengerüst bieten kann, soll diese ergänzt werden durch intellektuell vorzunehmende Stichproben bezüglich der Wertigkeit von Beständen kleinerer Institutionen.

Wünschenswert ist dabei auch die Ermittlung des Anteils der nur einmal vorhandenen Drucke bei der Schnittmengenbildung der Bestände der zehn bekannten Bibliotheken mit umfangreichen Beständen. (SB Berlin SB, SLUB Dresden, SUB Göttingen, ULB Halle, ThULB Jena, UB Leipzig, BSB München, UB Tübingen, HAAB Weimar, HAB Wolfenbüttel). Neben diesen Bibliotheken wird auf Institutionen, deren Bestände zusätzlich geprüft werden sollten, verwiesen: Zentral-Katalog Baden-Württemberg, UB Freiburg → über SWB zu einem Teil abrufbar, FB Gotha, UB Heidelberg, SuStB Augsburg, USB Köln, PLB Speyer, IB Münster, LB Stuttgart, UB Eichstädt, StB Trier, Corvey-Bibliothek → über HBZ, Messkataloge, UB Erlangen, LB Coburg.

Des Weiteren wird erörtert, welche Bestände des deutschen Sprachraums zusätzlich Berücksichtigung finden sollten. Es wird verwiesen auf Bestände aus der Schweiz (Zentralbibliothek Zürich, Bern, Basel, Luzern), Bestände aus Österreich (Nationalbibliothek, Stadtbibliothek Wien), Bestände der Südtiroler Landesbibliothek „Friedrich Tessmann" aus Bozen, Bestände aus dem Elsass (Bibliothèque Nationale et Universitaire Strasbourg), Bestände aus Breslau. Herr Prof. Siegert schlägt vor, für die VD-18-Bestände Österreichs und der Schweiz einen Ansprech-partner zu suchen. Aus der künftigen Arbeitsdatenbank sollten auch Angaben zu den verschiedenen Qualitätsstufen der ermittelten Katalogisate gewonnen werden: (1) Autopsie (nach RAK-WB), (2) Katalogisate aus Konversionsprojekten (gute Vorlagen), (3) Katalogisate aus Konversionsprojekten (schlechte Vorlage z. B. fehlende Verfasserangaben, fehlende Kollation, fehlende Verlagsangaben, stark gekürzte Aufnahmen).

Frau Dr. Fabian schlägt vor, zunächst eine Liste der Bestände der Bibliotheken anzulegen, in der unterschieden wird zwischen den Anteilen der bereits elektronisch erfassten und nicht erfassten Bestände sowie über Erfassungstiefe und –niveau der Katalogisate.

Keine Berücksichtigung in einem künftigen VD 18 finden: (a) Nachdrucke des 19./20. Jahrhunderts, (b) Mikrofilm- oder Mikrofiche-Ausgaben, (c) Ausgaben aus Orten, deren Drucke nicht Gegenstand des Projektes sind (als Hilfsmittel soll eine Positivliste der Druckorte in allen möglichen Schreibvarianten und Sprachformen angefertigt werden), (d) Drucke in bestimmten Sprachen (in deutschen Druckorten wurde überwiegend in Deutsch, Latein und Französisch gedruckt).

Die VD-18-Arbeitsdatenbank soll zu folgenden Punkten Auskunft geben:
- Menge der VD-18-Drucke im historischen deutschen Sprachraum (unabhängig vom Fördergesichtspunkt durch die DFG),
- Menge der VD-18-Drucke in deutschen Bibliotheken insgesamt,
- Menge der VD-18-Drucke je Bibliothek
- Zahl der in mehreren Exemplaren vorhandenen VD-18-Drucke
- Zahl der nur in einem Exemplar vorhandenen VD-18-Drucke
- Zahl der Aufnahmen mit „Sine loco" (S.l.)
- Zahl der Aufnahmen nach Sprachen

Die Frage nach der zeitlichen Erfassung von mehrbändig begrenzten Werken wurde erörtert. Es wurde entschieden, mehrbändige Werke, die über das 18. Jahrhundert hinaus Bände aufweisen, vollständig zu erfassen. Die entsprechende Größenordnung soll geprüft werden.

2. Format (Bibliographische Beschreibung)

Der Beirat erörtert des weiteren, wie ein nationalbibliographischer Standard für ein VD 18 aussehen soll. Gewünscht wird mehr als eine Sammlung von Verbunddaten, ein Verbund der Verbünde. Angestrebt wird vielmehr ein höherer Katalogisierungsstandard, orientiert am VD 17, das allerdings noch im MAB-Format angelegt ist. Es wird zu klären sein, ob das Projekt in MARC zu konzipieren ist, wenn die deutschen Verbünde den geplanten Umstieg bis zum Beginn des Projekts vollziehen.

Entsprechend muss das Erfassungsniveau für ein VD 18 erst definiert werden. Die in elektronischer Form vorhandenen Aufnahmen mit gutem Erschließungsniveau (nicht durch Konversion, sondern durch Autopsie erstellt, aber im Allgemeinen ohne Gattungsbegriff und Fingerprint) können mit großem Nutzen in das VD 18 übernommen werden. Grundsätzlich soll ein Datenfluss zwischen dem VD 18 und den Verbünden in beiden Richtungen möglich sein. Ein qualitativer Mehrgewinn setzt die autoptische Verzeichnung der Daten voraus. Das Erschließungsniveau und die Erschließungstiefe können dem VD 17-Standard angepasst sein. Herr Dr. Stäcker verweist auch auf den im GBV genutzten AAD-Standard (Mindestanforderungen für die autoptische Katalogisierung alter Drucke im GBV s. a.: http://aad.gbv.de/).

Des weiteren sollen in einem künftigen VD 18 Provenienzen, zumindest auf lokaler oder Exemplarebene, berücksichtigt werden. Es wird festgelegt, auch künftig Gattungsbegriffe zu vergeben. Die im VD 17 zur Anwendung gekommene Liste ist bei Bedarf zu erweitern (z. B. Ratgeber, Erbauungsliteratur, Intelligenzblatt). Die Gattungsbegriffe sind in Kürze im GBV als Normsätze abrufbar. Denkbar wäre auch ein Mapping der Liste nach DDC mit entsprechender zeitlicher und räumlicher Gliederung.

Die in dem Kolloquium angesprochene vertiefte Sacherschließung über Signaturgruppen wird aufgrund der heterogenen Situation in den verschiedenen Bibliotheken als separates Desiderat ausgegliedert und ist eher in entsprechend vertieften Nachprojekten zu leisten.

Der Beirat stimmt zu, dass bei mehrbändigen begrenzten Werken für jede Auflage eine eigene Hauptaufnahme angelegt werden soll.

Dagegen wird die Erfassung von Bogensignaturen für die bibliographische Beschreibung für das 18. Jahrhundert als zu aufwendig angesehen. Es genügt, Seiten- und Blattzählungen in der üblichen Weise anzugeben. Es wird angeregt, dass zur Unterstützung der praktischen Katalogisierungsarbeit eine Liste von Bibliographien und Nachschlagewerken für das 18. Jahrhundert online zur Verfügung gestellt werden soll. Für die Ansetzung der Druckorte kann die Normdatei des VD 17 genutzt werden.

Der Beirat bittet, bis zur nächsten Sitzung, einen nationalbibliographischen Standard für das VD 18 zu entwerfen, in dem u.a. die genannten Punkte Berücksichtigung finden.

3. Methode

Als eine Möglichkeit wurde diskutiert, ein künftiges VD 18 als eigene Datenbank zu konzipieren. Denn so könnten durch das Einspielen eines Grundbestandes an VD-18-Daten aus den Verbünden mit entsprechenden Qualitätsmerkmalen bereits vorhandene Aufnahmen effizient genutzt werden.

Im Anschluss wäre eine Katalogisierung nach unterschiedlichen alphabetischen Segmenten der Bestände der großen Bibliotheken möglich. Aus vorhandenen Aufnahmen ist die beste Aufnahme auszuwählen und durch Autopsie zu verbessern. Die restlichen Aufnahmen sind anzusigeln. Dadurch wird rationell eine Vielzahl von Titeldaten in großer Breite eingebracht. Unikale Bestände sind leichter zu erkennen. Die Digitalisierung sollte erst in einem nächsten Schritt erfolgen. Bibliotheken soll es auch möglich sein, Aufnahmen über einen Verbund in die Datenbank des VD 18 einzubringen. Die Daten sind dann aber entsprechend qualitativ an den bibliographischen Standard für das VD 18 anzupassen.

TOP 3 Einzelprobleme

Die Mitglieder des Beirats stimmen in folgenden Fragen überein:

1. Gattungen

In einem künftigen VD 18 werden nicht erfasst: Musica practica, Theaterzettel (könnten später in einem gesonderten Projekt erfasst werden), Notendrucke, Karten, Behördenschrifttum.

Ausgesprochen hat sich der Beirat für die Erschließung von: Zeitschriften und Zeitungen, Almanache und Kalender, Librettos.

2. Fingerprint

Der Beirat schätzt den Fingerprint zunächst als nicht immer zuverlässiges Instrument für die Identifikation eines Druckes ein. Wichtiger als der Fingerprint ist für die Identifizierung eines Drucks in der Praxis der Vergleich des Titelblatts bzw. der Schlüsselseiten. Es wird allerdings darauf hingewiesen, dass die Katalogisierer den Fingerprint häufig als Arbeitsinstrument zur schnellen Identifizierung verschiedener Ausgaben nutzen. Auch für die Identifizierung unvollständiger Exemplare ist der Fingerprint eine wichtige Recherchemöglichkeit.

Nach intensiver Diskussion wird die Empfehlung ausgesprochen, zwei Szenarien zur Bestimmung des Aufwands für die Erhebung des Fingerprints in der Machbarkeitsstudie zu prüfen: die Beibehaltung der Bestimmung des Fingerprints für den gesamten Zeitraum des 18. Jahrhunderts vs. Aufwand für die Bestimmung des Fingerprints bis ca. 1730.

3. Bearbeitungspensum

Die Frage, ob es eine Differenzierung bei der Zählung zwischen Ansigeln und Neukatalogisat für das zu leistende Arbeitspensum geben kann, wird verneint. Das VD 17-Projekt hat gezeigt, dass im Vergleich zu Neukatalogisaten der Abgleich und die Bearbeitung vorhandener Daten häufig nicht weniger zeitaufwendig sind.

Frau Dr. Paasch informiert über die Tagesleistung von 17 TA pro VBE im Projekt „Katalogisierung der Privatbibliotheken aus dem Zeitalter der Aufklärung in den Beständen der Universitäts- und Forschungsbibliothek Erfurt/Gotha". Leistungszahlen wurden noch nicht festgelegt. Das Minimum sind nach dem Vorbild des VD 17 als Tagesleistung 12 Titel und 200 Arbeitstage pro Jahr.

4. Laufzeit

Aussagen über die Laufzeit des Projekts sind zur Zeit noch nicht möglich. Erst durch weitere Ermittlungen zu Mengengerüst und Umfang des bibliographischen Formats können diese getroffen werden.

TOP 4 Digitalisierung

Die Digitalisierung von Volltexten für ein VD 18 soll als Mehrwert angestrebt werden, auch wenn dies in einem ersten Schritt nicht für alle Drucke erreichbar sein sollte. Klärung bedarf auch die Frage nach den Anforderungen für die für die Strukturdaten bei der Navigation innerhalb der gescannten Bücher:

(a) für die bibliographischen Daten (Inhaltsverzeichnis, Kapitelüberschriften, Register),

(b) für die exemplarbezogenen Daten (Abbildungen koloriert, Frontispiz vorhanden, handschriftliche Eintragungen ...),

(c) Ab welchem Umfang.

Herr Prof. Thaller schlägt vor, einen Workflow als Arbeitshilfe für die Auswahl der zu digitalisierenden Exemplare zu erarbeiten. Es wäre auch technisch möglich, dass jeder Katalogisierer das Titelblatt, die Key-pages oder weniger umfangreiche Drucke (z.B. 12 oder 16 Seiten) sofort selbst digitalisiert. Die Bildqualität der einzelnen Titelseite müsste nicht der VD-17-Bildqualität entsprechen. Geprüft werden sollen auch Datenbanken, die FRBR einsetzen.

TOP 5 Verschiedenes

Der Termin für die 2. Sitzung ist für den 15. September 2006, 9.30 Uhr in Halle festgelegt.

Ergebnisprotokoll der 2. Sitzung des Projektbeirats
„Machbarkeitsstudie VD 18"

Ort: Halle, Universitäts- und Landesbibliothek Sachsen-Anhalt
Zeit: Freitag, 15.09.2006, 9.30 bis 13.00 Uhr
Teilnehmer: Bötte (SBB Berlin), Dr. Burch (Universität Trier), Dr. Fabian (BSB München), Dr. Goebel (DFG), Dr. Haller (München), Dr. Knoche (HAAB Weimar), Dr. Mertens (Olms Verlag Hildesheim), Dr. Migl (SUB Göttingen), Dr. Schnelling (ULB Halle), Prof. Dr. Siegert (Universität Freiburg), Dr. Sommer (ULB Halle), Dr. Stäcker (HAB Wolfenbüttel), Prof. Dr. Thaller (Universität Köln)
Entschuldigt: Prof. Dr. Gersmann (Universität Köln), Dr. Paasch (UFB Erfurt/Gotha), Dr. Fischer (DLA Marbach), Dr. Worch (ULB Halle)
Protokoll: Frau Andrea Richter, Frau Dr. Dorothea Sommer (ULB Halle)

TOP 1 Begrüßung, Tagesordnung

Herr Dr. Schnelling als Gastgeber begrüßt alle Anwesenden in Halle und übernimmt die Sitzungsleitung. Die Tagesordnung wird wie folgt bestätigt.

1. Feststellung Tagesordnung
2. Genehmigung des Protokolls der Sitzung vom 28.4.2006
3. Sachstandsbericht Machbarkeitsstudie (Bericht Dr. Haller)
4. Einzelprobleme:
   4.1. Menge der Drucke (Vorlage Dr. Haller)
   4.2. Bibliographisches Format
   4.3. Methode
5. Verschiedenes

TOP 2 Protokoll vom 28. April 2006

Herr Prof. Dr. Siegert möchte im Protokoll festhalten, dass bis zur Volldigitalisierung der Bücher Digitalisate der Titelseiten für ein VD18 weiterhin notwendig sind. Herr Haller verweist in diesem Zusammenhang auf TOP 3, wo dieses Anliegen bei den Methoden eingebracht werden kann.

Herr Dr. Goebel (DFG) spricht an, dass die künftige Machbarkeitsstudie nicht nur die Kostenkalkulation für die klassische Erschließung der Titeldaten beinhalten soll, sondern auch eine Prognose über die entstehenden Digitalisierungskosten enthalten muss.

TOP 3 Sachstandsbericht Machbarkeitsstudie

Herr Dr. Schnelling informiert, dass gemäß der Vereinbarung auf der letzten Sitzung ein Schreiben an die Bibliotheksverbünde gerichtet wurde, in dem um Datenabzüge von VD-18 relevanten Titeln gebeten wurde, um eine Arbeitsdatenbank einzurichten. Alle Verbünde (BVB, HBZ, KOBV, SWB) bis auf den GBV haben geliefert. Nach Rücksprache mit dem GBV soll der Datenauszug in der kommenden Woche bereitgestellt werden. Dennoch bedeutet diese verspätete Lieferung eine Verzögerung der allgemeinen Kalkulation für die Studie um ca. 6-8 Wochen. Die Normdaten der PND und ZDB sind inzwischen auch verfügbar.

Nachtrag nach der Sitzung: Die Daten des GBV wurden inzwischen am 20. September 2006 zur Verfügung gestellt.

Herr Dr. Haller informiert zum Sachstandsbericht der Studie. Er hat in den vergangenen Wochen umfangreiches Zahlenmaterial zusammengetragen, um verlässliche Angaben für ein Mengengerüst zu erhalten. U.a. wurden auch die Angaben aus dem Handbuch der historischen Buchbestände herangezogen. Das Zahlenmaterial aus dem Handbuch und den OPACs ist sehr heterogen. Es hat sich gezeigt, dass es große Schwierigkeiten gibt, die einzelnen Angaben der Bibliotheken sinnvoll miteinander zu vergleichen, da die gemeldeten Erhebungen auf unterschiedlichen Ansätzen beruhen. Letztlich werden daher erst die Ergebnisse der Analyse der Arbeitsdatenbank verlässliche Aussagen zum Mengengerüst ermöglichen. Herr Dr. Migl betont ebenfalls, dass eine genaue Verständigung dahingehend erfolgen muss, was im Einzelnen verglichen wird, da sonst möglicherweise ein schiefer Eindruck bei den Zahlen des Mengengerüsts entsteht.

Eine von Herrn Dr. Haller erarbeitete Positivliste mit über 1000 Verlags- und Druckorten in moderner Schreibform wird ein wichtiges Instrument zur Bestimmung der Bearbeitungsmethode sein.

Für die Selektion in der Arbeitsdatenbank werden zusätzlich alle möglichen Namensformen berücksichtigt. Mit Hilfe dieser Ortsnamenformen werden aus den Verbunddaten die VD-18-relevanten Datensätze selektiert.

Herr Prof. Siegert bittet, die Sonderbestände bei dem Mengengerüst der Bestände der einzeln aufgeführten Bibliotheken zu ergänzen (z.B. Stadtbibliothek Mainz, UB Augsburg/Oettingen-Wallerstein).

Mit Hilfe der Arbeitsdatenbank soll ein verlässlicheres Mengengerüst ermittelt werden. Dafür muss ein Raster entwickelt werden, das plausible Vergleiche ermöglicht.

Nach der Selektion nach Erscheinungsorten werden Nachdrucke, Reprints, Mikroformen, Musikalien und Landkarten ausgesondert, so dass mit den restlichen h-Sätzen (Haupteintragungen) weitergearbeitet werden kann. Durch einen Dubletten-Check wird sich dann die Zahl der VD-18-Drucke ermitteln lassen; auch der Anteil des Alleinbesitzes wird so abzuschätzen sein.

TOP 4 Einzelprobleme

Menge der Drucke

Der Punkt wird in der Sitzung nicht weiter diskutiert, da erst das Mengengerüst aus der Arbeitsdatenbank zur Verfügung stehen muss.

Bibliographisches Format

Herr Dr. Haller und Herr Dr. Schnelling weisen darauf hin, dass die Beschreibung des bibliographischen Formats in der heutigen Sitzung ihren Abschluss finden muss. Grundlagen für die Formatbeschreibung des nationalbibliographischen Standards für ein VD 18 sind:

- das Regelwerk RAK-WB
- Regeln für die Katalogisierung alter Drucke
- die RAK-WB-Präzisierungen und -Ergänzungen für das VD 17
- Empfehlungen der AG Alte Drucke beim GBV (AAD-Standard) (http://aad.gbv.de/)
- das MAB-Format
- Normdaten (PND, GKD, Verleger- und Druckernormdatei, Gattungsbegriffe)
- die Regelungen der ISBD für Alte Drucke

Nach dem Umstieg auf ein neues Regelwerk – im Rahmen von „Resource Description and Access" (RDA) – und das Datenformat MARC21, sind Änderungen entsprechend zu berücksichtigen. Mit dem Umstieg ist derzeit nicht vor dem Jahr 2010 zu rechnen. Herr Dr. Stäcker stellt fest, dass die Festlegungen zur Formatbeschreibung nur für die autoptische Erschließung von Neukatalogisaten Anwendung finden soll. Die Mitglieder des Beirates bestätigen die Aussage. – In der anschließenden Diskussion werden folgende Festlegungen getroffen:

Allgemeines zu Normdaten

- Ansetzung von Personen

Anwendung der Regeln für die Personennormdatei (PND)

Neue Namen, auch wenn zunächst eine individuelle Ansetzung nicht möglich ist, sind in der PND einzutragen. Tn- (nicht individualisierte Sätze) und Tp-Sätze (individualisierte Sätze) sind möglich. Einen Personeneintrag ohne PND-Verknüpfung soll es im VD 18 nicht geben.

- Ansetzung von Körperschaften
In einem VD 18 sollen Körperschaften nicht regelwidrig angesetzt und eingetragen werden. Zur Frage von Körperschaftsansetzungen vgl. §§ 401-486 und Körperschaftseintragungen vgl. §§ 631-691.

- Ansetzung von Erscheinungsorten, Drucker- und Verlegernamen
Die VD 17-Regelung für die Normung von Orts-, Drucker- und Verlegernamen wird auch für ein VD 18 genutzt, insbesondere was die Normierung der Orte anbetrifft. Zusätzlich soll in einem VD18 im Retrieval eine Unterscheidung von Druckern und Verlegern möglich sein. Dies entspricht der im 18. Jahrhundert sich verstärkt entwickelnden Trennung zwischen Herstellung (Buchdruck) und Vertrieb (Verlagswesen). Eine entsprechende Differenzierung ist auch im MAB und MARC-Format vorgesehen.

Einheitssachtitel

Einheitssachtitel sollten generell bestimmt werden. Auch international nimmt der Einheitssachtitel einen immer größeren Stellenwert ein. Die Deutsche Nationalbibliothek plant eine entsprechende Erweiterung der Struktur ihrer Normdateien. Er wird als wichtiger Qualitätsaspekt eingeschätzt, der ein strukturiertes Retrieval in einer Online-Umgebung ermöglicht. - Es werden Bedenken geäußert, dass die Katalogisierer nicht generell in der Lage sein werden, den Einheitssachtitel ohne Unterstützung der Wissenschaft zu bestimmen bzw. eine korrekte Zuordnung vorzunehmen. Hier eröffnen sich Möglichkeiten für die Einbindung der Fachwissenschaftler, beispielsweise durch Einrichtung eines interaktiven Korrespondenzfeldes. Gelegenheitsschriften, Dissertationen und dgl. werden von der Ermittlung des EST ausgenommen. Es soll geprüft werden, ob für alle Wissensgebiete der EST zu ermitteln ist oder nur für einzelne Bereiche wie: Belletristik, Philosophie, Vielschreiber.

Da in der Schlagwortnormdatei, im VD 16 und im VD 17 bereits Einheitssachtitel vorhanden sind, sollten diese für eine weitere Verwendung herangezogen werden. Herr Prof. Dr. Thaller wird prüfen, ob es technische Möglichkeiten zum Abgleich geben kann. An die Deutsche Nationalbibliothek wird eine Anfrage mit der Bitte um einen entsprechenden Datenabzug der vorhandenen Einheitssachtitel aus der SWD geschickt werden.

CERL-Ortsnamendatei

Die Extraktion und Nutzung von spezifischen Ortsnamen des 18. Jahrhunderts aus CERL gestaltet sich schwierig, da keine Länderkennung vergeben ist.

Änderungen zu Pkt. 2.3. Vorschläge zum nationalbibliographischen Standard

Es gilt die überarbeitete Version des in der Sitzung zur Vorlage verteilten Papiers von Herrn Haller. Vgl. Anhang. Die einzelnen Änderungen betreffen folgende Paragraphen:

zu § 14
Der letzte Satz „Die Zahl der zu erschließenden enthaltenen Werke ..." wird gestrichen.

zu § 15
Der letzte Satz „Die Zahl der zu erschließenden beigefügten Werke ..." wird gestrichen.

zu § 117
Die Notwendigkeit der zeichengetreuen Wiedergabe der bibliographischen Beschreibung ist von den Bildinformationen abhängig. Sind Digitalisate vorhanden, kann auf eine vorlagegetreue Wiedergabe verzichtet werden (gilt für vorhandene Daten). Für Neukatalogisate ist grundsätzlich die Vorlage wiederzugeben (wie auch in den AACR üblich). Dies betrifft auch die Beibehaltung der originalen Zeichensetzung (vgl. § 120,1 Abs. 2). Zur Darstellung von Sonderzeichen soll Unicode zum Einsatz kommen. Es wird der Vorschlag unterbreitet in der VD-18-Datenbank für die Buchstaben i/j und u/v (ähnlich wie auch für die deutschen Umlaute) eine Doppelindexierung vorzunehmen, also „vnd" und „und", „ivs", „jus" und „ius". - Druckfehler sollen vorlagegemäß wiedergegeben und durch ein nachgestelltes Ausrufezeichen „[!]" gekennzeichnet. werden. Die korrekte Form wird zusätzlich für die Stichwortsuche eingetragen.

zu § 120,1, Abs. 2
Virgeln werden vorlagegetreu wiedergegeben und nicht durch Kommata ersetzt.

zu § 130
„Stichwörter in abweichender Orthographie" = PICA-Kategorie 4200

zu § 134,2, Anm.
Auch sehr lange Zusätze zum Hauptsachtitel sollen aufgenommen werden.

zu § 139,1
Personalangaben werden vorlagegemäß erfasst.

zu § 141,1.3
Fehlende Ausgabebezeichnungen werden nach Möglichkeit ergänzt. Wenn die Erstausgabe bekannt ist, kann man dies in einer Fußnote in der Form „Erstausgabe, Ort, Jahr" vermerken.

zu § 143
In einem VD 18 soll generell der Erscheinungsvermerk vorlagegemäß in einer Fußnote angegeben werden.

zu § 148
Druckort und Drucker werden gegebenenfalls auch zusätzlich zu Verlagsort und Verlag angegeben.

zu § 151,10, Anm. 2
Bei fehlender Paginierung wird eine vorhandene Bogensignatur (Lagenzählung) angegeben.

zu § 165a
In einem VD 18 wird der Fingerprint bis zum Erscheinungsjahr 1730 bestimmt.

zu § 630,3
Zensoren und Widmungsempfänger sowie Personen bei Streit- und Verteidigungsschriften werden in die PND vorlagegemäß eingebracht, auch wenn nicht alle Namen individualisierbar sind (d.h. auch Tn-Sätze). Es wird der Hinweis „so zitiert im VD 18" gegeben.

Weitere Möglichkeiten der Erschließung
Eine Provenienzverzeichnung, zumindest auf lokaler bzw. Exemplarebene, ist außerhalb des Projektes möglich. Für diese erweiterte Erschließung soll das Weimarer Modell Anwendung finden.

Es wird festgelegt, auch künftig Gattungsbegriffe zu vergeben. Die im VD 17 zur Anwendung gekommene Liste ist für die Belange des VD 18 zu erweitern. Herr Dr. Stäcker weist darauf hin, dass es bereits eine überarbeitete Liste der Gattungsbegriffe von der AG Alte Drucke beim GBV gibt. Diese sind bereits als Normdaten im GVK (Tg-Sätze) abrufbar.

Schlüsselseiten sollen zur Vervollständigung der Bildinformation als Arbeitsmethode standardmäßig im Konnex zur bibliographischen Erschließung in Form von vereinfachten Aufnahmen eingebunden werden. Eine grundsätzliche Bildinformation wird damit gewährleistet, unabhängig davon, ob ein Volldigitalisat angeknüpft wird, oder nicht.

Vergabe von Codes
Herr Prof. Dr. Siegert regt eine Codierung für Erstausgaben an. Der Beirat ist sich einig, dass bei einer Ersterschließung der Ermittlungsaufwand zu groß ist. Das Einsetzen eines Codes für Erstausgaben sollte in einem Nachfolgeprojekt laufen.

Die Änderungen zu Pkt. 2 Format (Bibliographische Beschreibung und Erschließung) werden in der Beschreibung korrigiert, ergänzt und als Anhang an das Protokoll verschickt.

Verhältnis VD 18/ Verbünde
Herr Dr. Stäcker spricht an, dass die Definition eines bibliographischen Standards auch im Verhältnis zu den in den Verbünden vorhandenen Titelaufnahmen betrachtet werden soll. Im GBV ist durch die Einspielung der Gothaer Daten nunmehr die VD 17 Aufnahme als Master festgelegt worden, obwohl es in einigen Bibliotheken auch andere hochwertige autoptische Katalogisate gibt. Er plädiert für eine gegenseitige Anreicherung der Titeldaten zwischen VD 18 und den Verbünden.
Die Diskussion dieses Themas wird verschoben bis zur Erörterung des Punkts der Methodenwahl.

Top 5 Verschiedenes
Der nächste Termin für die Beiratssitzung wird im November abgesprochen. Die Sitzung wird für Januar 2007 geplant.

Ergebnisprotokoll der 3. Sitzung des Projektbeirats
„Machbarkeitsstudie VD 18"

Ort: Halle, Universitäts- und Landesbibliothek Sachsen-Anhalt
Zeit: Freitag, 16.02.2007, 9.30 bis 13.00 Uhr
Teilnehmer: Bötte (SBB Berlin), Dr. Burch (Universität Trier), Dr. Fabian (BSB München), Dr. Fischer (DLA Marbach), Dr. Haller (München), Dr. Migl (SUB Göttingen), Dr. Paasch (UFB Erfurt/Gotha), Dr. Schnelling (ULB Halle), Prof. Dr. Siegert (Universität Freiburg), Dr. Sommer (ULB Halle), Dr. Stäcker (HAB Wolfenbüttel)
Entschuldigt: Prof. Dr. Gersmann (Universität Köln), Dr. Goebel (DFG), Dr. Knoche (HAAB Weimar), Dr. Mertens (Olms Verlag Hildesheim), Prof. Dr. Thaller (Universität Köln), Dr. Worch (ULB Halle)
Protokoll: Andrea Richter, Dr. Dorothea Sommer (ULB Halle)

TOP 1 Begrüßung, Tagesordnung

Herr Dr. Schnelling begrüßt die Mitglieder des Beirates und schlägt vor, TOP 4 – Testdatenbank zu vertagen, da Herr Prof. Thaller nicht an der Sitzung teilnehmen kann.

1. Feststellung Tagesordnung
2. Genehmigung des Protokolls der Sitzung vom 15.9.2006
3. Sachstandsbericht Machbarkeitsstudie (Bericht Dr. Haller)
4. Testdatenbank (Dr. Haller / Prof. Thaller)(wird vertagt)
5. Methoden eines VD 18
6. Verschiedenes

TOP 2 Protokoll der 2. Sitzung vom 15.09.2006

Der Beirat genehmigt folgende Änderungsvorschläge zum Protokoll der 2. Sitzung von Herrn Prof. Dr. Siegert:

zu § 117 (Ergänzung)

... Für Neukatalogisate ist grundsätzlich die Vorlage wiederzugeben (wie auch in den AACR üblich). Dies betrifft auch die Beibehaltung der originalen Zeichensetzung (Punkte, Kommata, Strichpunkte) und der originalen Groß- und Kleinschreibung, unabhängig davon, ob zusätzlich Deskriptionszeichen verwendet werden (vgl. § 120,1 Abs. 2).

zu § 134,2, Anm.
... Sehr lange Zusätze zum Hauptsachtitel können sinnvoll gekürzt werden. Weggelassene Teile werden durch „[...]" gekennzeichnet.

zu § 139,1
... Sehr lange Personalangaben können gekürzt werden. Weggelassene Angaben werden durch „[...]" gekennzeichnet.

zu § 143
... Geschätzte und ermittelte Erscheinungsjahre werden durch „[s. a., ca. ...]" wiedergegeben. Fehlende Verleger- und Druckerangaben werden durch „[s. n.]" kenntlich gemacht.

TOP 3 Sachstandsbericht Machbarkeitsstudie (Bericht Dr. Haller)

- *Menge*

Die bisherigen Schätzungen für ein VD18 gehen von 600.000 Drucken aus, wobei diese Zahl eher eine Untergrenze markiert. Die Ermittlung präziserer Zahlen ist weiterhin schwierig. Viele Daten liegen noch nicht in elektronischer Form vor (z. B. der Zentralkatalog in Stuttgart oder die Bestände der Bibliothek des Bundesverwaltungsgerichts in Leipzig mit 74.000 Drucken vor 1800, auch hier gibt es nur Zettelkataloge). In den Messkatalogen aus Frankfurt und Leipzig werden für die Zeit von 1700 bis 1800 insgesamt 97.211 Titel nachgewiesen, von denen 10 bis 20 % nicht erschienen sind. Hier fehlen wiederum die Dissertationen und das Personalschrifttum.

Die von Herrn Prof. Thaller zusammengestellte Arbeitsdatenbank beinhaltet 2.445.957 Datensätze, davon 1.512.229 h-Sätze. Ob aus der Arbeitsdatenbank mit allen zurzeit verfügbaren, elektronisch nachgewiesenen VD18-Drucken eine bessere Schätzung möglich ist, bleibt ungewiss, da die Auswertung der Datenbank sich schwierig gestaltet. So gibt es Probleme mit den Ortsnamen, den Sprachcodes, mit der Qualität der Katalogisate und einer sauberen Dublettenprüfung. Das bisherige Zwischenergebnis beim Zusammenspiel der Daten hat leider gezeigt, dass es keine homogenen und konsistenten Daten bezogen auf die Verbünde gibt.

Herr Migl weist darauf hin, dass die Bestandszahlen für Göttingen aus der Tabelle, die von Herrn Haller zusammengestellt wurde, nicht stimmen und zu niedrig angesetzt sind. Er empfiehlt auch die Überschneidungsquote zwischen großen Altbestandsbibliotheken zu prüfen. Herr Siegert weist darauf hin, dass auch die Gattungen berücksichtigt werden müssen, beispielsweise die katholische Erbauungsliteratur aus dem Südwesten. Er empfiehlt, mit den großen Bibliotheken unter Berücksichtigung regionaler Schwerpunkte anzufangen.

- *Internationale Bezüge*

Die Übernahme von internationalen Daten ist wegen der unterschiedlichen Datenformate eher schwierig. Die VD 18-Bestände im Ausland sind teilweise schwer überschaubar bzw. recherchierbar (z. B. Ungarn, Slowenien, Slowakei, Russland, Polen, Tschechien, Baltikum, Ukraine). Wien ist sehr an einem VD 18 interessiert und würde sich gern beteiligen. Um möglichst viele Fremddaten aus nichtdeutschen Bibliotheken nutzen zu können, sollten zu Beginn eines VD 18 die Daten aus der Datenbank von CERL bereitgestellt werden. Die Selektion kann nach Erscheinungsjahren und Druckorten (für Druckorte steht eine Normdatei zur Verfügung) erfolgen.

- *Bibliographisches Format*

Mit den Änderungswünschen von Prof. Siegert (s. TOP 2) ist das bibliographische Format festgelegt.

- *Methode*

Wird im TOP 5 behandelt.

- *Laufzeit/Finanzierbarkeit*

Die Ermittlung gestaltet sich schwierig, da die Laufzeiten und die Finanzierbarkeit abhängig vom ermittelten Mengengerüst sind. Hier sind letztlich nur verlässliche Ausgaben zu den bereits elektronisch vorhandenen Nachweisen möglich. Ein VD 18 ist in vielen Punkten (u.a. wegen der größeren Menge der zu erfassenden Titel) nicht mit dem VD 17 vergleichbar. Ähnlich wie beim VD 17-Projekt ist ein Vorprojekt als Testphase notwendig (vgl. dazu TOP 5. Methode A)

- *Digitalisierung*

Die Kosten für die Digitalisierung einer Seite (bitonal, 600 dpi) liegen derzeit bei ca. 0,25 Euro (manuelle Herstellung). Die Kosten können sich mit dem Einsatz von Scanrobotern im Laufe der Zeit noch eher nach unten bewegen (ca. 0,10 Euro pro Seite). Auch bei dem Einsatz von Robotern sind konservatorische Aspekte zu beachten, so dass momentan keine Schätzung abgegeben werden kann, wie viele Drucke nicht mit Scanrobotern digitalisiert werden können. Die Tagesleistung von Scan-Robotern liegt bei 6000/7000 Seiten täglich, manuell wird eine Tagesleistung von 400 bis 600 Seiten erreicht. Die Kosten für die Digitalisierung sind noch einmal zeitnah vor dem unmittelbaren Projektbeginn zu prüfen.

Zwischen der Erschließung und Volltextdigitalisierung wird es im VD 18 sicher eine zeitliche Verschiebung geben.. In den Titelaufnahmen soll ein Vermerk zur „Digitalisierungsabsicht, Bibliothekssigel, geplantes Herstellungsjahr" hinterlegt werden. Beginnen sollte man mit der Digitalisierung von Unikaten und Erstausgaben. Bereits vorhandene Digitalisate aus dem In- und Ausland sollten genutzt und mit den entsprechenden Links verknüpft werden.

Es werden also MitarbeiterInnen benötigt, die bibliographische Daten abgleichen und erstellen, aber auch MitarbeiterInnen, die bereits vorhandene Digitalisate identifizieren und in die Titeldaten einbinden.
Die Frage nach Strukturdaten für die einzelnen Digitalisate soll in diesem Kreis noch nicht abschließend besprochen werden. Die Strukturdaten für diese Materialien sind sehr schwierig, außerdem ist für das VD 18 eine Massendigitalisierung anzugehen. In diesem Zusammenhang ist die Tiefe der Erschließung und eine eventuelle Anwendung von OCR vor dem Hintergrund der anfallenden Kosten zu eruieren. Dies wird voraussichtlich zu Strukturdaten in stark reduzierter Form führen.

TOP 4   Testdatenbank (Dr. Haller / Prof. Thaller) wird vertagt

TOP 5   Methoden eines VD 18

Allen Beiratsmitgliedern lagen im Vorfeld zur 3. Sitzung die Unterlagen über die unterschiedlichen Methoden für ein VD 18 zur Einsichtnahme und Prüfung vor.

Methode A: Nutzung vorhandener Aufnahmen in einer eigenen Datenbank und Erschließung auf nationalbibliographischem Niveau

Methode B: Katalogisieren in der Verbunddatenbank und Erschließung auf nationalbibliographischem Niveau

Methode C: Nach dem Modell des VD 17

Methode D: Erweitern der VD-17-Datenbank um VD-18-Drucke

Methode E: Verzicht auf autoptische Redaktion bereits in elektronischer Form vorliegender Aufnahmen

Der Beirat spricht sich einhellig für Methode A aus. Die Methode A geht einerseits von der Nutzung der bereits vorhandenen Aufnahmen in elektronischer Form, andererseits von einer definierten Erschließungsqualität auf nationalbibliographischem Niveau aus. Die Frage nach dem Inhalt der Arbeitsdatenbank wird vom Beirat diskutiert, wobei zu klären ist, ob der elektronisch vorliegende Grundbestand an VD-18-Daten als Fremddatenpool genutzt oder alle VD-18-relevanten Daten zur direkten Nutzung in die VD-18-Arbeitsdatenbank nach bestimmten Qualitätsmerkmalen überspielt werden sollen. Der Beirat ist sich einig, dass der vorhandene Datenpool nur als Ausgangsmaterial für die Recherche und als Erschließungshilfe brauchbar sein kann. Die Prüfung der Arbeitsdatenbank hat ergeben, dass die Daten große Qualitätsunterschiede, strukturelle Fehler und häufig Dubletten aufweisen. Der Beirat spricht sich deshalb für eine Neukatalogisierung der Titeldaten mit festgelegten Qualitätskriterien aus.

Protokolle der Beiratssitzungen

Die Nachnutzung von Datensätzen (Exemplardaten ergänzen) soll als Eigenanteil der Bibliotheken geleistet werden. Die Abbildung der einzelnen Bibliotheksbestände innerhalb des VD 18 ist nicht unmittelbares Projektziel. Vielmehr soll eine möglichst umfassende Bibliographie mit breiter Titelbasis gebildet werden. Es wird angeregt, dass der Bibliotheksbenutzer bei der Recherche auf beide Datenbanken zugreifen kann. Durch eine automatisch vergebene VD-18-Nummer kann der Nutzer den korrekten VD-18-Titel erkennen.

Die Volldigitalisierung des Dokuments wird nicht immer zeitgleich mit der Katalogisierung erfolgen. Deshalb sind Schlüsselseiten (i. d. R. die Titelseite) des Neukatalogisats zur Identifizierung unerlässlich. Der Katalogisierer digitalisiert bei der Erstbearbeitung interimistisch die Titelseite für Arbeitszwecke und verlinkt diese sofort mit dem entsprechenden Datensatz. Auch dem Nutzer können auf diese Weise schon zu einem relativ frühen Zeitpunkt Informationen über den Druck vermittelt werden.

Der Beirat diskutiert des weiteren mögliche Segmentierungen zwischen den Bibliotheken bei der Datenerfassung. Die Aufteilung der Datenerfassung kann z. B. nach regionalen, alphabetischen oder systematischen Segmenten erfolgen. Eine alphabetische Aufteilung erscheint weniger sinnvoll (u.a. Problem bei Sammelbänden). Überschneidungen der Bestände sind schwer herauszufiltern und nicht ganz auszuschließen. Herr Haller gibt zu bedenken, dass für eine sinnvolle und begründete Zuordnung von Segmenten an einzelne Bibliotheken eine weitere Pilotphase notwendig wäre. Herr Stäcker verweist darauf, dass bei der Auswahl der Bibliotheken auch das Engagement der einzelnen Einrichtung und die Digitalisierungskompetenz Berücksichtigung finden sollten. Es muss abgesichert sein, dass über VD-18-Normnummern der Datenaustausch in die Verbünde möglich ist. Die Nachnutzung der VD 18 Aufnahme bleibt Aufgabe der jeweiligen Bibliothek oder des Verbunds. Die Frage nach einer VD-18-Zentralredaktion wird aufgeworfen. Wer kann zentralredaktionelle Aufgaben übernehmen (z. B. Qualitätskontrollen)? Der Beirat ist sich einig, dass in der Pilotphase nur die beteiligten Bibliotheken selbst die Qualitätskontrolle leisten können. Die Bibliotheken verfügen über die Kompetenz und das geschulte Personal. Diese Bibliotheken sollten im weiteren Verlauf des Projekts auch später als Einspeisungs- und Beratungsstellen fungieren. Der Beirat schlägt eine Pilotphase mit 7 bis 8 ausgewählten Bibliotheken über zwei Jahre vor. Die Zahl der beteiligten Bibliotheken sollte nicht zu klein gehalten werden. Nach dieser Initialphase, in der einzelne Aspekte überprüft werden können, soll der Kreis der Bibliotheken erweitert werden. Es soll keine Doppelkatalogisierung erfolgen, Verfahren der wechselseitigen Datenübernahme sollen eingesetzt werden.

211

TOP 6 Verschiedenes

Der Beirat bittet Herrn Prof. Thaller auf der nächsten Sitzung die Arbeitsdatenbank vorzustellen.

Die nächste Sitzung findet am 27. April 2007, 9.00 Uhr in Halle statt.

Ergebnisprotokoll der 4. Sitzung des Projektbeirats
„Machbarkeitsstudie VD 18"

Ort: Halle, Universitäts- und Landesbibliothek Sachsen-Anhalt
Zeit: Dienstag, 22.05.2007, 9.00 bis 13.00 Uhr
Teilnehmer: Bötte (SBB Berlin), Dr. Burch (Universität Trier), Dr. Fabian (BSB München), Dr. Fischer (DLA Marbach), Dr. Goebel (DFG), Dr. Haller (München), Dr. Knoche (HAAB Weimar), Susanne Kurz (Universität Köln), Dr. Mertens (Olms Verlag Hildesheim), Dr. Paasch (UFB Erfurt/Gotha), Dr. Schnelling (ULB Halle), Prof. Dr. Siegert (Universität Freiburg), Dr. Sommer (ULB Halle), Dr. Stäcker (HAB Wolfenbüttel)
Gast: Susanne Kurz (Universität Köln)
Entschuldigt: Prof. Dr. Gersmann (Universität Köln), Dr. Migl (SUB Göttingen), Prof. Dr. Thaller (Universität Köln), Dr. Worch (ULB Halle)
Protokoll: Andrea Richter, Dr. Dorothea Sommer (ULB Halle)

TOP 1 Begrüßung, Tagesordnung

Herr Dr. Schnelling begrüßt die Mitglieder des Beirates und Frau Kurz vom Lehrstuhl Prof. Thaller in Köln als Gast. In Vertretung für Herrn Prof. Thaller wird Frau Kurz unter TOP 6 die Testdatenbank vorstellen.

1. Feststellung Tagesordnung
2. Genehmigung des Protokolls der Sitzung vom 16.9.2007
3. Sachstandsbericht Machbarkeitsstudie (Bericht Dr. Haller)
4. Einzelaspekte
   4.1. Methode VD 18 (A)
   4.2. Laufzeit (Tischvorlage)
   4.3. Finanzierbarkeit (Tischvorlage)
   4.4. Digitalisierung / Google & BSB
   4.5. Internationale Bezüge VD 18
5. Weiteres Vorgehen Machbarkeitsstudie
6. Verschiedenes (Präsentation „Zur Machbarkeit einer Erfassungsdatenbank für ein VD 18 aus den bestehenden Daten der Verbünde" (Frau Susanne Kurz, Köln)

TOP 1 Feststellung Tagesordnung

Unter dem TOP 6 Verschiedenes wird Frau Kurz die Erfassungsdatenbank für ein VD 18 und die Möglichkeiten von Dublettenbereinigungen vorstellen.

TOP 2 Genehmigung des Protokolls der Sitzung vom 16.9.2007

Der Beirat verabschiedet das Protokoll der 3. Sitzung vom 16.02.2007.

TOP 3 Sachstandsbericht Machbarkeitsstudie (Bericht Herr Dr. Haller)

TOP 4 Einzelaspekte

4.1. Methode VD 18 (A)
4.2. Laufzeit
4.3. Finanzierbarkeit (Tischvorlage)
4.4. Digitalisierung / Google & BSB
4.5. Internationale Bezüge VD 18

Der Bericht und die sich anschließende Diskussion zu den TOP 3 und 4 werden im Protokoll in einem Punkt abgehandelt.

Herr Dr. Haller stellt fest, dass allen Beiratsmitgliedern die Unterlagen zur vorläufigen Fassung der Machbarkeitsstudie zur Einsichtnahme und Prüfung vorlagen. Er vermerkt, dass in der Studie die Seiten mit den Punkten 2.9 (Einstufung der Katalogisierungskräfte), 4 (Leistungskennzahlen, Kosten und Laufzeit) und 5 (Finanzierbarkeit) ausgetauscht werden müssen. Die neuen Seiten liegen als Tischvorlage vor. In einem kurzen Bericht erläutert Herr Dr. Haller die Sachverhalte, die bei der Erstellung und Bewertung Machbarkeitsstudie beachtet werden müssen.

Menge

Für die genauere Ermittlung des Mengengerüsts wurde Ende vergangenen Jahres aus den zur Verfügung gestellten Daten folgender Verbünde (Nordrhein-Westfalen - HBZ, Kooperativer Bibliotheksverbund der Region Berlin und Brandenburg - KOBV, Südwestdeutscher Bibliotheksverbund – SWB und Gemeinsamer Bibliotheksverbund GBV) eine Arbeitsdatenbank für den internen Zugriff aufgebaut. Da die Datenlieferung aus dem GBV nicht sofort ermöglicht werden konnte, kam es zu einem Zeitverzug bei den Berechnungen. Die eingespielten Daten wiederum erwiesen sich als sehr heterogen, so dass es sehr schwierig wurde, aus dem vorhandenen Datenmaterial Aufschlüsse hinsichtlich des Mengengerüsts, der Zahl von Dubletten (auch innerhalb der Verbünde) und der möglichen Überschneidungen von Datenbe-

ständen zu erhalten. Probleme bei der Ermittlung des Mengengerüsts ergaben sich z. B. aus fehlenden Sprachcodes, fingierten Erscheinungsorten, nicht ermittelten Erscheinungsorten oder geschätzten Erscheinungsjahren.
Nach den bisherigen Schätzungen für ein VD 18 kann man von ca. 600.000 Drucken ausgehen.

Qualität
Die Qualität der Daten lässt sich schlecht ermitteln, da keine Sigel in der Arbeitsdatenbank vorhanden sind. Aus jedem Verbund ist auch eine gewisse Anzahl von Dubletten – häufig Altdaten – in die Arbeitsdatenbank mit überspielt worden.
Qualitativ sind die Aufnahmen sehr unterschiedlich. Häufig entsprechen sie nicht dem Standard und lassen keine maschinelle oder nur eine vereinfachte Dublettenprüfung zu. Viele Daten stammen aus den Konversionsprojekten und sind nur anhand der Kartenkataloge erfasst.
Die Prüfung der Sachtitel hat ergeben, dass häufig Schreibfehler oder Wörter sinnentstellt eingetragen worden sind. Die Auswertung der Ansetzung von Personennamen ist positiv, sie erfolgte überwiegend nach der Personennormdatei.

Format
Die Erarbeitung des bibliographischen Formats wurde in den letzten beiden Beiratssitzungen ausführlich und abschließend diskutiert. Der Beirat hat in der 3. Sitzung das bibliographische Format einstimmig angenommen.

Methode
In der letzten Sitzung hat sich der Beirat für die Methode A entschieden. Nach Methode A soll im Rahmen einer Förderphase nur ein Exemplar einer Ausgabe auf nationalbibliographischem Niveau erschlossen werden. Die Nachnutzung von Datensätzen (Ergänzung von Exemplardaten) soll als Eigenanteil der Bibliotheken geleistet werden. Eine Abbildung der einzelnen Bibliotheksbestände innerhalb des VD 18 ist nicht unmittelbares Projektziel. Vielmehr soll eine möglichst umfassende Bibliographie mit breiter Titelbasis gebildet werden. Es wird diskutiert, ob ein Exemplar pro Ausgabe zur Aufnahme in die Bibliographie als ausreichend erachtet wird, oder ob aus Gründen der internen Qualitätskontrolle und um einen höheren Grad der Verifizierung zu erreichen, bis zu drei Exemplaren pro Titel erfasst werden sollen. Es wird angezweifelt, dass das Unikatsprinzip in der Bibliographie durchzuhalten ist, es sollte kein Dogma sein. Das VD 18 sollte auch eine Interaktion mit den Verbünden ermöglichen. Die Normnummern des VD 18 sollten an die Verbünde

gemeldet werden. Dort können dann in den einzelnen Bibliotheken die ausgabenspezifischen Exemplare zusammengestellt werden.

Die Frage der Anzahl der zugetragenen Exemplare und der Interaktion mit den Verbünden soll im Rahmen einer Testphase untersucht und bewertet werden.

Weitere Diskussion über Methode s. Punkt 6.

Finanzierung

Die geschätzten Kosten eines VD 18 überschreiten die Fördersumme eines VD 17, da einerseits die Zahl der zu erschließenden Drucke höher ist und andererseits die Drucke zu digitalisieren sind. Ein künftiges VD 18 wird mit Sicherheit die doppelte Zahl der Drucke des VD 17 umfassen. Entsprechend können die Kosten nicht unter denen des VD 17 Projekts liegen. Es sollte gesondert geprüft werden, ob der zeitliche Rahmen erweitert werden könnte bis 1830, um die Periode der deutschen Klassik mit einzubinden.

Es wird diskutiert, ob bereits während der Förderphase auch Zeitschriften erfasst und digitalisiert werden sollen, oder ob dies zu einem späteren Zeitpunkt geschehen soll. Für die Erfassung dieses Titelmaterials sollten die Spezialisten der Zeitschriftendatenbank herangezogen werden. Der Beirat kann sich in dieser Frage nicht einigen, es besteht also noch Klärungsbedarf.

Einigkeit herrscht darüber, dass alle Zeitschriftendaten auch in ein VD 18 gehören und alle Daten eine VD 18-Identifikationsnummer erhalten müssen.

Die relativ große Anzahl von VD-18-Drucken ist kaum in einer überschaubaren Zeit im Rahmen der Förderphase zu erschließen. Deshalb müssen die Bibliotheken in Eigenleistung weiter an der Erschließung der VD-18-Drucke arbeiten.

Kleinere Bibliotheken (z. B. kirchliche Bibliotheken) sind häufig nicht in der Lage, den erforderlichen Eigenanteil solcher Projekte zu leisten.

Es wird bei der Finanzierung der Stellen ein deutlicher Unterschied gemacht werden müssen zwischen der Leistung bei der Erschließung (höherwertig) und der Leistung, die beim bloßen Verknüpfen mit Digitalisaten entsteht. In der Pilotphase wird eine BAT IIa-Stelle für einen Informatiker notwendig.

Digitalisierung

In der Studie sollte auf die heutigen Standards zur Massendigitalisierung und Langzeitarchivierung hingewiesen werden. Einzelne technische Parameter sollen nicht Gegenstand der Studie sein, da die technische Entwicklung einfach zu schnelllebig ist. Gleichwohl müssen noch Kosten für die Digitalisierung und für die Langzeitarchivierung (Speicherkosten) ergänzt werden. Der Einsatz und die Kosten von OCR sind zu prüfen, bzw. sollen als später nachholbaren Schritt vorgemerkt werden.

Für die Digitalisierung sollen die Praxisregeln der DFG im Förderprogramm „Kulturelle Überlieferung" Anwendung finden.
Bei der Auswahl der Bibliotheken für die Pilotphase sollten auch die Erfahrungen der Einrichtungen mit der Digitalisierung eine Rolle spielen.
Für die Digitalisierung sollte man ca. 500.000 Drucke einplanen. Nach Auskunft von Dr. Haller bietet die Bayerische Staatsbibliothek an, dass deren Drucke des 18. Jahrhunderts (ca. 130.000 Titel), die durch Google digitalisiert werden, dem Projekt zur Verfügung gestellt werden können. Daher könnte auf die Digitalisierung von Drucken in anderen Bibliotheken, die es auch in der BSB gibt, verzichtet werden. Einbezogen werden sollten auch bereits fertig vorliegende Verlagsprodukte (z.B. Saur: Deutsche Literatur des 18. Jahrhunderts, Olms Online: Editionen und Meßkataloge) über den Erwerb von Nationallizenzen.

Internationale Bezüge
In der ersten Phase sollten nur Bestände von Bibliotheken der heutigen Bundesrepublik erschlossen und digitalisiert werden. Erst in einer zweiten oder dritten Phase könnte die Bearbeitung von Beständen aus dem Ausland, die auch in ein VD 18 gehören, erfolgen.
Recherchen im ESTC und eine Rückfrage an Graham Nattrass (früher British Library) haben ergeben, dass mit „German books" oft auch Übersetzungen von deutschen Autoren ins Englische gemeint sind, die in London erschienen sind. Dies sind nicht die Drucke, die vorrangig in ein VD 18 gehören.
Die Erfassung der deutschen Drucke in den USA sollte nicht angestrebt werden.
Dennoch sollte versucht werden, die fingierten Drucke mit Erscheinungsorten wie etwa London, Boston, Rom in einem VD 18 zu verzeichnen.
Die Ungarische Nationalbibliothek in Budapest verzeichnet ca. 10.000 Drucke des 18. Jahrhunderts in einem sehr guten bibliographischen Niveau. Hier ergibt sich als Schwierigkeit, dass sehr viele lateinische Titel von deutschen Verfassern vorliegen, die nicht mitgezählt sind.

TOP 5 Weiteres Vorgehen Machbarkeitsstudie
Die Arbeiten an der Machbarkeitsstudie stehen kurz vor dem Abschluss. Herr Goebel wirft die Frage nach der Verfahrensweise zur weiteren Bearbeitung und Ergänzung der Studie auf. Er fordert die Mitglieder des Beirats auf, die Gelegenheit zu nutzen und ihre schriftlichen Stellungnahmen an die Runde zu versenden. Er regt an, in der Studie den Mehrwert eines VD 18 deutlich aufzuzeigen. Das VD 18 soll nicht nur als Konzeption für ein nationalbibliographisches Nachweissystem vermittelt werden, sondern auch durch die Anreicherung mit Digitalisaten als Zugriffssystem sichtbar sein. Aus diesem

Grund sollte der Arbeitstitel von „Machbarkeitsstudie zu einem Verzeichnis der im deutschen Sprachraum erschienenen Drucke des 18. Jahrhundert" in „Machbarkeitsstudie zu einem Nachweis- und Zugriffssystem der im deutschen Sprachraum erschienenen Drucke des 18. Jahrhunderts" geändert werden. Es sollten Aussagen zu den Vorgängerprojekten getroffen und Bezüge zu zvdd und anderen Digitalisierungsinitiativen hergestellt werden. Es sollten die Konsequenzen aufgezeigt werden, wenn nicht alle VD 18 Drucke aufgrund der großen Menge aufgenommen werden können. Entsprechend sollten Vorschläge zu möglichen Eigenleistungen gemacht werden. Betreffs der unterschiedlichen Beschreibungen für die Titelaufnahmen sollte verdeutlicht werden, was die Neukatalogisate von anderen Aufnahmen unterscheidet. Abschließend vermerkt er, dass die Methode frei ohne vordergründige Beachtung des Kostenrahmens entwickelt werden sollte. Übereinstimmend wird vermerkt, dass eine Reihe dieser Punkte eher in einen konkreten Antrag zur Realisierung eines VD 18 gehören.

Herr Knoche empfiehlt für die Gliederung der Machbarkeitsstudie, die Reihenfolge der Methoden anders zu sortieren. Die favorisierte Methode sollte am Ende stehen.

TOP 6 Verschiedenes

Präsentation „Zur Machbarkeit einer Erfassungsdatenbank für ein VD 18 aus den bestehenden Daten der Verbünde" (Frau Susanne Kurz, Köln) mit anschließender Diskussion zur Methode

Die Verbünde haben insgesamt ca. 2,1 Mill. Datensätze gemeldet, die für die Aufnahme in die Datenbank relevant waren. Die Datenbank steht nur Herrn Haller und den Mitgliedern des Beirats zur Verfügung. Zugang unter der URL: http://lehre.hki.uni-koeln.de/vd18 .

Inhalt der Datenbank: BVB 545.070, GBV 945.563, HBZ 183.254, KOBV 33.855, SWVB 371.431

Der Server wurde innerhalb von ca. einer Arbeitswoche nach dem Empfang der Daten aufgesetzt und zeigt im Ergebnis die Daten der verschiedenen Verbünde.

Folgende Fehler traten auf:
- Es gab offensichtliche Fehlselektionen in den Ablieferungen von zwei Verbünden.
- Technisch fehlerhafte (=verstümmelte) Titelsätze in der Ablieferung eines Verbundes.
- Freie „Interpretation technischer Regeln" in der Ablieferung eines Verbundes.

- Fehlerhaft markierte Zeichencodes in den Ablieferungen von zwei Verbünden.
- Technische inkonsistente Daten (z. B. Mischung aus zwei- und dreibuchstabigen Sprachcodes in den Ablieferungen von zwei Verbünden)
- Verstöße gegen die von Herrn Dr. Haller mitgeteilte Katalogisierungsregeln in den Ablieferungen von 5 Verbünden.
- Manche Selektionskriterien sind nicht nachvollziehbar.

Der Beirat diskutiert die Frage, ob angesichts der unbefriedigenden Fehlerquote der Ansatz der Methode A, vor Beginn der Digitalisierung eine VD 18 Startdatenbank mit den in unterschiedlicher Qualität vorliegenden Daten der Verbünde einzurichten, sinnvoll ist. Die vorzunehmende Datenbankbereinigung wird umfangreich. Die Frage wird von Frau Kurz eindeutig mit ja beantwortet. Allerdings sollte eine möglichst geringe Vorselektion aus den Daten der Verbünde erfolgen, es arbeitet sich besser mit einem Gesamtdump. Sinnvoll wäre der Beginn mit dem BVB und GBV.

Frau Kurz erläutert eine mögliche Vorgehensweise:
- In einer ersten Arbeitsphase sollte eine Feinselektion der Daten eines Verbundes und gleichzeitig alle Inkonsistenzen innerhalb der Daten dieses Verbundes beseitigt werden.
- In der zweiten Phase sollte die Feinselektion der Daten der verbleibenden Verbünde vorgenommen werden
- Die dritte Arbeitsphase ist für die Beseitigung der Dubletten notwendig. Die Datenbereinigung ist relativ umfangreich und aufwendig, aber es wäre eine Beseitigung von 97,5 % der Dubletten möglich.
- Im Ergebnis liegen identifizierte Kerndatensätze vor.

Sie veranschlagt für die Arbeiten einen Zeitrahmen von ca. 2 Jahren mit einer halben Personalstelle.
Eine Verkürzung Zeit für die Aufbereitung der Datenbank wäre durch eine Aufstockung des Personals möglich. Die Frage, ob ein maschineller Abgleich wirklich sinnvoll ist oder besser eine intellektuelle Prüfung des Bestandes vorgenommen werden sollte, kann nicht abschließend beantwortet werden.

Diskussion

Es wird erörtert, ob der Zeitaufwand von zwei Jahren für einen Datenbankaufbau nicht zu hoch ist, wenn am Ende doch nur eine Rohdatenmenge genutzt werden kann. Die Bereinigung und der Abgleich müssen anhand des Exemplars noch stattfinden.
Es wird überlegt, ob eine neu angelegte Aufnahme in einem separaten VD 18-Datenpool preiswerter ist. Möglich ist auch ein neuer Datenabzug mit lokalen

Daten. Die Erfahrungen mit dem VD 17 Projekt haben gezeigt, dass die Nachnutzung von vorhandenen Aufnahmen (damals Retro-VK) häufig schwieriger und wesentlich aufwendiger ist als das Anlegen eines Neukatalogisats.

Andererseits könnte in der Pilotphase die Datenbank als Verteilerschlüssel genutzt werden und innerhalb eines Datenclusters nach der Masteraufnahme gesucht werden. Die Verteilung der Masteraufnahmen an einzelne Bibliotheken kann nach regionalen Bezügen erfolgen, dabei würde es sehr wahrscheinlich nur zu vernachlässigbaren Bestandsüberschneidungen kommen.

Eine Nutzung von vorhandenen Daten ist auch günstiger für die Rückführung oder Spiegelung der Aufnahmen in die Verbünde. Zudem sind bereits in den vorhandenen Daten viele Informationen von Bibliotheken eingeflossen, die verloren gehen würden, da einzelne besitzende Bibliotheken nicht über diese Erkenntnisse verfügen (z. B. Angaben zu erm. Verfassern oder erm. Erscheinungsorten). Eine Rückwirkung in die Verbünde ist auch eher bei einer vollen Datenbank gegeben. Unabhängig von der Wahl der Methode ist das Ziel aber eine separate Datenbank.

Herr Prof. Siegert äußert den Wunsch, schon die Arbeitsdatenbank Wissenschaftlern zu Recherchezwecken zur Verfügung zu stellen, da allein schon die Selektion des 18. Jahrhunderts aus dem riesigen Datenbestand der Verbünde eine erhebliche Findhilfe ist.

Der Beirat stellt fest, dass ein Workflow für die Katalogisierung und zeitnahe Digitalisierung erarbeitet werden müssen. Hierbei müssen auch die Kommunikation mit den Verbünden gesucht und Bearbeitungsmodule für die Verbünde geschaffen werden. Der Beirat spricht sich für eine Pilotphase aus. Das Verfahren dafür soll zweigleisig sein: einerseits sollen ca. 5-6 Bibliotheken basierend auf der Methode A in einem integrierten Verfahren eine Katalogisierung und Digitalisierung nach regionalen Gesichtspunkten vornehmen. Gleichzeitig wird auf der Basis eines neu zu erfolgenden Datenabzugs eine Datenbank aufgebaut, deren Bestand den 6 Bibliotheken zur Verfügung gestellt wird. Die Bibliotheken katalogisieren entweder über den Verbund in ein VD 18 oder katalogisieren innerhalb dieser Arbeitsdatenbank mit Spiegelung der entstehenden Daten in den Verbünden.

Die ULB Halle wird nach Erstellung der Machbarkeitsstudie einen Antrag auf die Finanzierung einer Pilotphase bei der DFG stellen unter Einbeziehung eines noch zu klärenden Kreises von Bibliotheken.

Herr Dr. Haller bittet alle Beiratsmitglieder um rege Rückmeldungen.

Halle, 12. Juli 2007

Nachträgliche Anmerkung zum Protokoll von Prof. Siegert (UB Freiburg v. 4.7.2007) bezüglich der Festlegungen zum Verfahren zur Pilotphase: Zur Pilotphase und den Wegen der Nachnutzung siehe Protokoll der 3. Sitzung, S. 4: „Der Beirat schlägt eine Pilotphase mit 7 bis 8 ausgewählten Bibliotheken über zwei Jahre vor. Die Zahl der beteiligten Bibliotheken sollte nicht zu klein gehalten werden."

Erläuterung: Die Meinung Prof. Siegerts stellt innerhalb des Beirats ein Minderheitenvotum dar. Anders als in der dritten Sitzung, in der eine Empfehlung von 7-8 Bibliotheken für die Pilotphase ausgesprochen wurde, wurde in der vierten Sitzung mehrheitlich eine Zahl von 5-6 Bibliotheken während der Pilotphase befürwortet.